中小企業診断士
最速合格のための
スピードテキスト

企業経営理論 ①

TAC中小企業診断士講座

TAC出版
TAC PUBLISHING Group

はしがき

　企業経営には、各種の経営資源（ヒト、モノ、カネ、情報など）が必要とされます。したがって、企業はこれらの経営資源を、労働市場、資本市場、財市場などから調達することになります。しかしながら、これらの経営資源を調達したからといって、それだけで企業が自ら活動し、利益を生んでくれるわけではありません。すなわち、調達されたこれらの経営資源を効率よく稼働させ、また、企業活動の方向性を正しく明示することが重要となり、この任にあたるのが、企業のマネジメントというわけです。

　中小企業診断士は、企業の診断と助言を行う経営コンサルタントです。したがって、これらのメカニズムをもつ「企業」を熟知しておくことが必要であり、そのための知識を「企業経営理論」で習得することになります。

　具体的には、企業経営理論は、(1)経営戦略、(2)組織論、(3)マーケティング、以上３つの領域から構成されています。ここで先に、各領域のおおまかな内容を説明しておきましょう。

(1)　経営戦略

　企業が将来にわたって存続・成長するためには、長期目標や目的を決め、それを遂行するために必要な行動を選択し、経営資源を割り当てることが必要となります。ここでは、企業活動の長期的な方向性について学習します。

(2)　組織論

　実際の企業活動は組織的に行われますが、そのためには効率よく業務を遂行できるように、また効果的に企業活動を行えるように、組織をデザインしなくてはなりません。もちろん組織は「ヒト」という経営資源から成り立ちますので、「ヒト」が働きやすい環境づくり、つまり人事的な仕組みが必要となります。さらに企業が「ヒト」を扱うにあたっては、さまざまな法律を守らなければなりません。ここでは、「ヒト」と「ヒト」の集まりである組織について学習します。

(3)　マーケティング

　企業は開発し、生産した「モノ」を実際に顧客に購入してもらわないと長期的な目標を達成することができません。では、どうしたら顧客に「モノ」を購入してもらえるのでしょうか。ここでは、「モノ」が売れるための仕組みを中心に学習していきます。

　最初に学習内容についておおまかなイメージをもつことはとても有効です。また、「本書の利用方法」や「学習するにあたってのポイント」も参考にしていただき、効果的に学習してください。皆様が本書を活用され、見事合格されることを祈念しています。

2021年8月
TAC中小企業診断士講座

本書の利用方法

　本書は皆さんの学習上のストーリーを考えた構成となっています。テキストを漫然と読むだけでは、学習効果を得ることはできません。効果的な学習のためには、次の1～3の順で学習を進めるよう意識してください。

> 1．全体像の把握：「科目全体の体系図」「本章の体系図」「本章のポイント」
> 2．インプット学習：「本文」
> 3．本試験との関係確認：「設例」「出題領域表」

1．全体像の把握

　テキストの巻頭には「科目全体の体系図」を掲載しています。科目の学習に入る前に、まずこの体系図をじっくりと見てください。知らない単語・語句等もあると思いますが、この段階では「何を学ぼうとしているのか」を把握することが重要です。

　また、各章の冒頭には「本章の体系図」を掲載しています。これから学習する内容の概略を把握してから、学習に入るようにしましょう。「本章の体系図」は、「科目全体の体系図」とリンクしていますので、科目全体のなかでの位置付けも確認してください。

まず、全体像を把握。

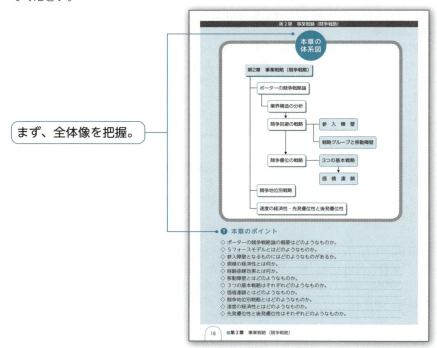

2．インプット学習

テキスト本文において、特に重要な語句については**太字**で表示しています。また、語句の定義を説明する部分については、色文字で表示をしています。復習時にサブノートやカードをつくる方は、これらの語句・説明部分を中心に行うとよいでしょう。

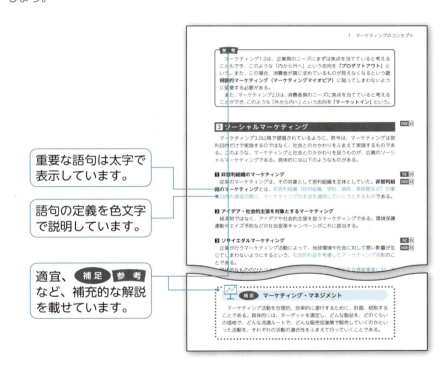

3．本試験との関係確認

テキスト本文の欄外にある R元 6 という表示は、令和元年度第1次試験第6問において、テキスト該当箇所の論点もしくは類似論点が出題されているということを意味しています。本試験ではどのように出題されているのか、テキスト掲載の 設 例 や過去問題集等で確認してみましょう。

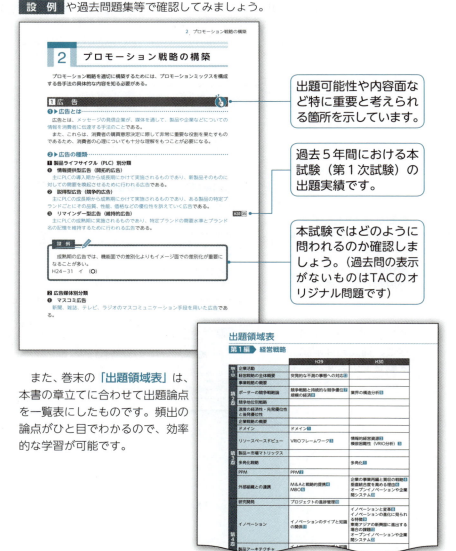

また、巻末の「出題領域表」は、本書の章立てに合わせて出題論点を一覧表にしたものです。頻出の論点がひと目でわかるので、効率的な学習が可能です。

中小企業診断士試験の概要

　中小企業診断士試験は、「第1次試験」と「第2次試験」の2段階で行われます。
　第1次試験は、企業経営やコンサルティングに関する基本的な知識を問う試験であり、年齢や学歴などによる制限はなく、誰でも受験することができます。第1次試験に合格すると、第2次試験へと進みます。この第2次試験は、企業の問題点や改善点などに関して解答を行う記述式試験（筆記試験）と、面接試験（口述試験）で行われます。
　それぞれの試験概要は、以下のとおりです（令和3年度現在）。

第1次試験

【試験科目・形式】　7科目（8教科）・択一マークシート形式（四肢または五肢択一）

		試験科目	試験時間	配点
第1日目	午前	経済学・経済政策	60分	100点
		財務・会計	60分	100点
	午後	企業経営理論	90分	100点
		運営管理（オペレーション・マネジメント）	90分	100点
第2日目	午前	経営法務	60分	100点
		経営情報システム	60分	100点
	午後	中小企業経営・中小企業政策	90分	100点

※中小企業経営と中小企業政策は、90分間で両方の教科を解答します。
※公認会計士や税理士といった資格試験の合格者については、申請により試験科目の一部免除が認められています。

【受験資格】

　年齢・学歴による制限なし

【実施地区】

　札幌・仙台・東京・名古屋・大阪・広島・福岡・那覇

【合格基準】

(1)総点数による基準

　総点数の60％以上であって、かつ1科目でも満点の40％未満のないことを基準とし、試験委員会が相当と認めた得点比率とする。

(2)科目ごとによる基準

　満点の60％を基準とし、試験委員会が相当と認めた得点比率とする。

　※一部の科目のみに合格した場合には、翌年度および翌々年度の、第1次試験受験の際に、申請により当該科目が免除されます（合格実績は最初の年を含めて、3年間有効となる）。
　※最終的に、7科目すべての科目に合格すれば、第1次試験合格となり、第2次試験を受験することができます。

【試験案内・申込書類の配布期間、申込手続き】

例年5月中旬から6月上旬（令和3年度は5/7〜6/11）

【試験日】 例年8月上旬の土日2日間（令和3年度は8/21・22）

【合格発表】 例年9月上旬（令和3年度は9/21）

【合格の有効期間】

第1次試験合格（全科目合格）の有効期間は2年間（翌年度まで）有効。

第1次試験合格までの、科目合格の有効期間は3年間（翌々年度まで）有効。

> **❗ 第1次試験のポイント**
>
> ①全7科目（8教科）を2日間で実施する試験である
> ②科目合格制が採られており基本的な受験スタイルとしては7科目一括合格を
> 　目指すが、必ずしもそうでなくてもよい（ただし、科目合格には期限がある）

第2次試験《筆記試験》

【試験科目】 4科目・各設問15〜200文字程度の記述式

	試験科目	試験時間	配点
午前	中小企業の診断及び助言に関する実務の事例Ⅰ	80分	100点
	中小企業の診断及び助言に関する実務の事例Ⅱ	80分	100点
午後	中小企業の診断及び助言に関する実務の事例Ⅲ	80分	100点
	中小企業の診断及び助言に関する実務の事例Ⅳ	80分	100点

【受験資格】

第1次試験合格者

※第1次試験全科目合格年度とその翌年度に限り有効です。

※平成12年度以前の第1次試験合格者で、平成13年度以降の第2次試験を受験していない場合は、1回に限り有効です。

【実施地区】

札幌・仙台・東京・名古屋・大阪・広島・福岡

【試験案内・申込書類の配布期間、申込手続き】

例年8月下旬から9月中旬（令和3年度は9/10〜10/5）

【試験日】 例年10月下旬の日曜日（令和3年度は11/7）

【合格発表】 例年12月上旬（令和3年度は令和4年1/14）

※筆記試験に合格すると、口述試験を受験することができます。

※口述試験を受ける資格は当該年度のみ有効です（翌年への持ち越しはできません）。

第2次試験《口述試験》

【試験科目】 筆記試験の出題内容をもとに4～5問出題（10分程度の面接）

【試験日】 例年12月中旬の日曜日（令和3年度は令和4年1/23）

【合格発表】 例年12月下旬（令和3年度は令和4年2/2）

第2次試験のポイント

①筆記試験と口述試験の2段階方式で行われる

②基本的な学習内容としては1次試験の延長線上にあるが、より実務的な事例による出題となる

〔備考〕実務補習について

　中小企業診断士の登録にあたっては、第2次試験に合格後3年以内に、「診断実務に15日以上従事」するか、「実務補習を15日以上受ける」ことが必要となります。

　この診断実務への従事、または実務補習を修了し、経済産業省に登録申請することで、中小企業診断士として登録証の交付を受けることができます。

中小企業診断士試験に関するお問合せは

一般社団法人 中小企業診断協会（試験係）

〒104-0061 東京都中央区銀座1-14-11 銀松ビル5階
ホームページ https://www.j-smeca.jp/
TEL 03-3563-0851　FAX 03-3567-5927

企業経営理論を学習するにあたってのポイント

　中小企業診断士試験の受験者のほとんどは、企業経営へ強い関心をおもちでしょう。そのため、「企業経営理論」は興味をもって学習していただける科目ではないかと思います。

　ただし、第1次試験の内容を見ると、年々難易度は上昇傾向にあるといえます。その理由としては、単なる用語や定義の暗記だけで正解を導くことができる問題が少なくなり、より深い理解や応用力を試す問題が多くなっていることがあげられます。本テキストではさまざまな経営手法が登場しますが、どのような場面でどのような目的で使われるのか、長所や短所は何かといったところまで理解をしておく必要があります。これらの内容についてはテキストで確認していただくとともに、テレビのニュース番組や新聞などで報道されている実際の経営活動と学習内容をリンクさせるというのも有効な方策です。

　また、「企業経営理論」の学習内容は、第2次試験の出題内容と密接なかかわりがありますので、第2次試験を意識した学習が必要となります。経営戦略に関してはすべての事例に共通して問われており、組織論とマーケティングについては次のように個別の事例として出題されます。

> 事例Ⅰ：組織を中心とした経営戦略に関する事例
> 事例Ⅱ：マーケティング・流通を中心とした経営戦略に関する事例

　早い段階で第2次試験のイメージをもつことは非常に有効です。第1次試験の学習と並行してこれらの内容も確認していただきたいと思います。

企業経営理論 体系図

第1編　経営戦略

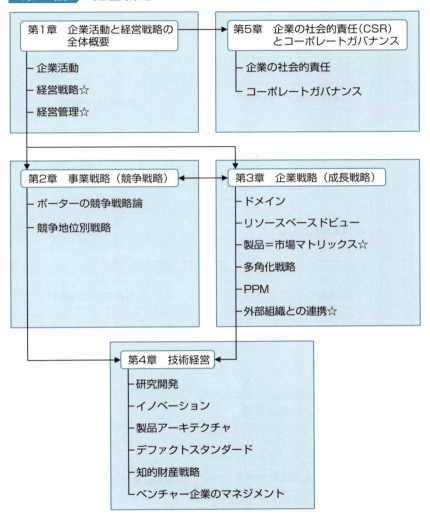

☆：第2次試験に特に関連する項目

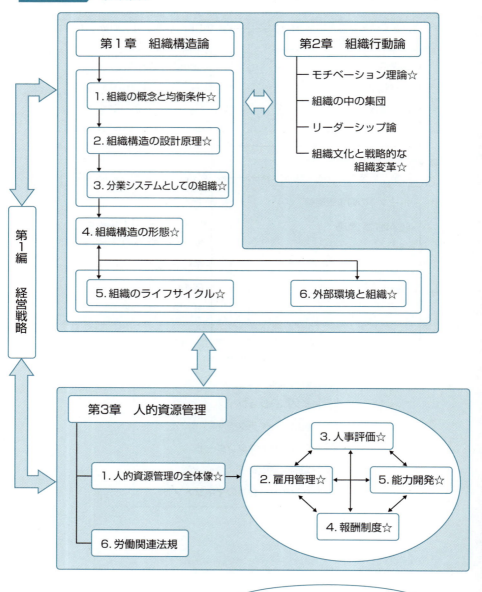

第3編 マーケティング

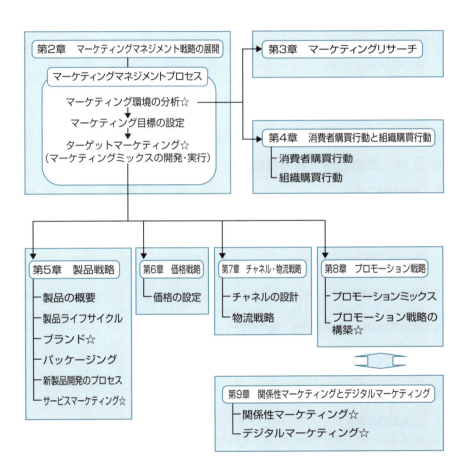

Registered Management Consultant

C O N T E N T S

第1編　経営戦略

第1章　企業活動と経営戦略の全体概要

1 企業活動 ･･ 3
　1 企業活動とは ･･･ 3
2 経営戦略の全体概要 ･･････････････････････････････････････ 5
　1 経営戦略とは ･･･ 5
　2 経営戦略の歴史 ･･･ 5
　3 経営戦略の体系 ･･･ 9
　4 SWOT 分析（環境分析） ･･････････････････････････････ 11
　5 経営管理 ･･･ 12

第2章　事業戦略（競争戦略）

1 事業戦略の概要 ･･ 19
2 ポーターの競争戦略論 ･･･････････････････････････････････ 20
　1 ポーターの競争戦略論の概要 ･･･････････････････････････ 20
　2 業界構造の分析（5フォースモデル） ･････････････････ 21
　3 競争回避の戦略 ･･･････････････････････････････････････ 23
　4 競争優位の戦略 ･･･････････････････････････････････････ 26
3 競争地位別戦略 ･･ 31
　1 リーダー企業の戦略定石 ･･･････････････････････････････ 31
4 速度の経済性・先発優位性と後発優位性 ･･･････････････ 33
　1 速度の経済性 ･･ 33
　2 先発優位性と後発優位性 ･･･････････････････････････････ 33

第3章　企業戦略（成長戦略）

1 企業戦略の概要 ･･ 39
2 ドメイン ･･･ 40
　1 ドメインの概要 ･･･････････････････････････････････････ 40
　2 企業ドメインと事業ドメイン ･･･････････････････････････ 41
3 リソースベースドビュー ･････････････････････････････････ 42
　1 VRIO 分析 ･･･ 42
　2 ケイパビリティとコアコンピタンス ･････････････････････ 43

xiv

4 製品＝市場マトリックス ……………………………………………… **46**
  1 経営戦略の４つの展開 …………………………………………………… 46

5 多角化戦略 ……………………………………………………………… **47**
  1 多角化戦略を展開する５つの理由 ……………………………………… 47
  2 多角化戦略によって生じる戦略的効果 ………………………………… 48
  3 リストラクチャリング …………………………………………………… 49

6 PPM ……………………………………………………………………… **50**
  1 製品ライフサイクル（Product life Cycle）…………………………… 50
  2 PPM ………………………………………………………………………… 54

7 外部組織との連携 ……………………………………………………… **59**
  1 企業間連携 ………………………………………………………………… 59
  2 産学連携 …………………………………………………………………… 65
  3 産業クラスター …………………………………………………………… 66

第4章　技術経営

1 研究開発 ………………………………………………………………… **71**
  1 研究開発の分類 …………………………………………………………… 71

2 イノベーション ………………………………………………………… **72**
  1 イノベーションの定義 …………………………………………………… 72
  2 イノベーションの類型 …………………………………………………… 72
  3 イノベーションの進化と普及 …………………………………………… 73
  4 イノベーションを推進するための取り組み …………………………… 75

3 製品アーキテクチャ …………………………………………………… **76**
  1 モジュール化（モジュール型アーキテクチャ）……………………… 76
  2 オープンアーキテクチャ戦略 …………………………………………… 77
  3 インテグラル型アーキテクチャ ………………………………………… 77
  4 デジタル家電業界の動向 ………………………………………………… 79

4 デファクトスタンダードと知的財産戦略 …………………………… **81**
  1 知的財産戦略（特許戦略）……………………………………………… 81
  2 デファクトスタンダード競争 …………………………………………… 81

5 ベンチャー企業のマネジメント ……………………………………… **83**
  1 ベンチャー企業の成長ステージと課題 ………………………………… 83
  2 ベンチャー企業が直面する関門 ………………………………………… 83
  3 ベンチャー企業の資金調達 ……………………………………………… 84
  4 社内ベンチャー …………………………………………………………… 85

xv

第5章 企業の社会的責任（CSR）とコーポレートガバナンス

1 企業の社会的責任（CSR） ･････････････････････････････ **89**
　1 企業の社会的責任 ････････････････････････････････････ 89
2 コーポレートガバナンス ･････････････････････････････ **92**
　1 コーポレートガバナンスとは ･･････････････････････････ 92
　2 コーポレートガバナンスの機能 ････････････････････････ 92
　3 日本企業のコーポレートガバナンス ････････････････････ 92
　4 日本と米国のコーポレートガバナンスの比較 ････････････ 93
　5 コーポレートガバナンスの変遷 ････････････････････････ 94

第2編　組織論

第1章　組織構造論

1 組織の概念と均衡条件 ･･･････････････････････････････ **98**
　1 組織の概念 ･･ 98
　2 経営組織の成立条件 ････････････････････････････････ 99
　3 組織均衡と組織の存続 ･･････････････････････････････ 100
　4 組織における意思決定 ･･････････････････････････････ 102
2 組織構造の設計原理 ･････････････････････････････････ **103**
　1 専門化の原則 ･･････････････････････････････････････ 103
　2 権限責任一致の原則 ････････････････････････････････ 103
　3 統制範囲の原則（スパンオブコントロール） ････････････ 104
　4 命令統一性の原則 ･･････････････････････････････････ 104
　5 例外の原則 ･･ 105
3 分業システムとしての組織 ･･･････････････････････････ **106**
　1 機能（職能）分業 ･･････････････････････････････････ 106
　2 階層分業 ･･ 106
4 組織構造の形態 ･････････････････････････････････････ **109**
　1 ラインとスタッフ ･･････････････････････････････････ 109
　2 組織構造の一般形態 ････････････････････････････････ 110
5 組織のライフサイクル ･･･････････････････････････････ **116**
　1 組織のライフサイクルモデル ･･････････････････････････ 116
　2 官僚制組織 ･･ 118
　3 官僚制の逆機能 ････････････････････････････････････ 118
　4 組織構造の動態化 ･･････････････････････････････････ 119
6 外部環境と組織 ･････････････････････････････････････ **121**
　1 組織間関係論 ･･････････････････････････････････････ 121

2 組織構造のコンティンジェンシー理論 ……………………………………… 124

3 環境の不確実性への対応 ……………………………………………………… 125

第2章 組織行動論

1 モチベーション理論 ……………………………………………………………… **131**

1 モチベーション理論の全体概要 …………………………………………… 131

2 内容理論 ……………………………………………………………………… 132

3 過程理論 ……………………………………………………………………… 137

4 内発的動機づけ理論 ………………………………………………………… 139

2 組織の中の集団 ………………………………………………………………… **141**

1 フォーマル組織とインフォーマル組織 …………………………………… 141

2 連結ピン・モデル …………………………………………………………… 141

3 グループダイナミクス（職場集団の行動様式） ………………………… 142

4 コンフリクト（葛藤） ……………………………………………………… 143

5 チーム ………………………………………………………………………… 144

3 リーダーシップ論 ……………………………………………………………… **145**

1 リーダーシップの機能 ……………………………………………………… 145

2 リーダーシップ論の変遷 …………………………………………………… 147

4 組織文化と戦略的な組織変革 ………………………………………………… **154**

1 組織文化 ……………………………………………………………………… 154

2 組織学習 ……………………………………………………………………… 156

3 戦略的組織変革 ……………………………………………………………… 159

第3章 人的資源管理

1 人的資源管理の全体像 ………………………………………………………… **166**

1 人事制度 ……………………………………………………………………… 166

2 職能資格制度と職務等級制度 ……………………………………………… 167

3 成果主義 ……………………………………………………………………… 169

2 雇用管理 ………………………………………………………………………… **171**

1 採用管理 ……………………………………………………………………… 171

2 配置・異動管理 ……………………………………………………………… 172

3 退職管理 ……………………………………………………………………… 174

3 人事評価（人事考課） ………………………………………………………… **176**

1 人事考課の概要 ……………………………………………………………… 176

2 人事評価の基準 ……………………………………………………………… 177

3 人事考課の課題とその対応策 ……………………………………………… 178

4 報酬制度 ………………………………………………………………………… **180**

1 賃金管理の内容 ……………………………………………………………… 180

2 賃金額管理 ……………………………………………………… 180
3 賃金制度管理 …………………………………………………… 181
4 賞与・退職金の管理 …………………………………………… 183
5 その他の報酬制度 ……………………………………………… 183
5 能力開発 …………………………………………………………… **185**
1 能力開発の種類 ………………………………………………… 185
2 能力開発の方法 ………………………………………………… 185
6 労働関連法規 …………………………………………………… **187**
1 労働基準法（労働契約法等を含む）………………………… 187
2 労働組合法 ……………………………………………………… 204
3 労働安全衛生法 ………………………………………………… 205
4 労働保険 ………………………………………………………… 208
5 社会保険 ………………………………………………………… 210
6 その他の労働関連法規 ………………………………………… 211

第3編　マーケティング

第1章　マーケティングの基礎概念

1 マーケティングのコンセプト ……………………………… **219**
1 マーケティングコンセプト（マーケティング概念）……… 219
2 フィリップ・コトラーらのマーケティングコンセプト …… 219
3 ソーシャルマーケティング …………………………………… 221
2 マーケティングの定義 ………………………………………… **223**
1 AMA（アメリカ・マーケティング協会）の定義 ………… 223

第2章　マーケティングマネジメント戦略の展開

1 マーケティングマネジメントプロセス …………………… **229**
1 マーケティングマネジメントプロセス ……………………… 229
2 マーケティング環境の分析と目標設定 …………………… **230**
1 外部環境分析 …………………………………………………… 230
2 内部資源分析 …………………………………………………… 231
3 マーケティング目標の設定 …………………………………… 232
3 ターゲットマーケティング ………………………………… **234**
1 ターゲットマーケティング …………………………………… 234
2 市場細分化 ……………………………………………………… 234
3 標的市場の設定 ………………………………………………… 237
4 市場ポジショニング …………………………………………… 239

xviii

4 マーケティングミックスの開発・実行 ·· 241
   1 マーケティングの 4P ··· 241
   2 各マーケティング要素に関する意思決定事項 ··············· 241

第3章 マーケティングリサーチ

1 マーケティングリサーチ ··· 245
   1 マーケティングにおけるデータ ································· 245
   2 標本の抽出方法 ··· 245
   3 データの収集方法 ·· 246

第4章 消費者購買行動と組織購買行動

1 消費者購買行動 ·· 251
   1 消費者行動分析モデル ··· 251
   2 購買意思決定プロセスの諸段階 ······························ 252
2 組織購買行動 ··· 260
   1 組織購買行動の特徴 ·· 260

第5章 製品戦略

1 製品の概要 ·· 264
   1 製品の分類 ··· 264
   2 製品ラインと製品アイテム ···································· 267
2 製品ライフサイクル ·· 268
   1 マーケティング戦略との関連 ·································· 268
3 ブランド ··· 269
   1 ブランドの種類 ··· 269
   2 ブランドの機能 ··· 272
   3 ブランド要素とブランドエクイティ ························ 272
   4 4 つのブランド戦略 ··· 274
4 パッケージング ·· 276
   1 パッケージの機能 ·· 276
5 新製品開発のプロセス ·· 277
   1 新製品開発の全体像 ·· 277
   2 新製品開発の各ステップ ·· 277
6 サービスマーケティング ··· 279
   1 サービス業の分類 ·· 279
   2 サービス（無形財）の 5 つの特性 ··························· 279
   3 サービスマーケティングの体系 ······························ 281

xix

4 経験価値マーケティング 282

第6章 価格戦略

1 価格の設定 **287**
1 価格設定における影響要因 287
2 新製品の価格設定政策 288
3 価格設定の方法 290
4 その他の価格設定政策 292
5 参照価格 294
6 価格カルテル 294

第7章 チャネル・物流戦略

1 チャネルの設計 **299**
1 チャネルの長さ・幅 299
2 マーケティングチャネルの類型 300
3 垂直的マーケティングシステムの内容 302
2 物流戦略 **305**
1 延期－投機の理論 305
2 サプライチェーンマネジメント 305

第8章 プロモーション戦略

1 プロモーションミックス **311**
1 4つのプロモーション手法 311
2 プル戦略とプッシュ戦略 311
2 プロモーション戦略の構築 **313**
1 広 告 313
2 パブリシティ 318
3 人的販売 318
4 販売促進 319
5 IMC（統合型マーケティングコミュニケーション）............... 320

第9章 関係性マーケティングとデジタルマーケティング

1 関係性マーケティング **325**
1 リレーションシップマーケティング（関係性マーケティング）.......... 325
2 ダイレクトマーケティング 326
3 CRM 326

2 デジタルマーケティング ·················· 329
　　① デジタルマーケティングの用語 ·········· 329
　　② トリプル・メディア ·················· 330

出題領域表 ·················· 334

参考文献一覧 ·················· 342

索　引 ·················· 345

経営戦略 第**1**編

第**1**章
企業活動と経営戦略の
全体概要

Registered Management Consultant

第1章　企業活動と経営戦略の全体概要

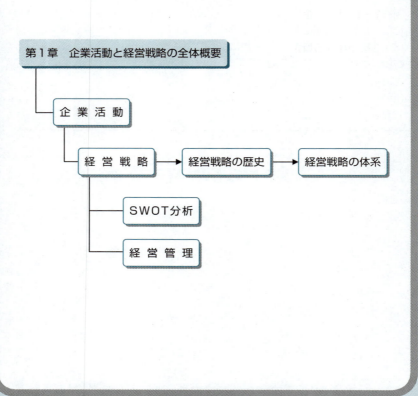

❗ 本章のポイント

◇ 経営戦略とは何か。
◇ 経営理念とは何か。
◇ SWOT分析とは何か。
◇ 経営管理とは何か。

1 企業活動

1 企業活動

　企業の業種や規模はさまざまであるため、具体的な活動は個々に異なるが、ここでは企業の活動についての概要を把握していく。

1 企業活動とは

　図表1-1-1は、企業活動を一般的に表現したものである。たとえば製造業の場合には、原材料市場において原材料供給者から原材料を購入する。また、必要であれば、金融市場から資金を、労働市場から労働力をそれぞれ調達して、製品の生産を行い、それに付加価値を付して製品市場で販売し、資金を回収する。

　このような企業活動のうち、原材料市場、金融市場、労働市場、製品市場の4つの市場に対しての活動は、企業の外部環境に対しての活動と考えることができる。

　しかしながら、生産や販売といった活動は労働市場により調達した「人」により行われており、その人間の集団は組織であるから、組織内における協働がまた重要なテーマとなる。

　このように、企業活動は外部環境に対する活動と内部組織に対する働きかけの両方により成立していると考えることができ、同時に両者へのマネジメント（経営管理活動）も必要となる。

　また、企業の活動というものは、上記のような活動を特定の回数行うというものではなく、長い期間にわたって繰り返し行っていくものである。このように、企業活動というものは将来にわたって継続していくものであるという前提のことを、**ゴーイングコンサーン**という。

図表 [1-1-1] 企業活動

```
　　　　　金融市場
　　　　　　　　　＼
原材料市場　――――→　企　業　――――→　製品市場
　　　　　　　　　／
　　　　　労働市場
```

　また、外部環境との間に相互作用が存在しているシステムを**オープンシステム**といい、外部環境と遮断された内部だけの活動を行うシステムを**クローズドシステム**という。企業は外部の市場との間に相互作用が存在しているため、オープンシステムということになる。

　そして、企業はこのような外部の市場から調達するものに加え、活動を通して身

3

に付けた技術やノウハウといったものなども用いて企業活動を展開することになる。このような企業活動を行っていくにあたって用いる資源全般を**経営資源**といい、具体的には**ヒト**、**モノ**、**カネ**、**情報**といったものに分類される。

図表 [1-1-2] **経営資源**

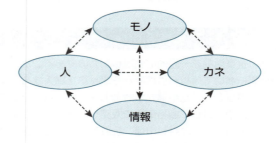

2 経営戦略の全体概要

　戦略という言葉は、元々は軍事用語であり、この概念が企業経営に適用されるようになったのは1960年代のアメリカにおいてである。ここでは経営戦略の概念、これまでの経営戦略の発展の歴史などを含めた全体概要について確認していくことで、経営戦略とは何かをつかんでいくことにする。

1 経営戦略とは

　経営戦略とは何かという問いに対する答えは、さまざまな識者がさまざまな表現によって定義づけている。具体的な例としては、「企業の経営目的を達成するための包括的な手段として、企業の外部および内部の環境変化に適応していくための決定指針」「経営目的を達成するための主要な方針と計画のパターン」といったものである。さまざまな表現の仕方やとらえ方があるものの、端的にいえば、企業がいかに経営目的を達成し、成長していくかについての指針、ととらえることができる。

 補足　主な識者による経営戦略の定義

●チャンドラー（A. DuPont Chandler）
　企業の長期的目的および目標の決定、これらの目標を実行するために必要な活動方向と資源配分の決定である。
●アンゾフ（H. Igor Ansoff）
　経営戦略は、主として企業の外部的問題であり、外部環境の変化に企業を全体として適応させるために、参入すべき製品―市場構造の決定である。
※　両者の端的な違いは、経営戦略の概念にチャンドラーが「経営目的」を含めているのに対し、アンゾフは含めていない点である。

2 経営戦略の歴史

　経営戦略とはいかにあるべきか、という問いに対する答えや考え方は、1960年代から始まった経営戦略の歴史において、さまざまな識者がさまざまな説を唱えてきている。そして、それらは関連しながら発展したものがある一方、真っ向から対立しているものもある。これは現在においても同様であり、経営戦略という学問は一貫性のある1つの体系にはなっていない。

よって、ここでは経営戦略の全体のイメージをつかむために、これまでの発展の歴史を概観することにする。

これまでの経営戦略の歴史を大まかにいえば、経営において戦略という概念が論じられるようになって以降、「**ポジショニング派**」と「**ケイパビリティ派**」という大きな2つの勢力があり、どちらが正しいのか、両方を合わせるべきなのか、あるいはまったく別の答えがあるのか、いずれにしても、未だに統一した結論には至っていない状況、ということである。

●経営戦略のあけぼの（1900〜1950年代）

経営戦略論の歴史を考えるにあたって、その源流ともいえるのが、**フレデリック・テイラー**である。テイラーは、1911年に工場などの作業現場の生産性向上と働きがいの向上のため、労働者の仕事量を公正に定める、作業を標準化する、といった「**科学的管理法**」を提唱し、労働者の意欲、生産効率、賃金の向上などを実現した。しかしながらその後、科学的な管理は人間性への配慮が十分でないといった見方をされることとなる。

テイラーの研究から10〜20年後の1920〜1930年代に、**エルトン・メイヨー**が労働意欲の向上のために重要なのは、作業環境の改善よりも、良好な人間関係の構築であるという「**人間関係論**」を提唱した。テイラーの時代は経済的な対価のためであれば単純作業の繰り返しも厭わないという時代背景があったが、メイヨーの時代の大衆は豊かさが増し、さまざまな欲求を有した存在になっていったという背景もあった。

また、テイラーが工場などの作業現場を対象としていたのに対し、**アンリ・フェイヨル**は、企業全体を管理対象とした。そして、「企業における活動を6つに分類・整理」するとともに（これは後のポーターのバリューチェーンとほぼ同じものである）、「**経営管理プロセス**」（PDCAサイクルの原型ともいえるもの）の重要性を提唱している。

そして、**チェスター・バーナード**は、企業が1929年の世界恐慌などの大きな外部環境の変化に晒されていた時代に、企業体は外部環境の変化に対応していくシステムであるとし、「**組織の成立要件**」として、①共通目的、②貢献意欲、③コミュニケーションの3つをあげている。そして、共通の目的（経営戦略）を作るのが経営者の重要な役割であるとし、1938年に「**経営者の役割**」として発表している。

この時代においては、経営は企業内の管理という側面が大きかったといえる。

●経営戦略論の土台（1960〜1980年代）

企業経営を戦略という概念を用いて表現したのが、経営戦略の父ともいわれる**イゴール・アンゾフ**である。1960年代になると、欧米の経済は大きく発展し、企業の合併・買収が行われるようになる。そのため、企業が複数の事業をもつことが多くなり、アンゾフは経営戦略を、個々の事業の戦略である「**事業戦略**」と、企業全体の戦略である「**企業戦略**」に分けて考えている。また、現状の事業活動の延長で

●第1章　企業活動と経営戦略の全体概要

はない戦略を指し示す「**成長ベクトル**」などを提唱している。

　ここで考えられた「**事業ポートフォリオ**」という考え方は、経営戦略に特化したコンサルティング会社である**ボストンコンサルティンググループ**による、「**PPM**」といった経営・事業分析・管理ツールを生み出した。このような、数字や事実に基づいた極めて分析的な手法や姿勢は、後に「**大テイラー主義**」とよばれることになる。

　また、アンゾフは、「競争に打ち勝つためにはコアとなる強みが必要である」としている。これは、その後の「コアコンピタンス論」や「リソースベースドビュー」へとつながることになる。さらに、「競争環境の特性を理解すること」にも言及しており、これはその後のマイケル・E・ポーターの「競争の戦略」につながることになる。

　アンゾフと同い年の**アルフレッド・チャンドラー**は、企業の多角化が進展するなかで組織が機能別組織から事業部制組織となっていくという状況をふまえ、「**組織と戦略は密接にかかわる**」ことを提唱している。

●ポジショニング派の発展（1970～1980年代）

　ポジショニング派の第一人者は、大テイラー主義でもある**マイケル・E・ポーター**である。ポーターは、経営戦略とは「**儲かりうる市場**」を選び（**5フォース分析**）、「**儲かる位置取り**」をする（**ポーターの戦略3類型**）、つまり、「**ポジショニング**」が第1に重要だとしている。そして、「ケイパビリティ（組織能力）」は、そのポジションに合わせて必要な強化をするべきであるとしている。なお、ポーターのいうケイパビリティは活動プロセスである「**バリューチェーン**」の構成要素である。

●ケイパビリティ派の隆盛（1980～1990年代）

　ポジショニング重視の戦略を展開した企業は、徐々に業績を低迷させ、1990年代の前半までに大きな経営危機に見舞われるケースも少なくなかった。一度築いた競争優位が持続しなかったためである。このような状況において台頭してきたのが、「**ケイパビリティ**」を重要視する戦略アプローチである。

　主要なものとして、**ゲイリー・ハメル**らによる「**コアコンピタンス経営**」がある。コアコンピタンスとは、持続的な競争優位をもたらすコアとなる企業能力である。これは、まずは自社のコアコンピタンスを見定め、それを活かすことが重要であり、そのうえでそれが有効なポジションを見定めよ、というもので、ポーターと真逆の主張をしている。

　また、ケイパビリティ派の中心人物のひとりである**ジェイ・バーニー**は、経営資源に競争優位の源泉を見出して戦略を構築するアプローチを「**リソースベースドビュー**」として総称している。また、持続的な競争優位の源泉となる経営資源を分析する「**VRIO分析**」というフレームワークを提唱している。しかしながら、どのような経営資源が有効であるかを示すことには役立ったものの、どうやってその経営資源を獲得するのか、といった点を示すには至っていない。

●ポジショニングとケイパビリティの統合や今後の展開（1990年代～現在）

　ポジショニングとケイパビリティのどちらを重視すべきか、という論争に対し、**ヘンリー・ミンツバーグ**は「**コンフィギュレーション**」とよばれる主張を展開した。これは、どちらを重視すべきであるかは置かれている状況による、というものである。また、「**戦略はパターン化できるものではなく、状況次第で組み合わせる必要がある**」としている。

　経営戦略がいかにあるべきかについては、現在においても唯一無二の答えがあるというわけではない。そして、昨今の環境の不確実性の高さは100年前とはまったく異なる。そのようなことからも、経営戦略はこれからもさまざまな動きを見せていくことになるであろう。

〈まとめ〉

経営戦略のあけぼの **（1900～1950年代）**	・フレデリック・テイラーが「科学的管理法」を提唱 ・エルトン・メイヨーが「人間関係論」を提唱 ・アンリ・フェイヨルが「企業における活動の分類・整理」「経営管理プロセス（の重要性）」を提唱 ・チェスター・バーナードが「組織の成立要件」「経営者の役割（の重要性）」を提唱
経営戦略論の土台 **（1960～1980年代）**	・イゴール・アンゾフが企業経営に「戦略」の概念を用いる ・ボストンコンサルティンググループが「PPM」などの分析・管理ツールを生み出す ・アルフレッド・チャンドラーが「組織と戦略は密接にかかわる」ことを提唱
ポジショニング派の発展 **（1970～1980年代）**	・マイケル・E・ポーターが経営戦略においては「ポジショニング」が重要であることを提唱
ケイパビリティ派の隆盛 **（1980～1990年代）**	・ゲイリー・ハメルらがコアとなる企業能力を活かすことが重要であるとする「コアコンピタンス経営」を提唱 ・ジェイ・バーニーが経営資源に競争優位の源泉を見出す「リソースベースドビュー」を広める
ポジショニングとケイパビリティの統合や今後の展開 **（1990年代～現在）**	・ヘンリー・ミンツバーグがポジショニングとケイパビリティのいずれを重視するべきであるかは、置かれている状況によって異なるとする「コンフィギュレーション」を提唱

3 経営戦略の体系

　企業の経営戦略は、外部環境だけでなく、企業が掲げている目的などの内部環境にも基づいて構築されることになる。このことをより具体的に表現したものが、経営理念や経営ビジョンといったものである。

❶▶経営理念・経営ビジョン・経営行動基準

　経営戦略を構築する際には、経営理念、経営ビジョン、経営行動基準をふまえ、これらとの一貫性をもたせることが重要になる。

1 経営理念

　経営理念とは、経営者もしくは企業が表明するその企業の行動指針、企業の抽象的・理念的な目的、規範、理想、価値観などを意味する。経営理念を通じて経営者は、「この組織は何のために存在するか」といった基本的な考え方を利害関係者（ステークホルダー）に知らしめ、従業員に対して行動や判断の指針を与える。なお、日本企業の場合、社是や社訓の形で成文化されていることが多いが、創業者やその企業の発展に大きな功績を残した経営者が社内の訓示として残したものがインフォーマルに語り伝えられて、社風や組織文化の形で形成されている場合もある。

2 経営ビジョン

　経営ビジョンとは、企業のトップマネジメントによって表明された、自社の望ましい未来像である。経営理念で規定された経営姿勢や存在意義に基づき、ある時点までに「こうなっていたい」と考える到達点、つまり自社が目指す中長期的なイメージを、投資家や従業員、社会全体に向けて示したものである。

3 経営行動基準

　経営理念は内容が抽象的なことが多く、それだけでは具体的な行動指針となりにくい。**経営行動基準**とは、経営理念を行動指針として機能するように具体化したものである。

4 CI（Corporate Identity）

　CIとは、経営理念に基づき、企業イメージや行動様式の統一化を図っていくことである。具体的には、社名の変更、イメージカラー、イメージマークの導入などにより展開されることが多い。CIは、社外的な効果のみならず、共通した企業の存在意義を浸透させていくという社内的な効果もある。

❷▶経営戦略の階層

　経営戦略は、企業戦略（企業としての戦略）、事業戦略（複数の事業を展開している企業における、一事業部としての戦略）、機能戦略（営業部など、特定の部門

としての戦略）といった、組織の階層ごとに立てられる。よって、経営戦略という言葉は、これらの戦略全般を指して用いられるが、狭義では経営する対象は企業であるため、企業戦略を指して用いられることもある。

そして、数多くの事業を展開している企業の場合には、企業戦略はトップマネジメント（経営層）が、事業戦略はミドルマネジメント（中間管理層）が策定するというのが基本的なイメージである。

特定の事業だけを展開している企業の場合には、企業戦略と事業戦略は企業全体として策定することになるため、ともにトップマネジメント（経営層）が策定するイメージになる。

■1 企業戦略（成長戦略）

企業戦略（**成長戦略**）とは、企業が長期間にわたって持続的な成長を維持していくための基本的な構想であり、企業全体としての活動領域、新規事業への進出や既存事業の撤退、各事業への経営資源の配分などを決定していくことになる。

具体的なテーマの例としては、企業ドメイン、リソースベースドビュー（ケイパビリティ）、多角化、PPM、組織間連携などがあげられる。

■2 事業戦略（競争戦略）

事業戦略（競争戦略）とは、特定の事業分野において、競争状態をふまえたうえでの自社の地位の確立や、経営資源の蓄積や組み合わせにより、競争企業に対して競争優位性を確立していくための基本的な構想である。

具体的なテーマの例としては、事業ドメイン、ポーターの競争戦略論、競争地位別戦略などがあげられる。

■3 機能戦略

機能戦略は、購買、生産、営業、研究開発、財務、人事、情報システムなどの各機能の生産性を高めることに焦点をあてた戦略である。

❸▶ 経営理念と経営戦略の体系 ………………………………………………

経営理念、経営ビジョン、経営行動基準、そして、企業戦略、事業戦略、機能戦略などは、それぞれの役割が異なるが、これらは一貫性をもった形で構築していく必要がある。基本的には、経営理念をふまえた経営ビジョンを達成するために企業戦略が策定されるといった具合に、上位の概念に基づいて、下位の概念が策定されることになる。

[1-1-3] **経営戦略の体系図**

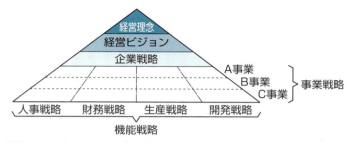

（『新版MBAマネジメント・ブック』 グロービス・マネジメント・インスティテュート編著 ダイヤモンド社 p.5をもとに作成）

4 SWOT分析（環境分析）

経営戦略を策定する際には、企業が置かれている環境を把握・分析する必要がある。このフレームワークとして、SWOT分析がある。

❶▶外部環境分析

外部環境分析とは、企業の直面する外部環境について、**機会**（Opportunity）となる要因と、**脅威**（Threat）となる要因とを識別することである。

具体的には、経済成長率や景気動向などの経済的環境、出生率や人口規模などの人口動態的環境、政府機関の意思決定などの政治・法律的環境といったマクロ的視点での外部環境と、顧客ニーズや競合他社の動向、業界の技術動向といったミクロ的視点での外部環境について分析する。

❷▶内部環境分析

内部環境（資源）分析とは、企業の経営資源について、**強み**（Strength）と**弱み**（Weakness）を識別することである。さらに、競争相手の強みと弱みとの相対比較を行う。

❸▶戦略代替案の基本パターン

SWOT分析から導き出される戦略代替案の基本パターンは次のとおりである。

	強み（S：Strength）	弱み（W：Weakness）
機　会 (O：Opportunity)	強みを活かし機会をつかむ	機会を逸しないように弱みを克服する
脅　威 (T：Threat)	脅威からの影響を最小限にとどめる	撤退し他に委ねる

5 経営管理

　経営戦略には目標を達成するための行為のコースや行動指針、すなわち、計画（Plan）としての側面がある。しかしながら経営目標の達成のためには、単に計画を立てるだけでなく、企業内部の経営資源（財務資源や人的資源など）を効率的に活用するために、運営・管理（マネジメント）していくことが必要である。そのためのフレームワークとして、PDSサイクルやPDCAサイクルがある。

❶▶マネジメントサイクル

1 PDSサイクル

　戦略実行の管理のためのフレームワークとしては、マネジメントサイクルがある。マネジメントサイクルとは、計画（Plan）⇒実行（Do）⇒統制（See）という管理要素の一連の流れである。

[1-1-4] **PDSサイクル**

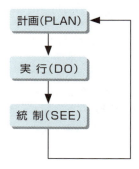

2 PDCAサイクル

　PDSサイクルとほぼ同じ内容の管理活動のためのフレームワークとして、**PDCA（plan-do-check-action）サイクル**がある。

　まず目標を設定し、それを具体的な計画に落とし込む（plan）。次に、組織構造と役割を決めて人員を配置し、組織構成員の動機づけを図り、具体的な行動を指揮・命令する（do）、途中で成果を測定・評価し（check）、必要に応じて修正を加える（action）。1つのサイクルが終わったら、反省点をふまえて再計画のプロセスへ入り、次期もまた新たなPDCAサイクルを進める。

図表 [1-1-5] PDCAサイクル

(『新版MBAマネジメント・ブック』 グロービス・マネジメント・インスティチュート編著 ダイヤモンド社 p.35をもとに作成)

❷ ▶ 経営計画

1 経営計画

経営計画とは、企業において策定される諸計画のことであり、誰が、いつ、何を行うのかといった具体的な行動予定である。

また一般には、1年以内の計画を**短期計画**、1年を超える計画を**長期計画**という(2～3年の計画を中期計画、3～5年の計画を長期計画という場合もある)。

2 経営計画の策定プロセス

経営計画の策定にあたっては、一般的に以下のような手順をとる場合が多いと考えられる。

① 戦略策定のガイドラインの提示(トップマネジメント)
② 中長期計画の作成(各部門)
③ 全社計画を作成(トップと各部門のすりあわせ)
④ 事業計画を作成(各部門)
⑤ PDCAにより進捗の管理を行う(経営企画部門)

3 経営計画の修正や不測の事態への対応

企業を取り巻く環境の変化が激しい今日、計画が陳腐化したり、計画策定時点では予期しなかった事象が起こったりする可能性もある。そういった場合に対応するための経営計画の修正方法として、**ローリングプラン**と**コンティンジェンシープラン**がある。

❶ ローリングプラン

ローリングプランは、中・長期計画の内容を定期的に見なおし、部分的に修正を加えていく技法のことである。

H29 12 ❷ コンティンジェンシープラン

コンティンジェンシープランは、企業の業績に対する影響の大きい不測事象をあらかじめ想定し、その適応行動を事前に策定しておき、その内容を具体化したものである。**状況対応計画**、あるいは**シャドープラン**ともいわれる。

コンティンジェンシープランを作成しておくことは、適応行動の柔軟性・迅速性という点ではメリットがあるが、計画策定に関するコストの増大というデメリットもあり、どこに妥協点を見いだすかが策定上のポイントとなる。

H29 12 ❸ BCP（Business Continuity Plan：事業継続計画）

BCPは、企業が自然災害、大火災、テロ攻撃などの緊急事態に遭遇した場合において、事業資産の損害を最小限にとどめつつ、中核となる事業の継続あるいは早期復旧を可能とするために、平常時に行うべき活動や緊急時における事業継続のための方法、手段などを取り決めておく計画のことである。

補足　プロセス型（学習型）アプローチ

多くの場合、計画はさまざまな分析に基づいて立てられることになる。経営環境が安定した状況においては、それまでの事業活動の分析に基づいた計画が機能する可能性が高いが、環境不確実性が高い状況においては、事前に策定した計画が機能しにくい場合がある。また、分析を重視するあまりに現場の実情を軽視してしまったり、現場の状況を感じ取る能力が低下してしまったりといった分析麻痺症候群とよばれる状況が生じることもある。そのため、1970年代末以降に、プロセス型（学習型）アプローチとよばれる戦略アプローチが脚光を浴びるようになった。プロセス型（学習型）アプローチとは、実行段階において予期せぬ状況に直面したとしても、実行プロセスを見直すと同時にそれを学習の機会とする。つまり、事後的に戦略を創発していくというものである。そのためには、戦略や計画をトップマネジメントや本社の経営企画スタッフだけで策定するのではなく、現場を含めた組織全体として生み出していくことが必要になる。

●第1章　企業活動と経営戦略の全体概要

2 経営戦略の全体概要

設 例

経営計画の策定と実行について留意すべき点に関する記述として、最も適当なものはどれか。 〔H25-1〕

ア 経営計画策定時に用いられる業績に関する定量的なデータを収集して分析することによって、新機軸の戦略を構築することができる。

イ 経営計画になかった機会や脅威から生まれてくる新規な戦略要素を取り入れていくには、計画遂行プロセスで学習が起こることが重要になる。

ウ 経営計画に盛り込まれた戦略ビジョンは、予算計画や下位レベルのアクション・プランと連動させるとコントロール指針として機能するようになり、戦略行動の柔軟性を失わせる。

エ 経営計画の策定に際して、将来の様々な場合を想定した複数のシナリオを描いて分析することによって、起こりそうな未来を確定することができる。

オ 経営計画の進行を本社の計画部門と事業部門が双方向的にコントロールすることは、事業の機会や脅威の発見には無効であるが、部門間の齟齬を把握するには有効である。

解 答　イ

ア：業績の結果である定量的データは過去の"結果"であり、そこには新機軸の戦略のもとになるヒントがある可能性は低い。

イ：プロセス型アプローチの内容である。

ウ：ビジョンはここまで拘束力のある概念ではない。

エ：予測することはできても確定することはできない。

オ：本社の計画部門と事業部門の双方向性は有効である。

15

第2章

事業戦略（競争戦略）

Registered Management Consultant

第2章 事業戦略（競争戦略）

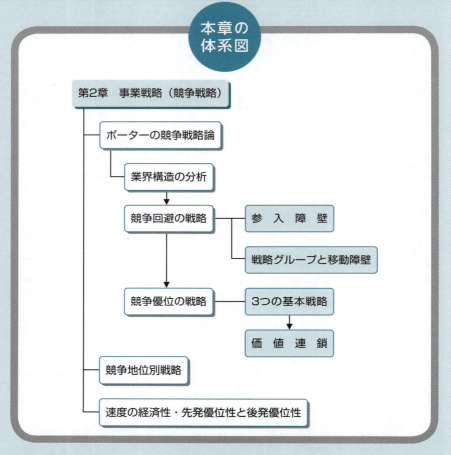

❗ 本章のポイント

◇ ポーターの競争戦略論の概要はどのようなものか。
◇ ５フォースモデルとはどのようなものか。
◇ 参入障壁となるものにはどのようなものがあるか。
◇ 規模の経済性とは何か。
◇ 経験曲線効果とは何か。
◇ 移動障壁とはどのようなものか。
◇ ３つの基本戦略はそれぞれどのようなものか。
◇ 価値連鎖とはどのようなものか。
◇ 競争地位別戦略とはどのようなものか。
◇ 速度の経済性とはどのようなものか。
◇ 先発優位性と後発優位性はそれぞれどのようなものか。

1 事業戦略の概要

　経営戦略は組織の階層ごとに立てられることを見てきた。本章ではまずは事業戦略について見ていく。事業戦略（競争戦略）は特定の事業における戦略であり、特定の事業分野において競争優位を築くことが主要テーマである。

　具体的なテーマの例としては、事業ドメイン、ポーターの競争戦略論、競争地位別戦略などがあげられる（事業ドメインについては、次章の「企業戦略」におけるドメインの節で取り扱う）。

 [1-2-1] **事業戦略**

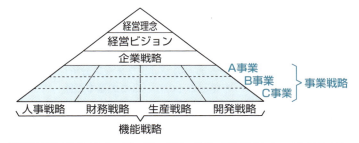

（『新版MBAマネジメント・ブック』　グロービス・マネジメント・インスティテュート編著　ダイヤモンド社　p.5をもとに作成）

2　ポーターの競争戦略論

　事業戦略（競争戦略）の代表的な識者として、マイケル・E・ポーターがいる。ここではマイケル・E・ポーターが提唱する競争戦略論である「ポジショニングアプローチ」について見ていくことにする。

1 ポーターの競争戦略論の概要

　ポーターの考える経営戦略は、「**ポジショニングアプローチ**」といわれ、ここで重要視しているのは「**いかに利益を確保するか**」ということである。同業他社と熾烈な価格競争を展開して勝利し、市場シェアを獲得できたとしても、十分な利益が確保できないのであれば、それは望ましい状況ではない。つまり、このような疲弊するような競争は避けるべきである。

　そのため、ポーターは「**儲かりうる市場**」を選び、競争を回避するために「**障壁**」を築き、「**儲かる位置取り**」をすることが必要であるとしている。「儲かりうる市場」を見定めるためのツールでもあるのが「**5フォース分析**」であり、「儲かる位置取り」をどのように行うかを見定めるのが「**3つの基本戦略**」である。この一連の流れを「**ポジショニング**」という。

　そして、企業が有する「**ケイパビリティ（組織能力)**」については、そのポジションに合わせて必要な強化をするべきであるとしている。この際に用いられるツールが「**バリューチェーン**」であり、他社とは異なるバリューチェーンを構築することで、高い業績を確保していくことが可能になるとしている。

　つまり、あくまでポジショニングが先にあり、そのうえでケイパビリティを磨くということになる。

図表 [1−2−2] **ポーターの競争戦略論概要図**

| 業界構造の分析
（5フォースモデル） | → | 競争回避の戦略
・参入障壁
・移動障壁 | → | 3つの競争戦略
・コストリーダーシップ戦略
・差別化戦略
・集中戦略 | → | 価値連鎖
（バリューチェーン） |

2 業界構造の分析（5フォースモデル）

5フォースモデルとは、図表1－2－3にある5つの要素が、業界の収益性や自社の収益性に影響を与えるとするものである。

 [1－2－3] **5つの競争要因（5フォースモデル）**

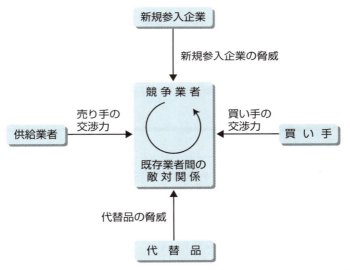

（『新訂競争の戦略』M.E.ポーター　土岐坤/中辻萬治/服部照夫訳　ダイヤモンド社　p.18をもとに作成）

❶▶既存業者間の敵対関係

ある業界にすでに参入している企業同士の競争関係であり、企業の競争行動が激しいほど、競争状態も熾烈になる。敵対関係が激化する（その結果、価格競争になる）主な要因は以下のとおりである。

① 同業者が多い
② 同程度の規模の会社がひしめいている
③ 市場規模の成長速度が遅い
④ 固定コストまたは在庫コストが高い
⑤ 製品を差別化するポイントがない
⑥ キャパシティ（生産能力）を小刻みに増やせない
⑦ 業界から撤退しにくい（撤退障壁が高い）

●固定費と変動費

　生産にかかる費用は大きく固定費と変動費に分けられる。固定費とは、生産費用のうち、土地代や設備代などのように、生産数量の変化に関係なく一定額を要する費用のことである。たとえば5,000万円の設備代は、製品を1個作ろうが1,000個作ろうが等しくかかる費用である。変動費とは、生産費用のうち生産数量の変化とともに増減する費用のことで、原材料費などが相当する。たとえば1個作るのに材料費が1万円かかる場合、基本的には1,000個作るのに材料費は1,000万円かかる。

設 例

　業界の成長率が高いと、製品市場での競合が激化して、業界全体の潜在的な収益性は低くなる。
R元－6　ア　（✕：業界の成長率が低いと、顧客の奪い合いによる競争が熾烈になり、収益性が低くなる）

---

❷▶新規参入企業の脅威

　ある業界に新しく参入しようとする企業が存在し、その業界への参入障壁が低い場合には、競争状態も激しくなる。

H29 7 ❸▶代替品の脅威

　代替品とは、ある製品と同じ機能をもつ製品であり、保有することによって従来の製品が不必要になる製品である。
　このような代替品の登場により、既存の製品との競争が激しくなる。

R3 6 ❹▶売り手の交渉力
R2 3

　売り手とは、ある業界（の企業）に対し、製品を生産するための部品や原材料を提供する供給業者である。
　たとえば、供給業者のもつ部品などが特別に差別化されたもの（特許を取得しているなど）であったり、供給業者の数が少なかったりする場合には、その供給業者の持つ交渉力は業界にとって脅威となる。

R3 6 ❺▶買い手の交渉力
R2 3

　買い手とは、ある業界（の企業）が製品を販売する顧客のことである。
　買い手の交渉力が強まるのは、買い手が相対的に強い力を有している（買い手の数が少ない、製品が差別化されていないなど）、買い手が交渉力を行使する必要性が高い状況にある（買い手のトータルコストに占める製品価格の割合が大きいなど）、といったことが想定される。

業界の収益性が5つの競争要因の影響を受けることは事実であるが、ポーターは、企業は5つの要因すべて、あるいは特定の要因に働きかけることで産業構造を変え、自社の収益性を向上させることができるとしている。そのための手段として、「3つの基本戦略」がある。

> **設 例**
>
> 供給業者については、資金や原材料の供給先や労働市場との交渉力の保持が重要であるので、そのためには特定の資源の供給者に強く依存することなく、常に代替的な資源の開発に取り組むなど外部への依存性が強くならないようにしておくことが重要である。
> H22-10 イ（**○**）

3 競争回避の戦略

5つの競争要因のひとつとして「新規参入企業の脅威」がある。新規参入企業の脅威の大きさは、現在の参入障壁の程度や、既存の競争業者からの反発の程度によって変わる。

競争回避の戦略とは、業界の既存企業が利益の減少などを防ぐために、新たにその業界へ参入しようとする企業に対して参入障壁を築くこと、あるいは業界内の他社が自社と類似した戦略を採用・実施することを回避するために移動障壁を築くことである。ポーターの戦略論の考え方では「自社の有利な位置取りとその防衛」に焦点をあてるため、競争回避の戦略という。

❶▶参入障壁

① 規模の経済性

規模の経済性とは、企業の規模や生産量が増大するに従い、平均費用（製品1個あたりの生産コスト）が逓減していく現象をいう。また、同じことをコスト面からではなく生産面から表現すると、生産要素（原材料、資本、労働者など）の投入量が増えるにしたがい、その増加分以上に産出量が増えていくということになり、これを**収穫逓増**という。つまり、産出量を倍にするためにすべての生産要素を倍にする必要がない場合、規模の経済性が働いていることになる。

規模の経済性が働く業界では、新規参入企業はコストダウンを図る必要があるため、参入初期段階から大量生産を実施せねばならず、これが大きなリスクとなる。

② 製品差別化

既存企業のそれまでの活動により、その企業のブランドや製品が顧客に確固たるブランドロイヤルティを形成させている場合、新規参入業者は、顧客を獲得するた

めに大きな広告宣伝投資を行う必要があり、これが参入障壁となる。また、製品の機能や品質、アフターサービス、デザインといった他の差別化要因も参入障壁となり得る。

❸ 巨額の投資

参入の際に、研究開発、設備投資などのリスクの高い巨額の投資が必要な場合には、これが参入障壁となる。

❹ 流通チャネル

既存企業によって流通チャネルの確固たる統制が行われており、新規参入業者が参入に際して多大なコストを要したり、新たなチャネルを設けたりする必要がある場合には、これが参入障壁となる。

❺ 独占的な製品技術

既存企業のもつ製品技術が特許などによって独占状態にある場合には、規模とは無関係にコスト面で不利になり、参入障壁となる。

❻ 経験曲線効果

経験曲線効果とは、製品の累積生産量が増加するに従い、製品1単位あたりの生産コストが一定の割合で減少するという生産量とコストの関係を示す経験則である。この効果は、経験を重ねることによる作業者の熟練（学習効果）、生産工程や生産設備の改善などによるものと考えられる。

規模の経済性が「生産規模の拡大により単位あたり（例：1個あたり）のコストが下がること」であるのに対し、経験曲線効果は「累積生産量が増大するに従い、コストが減少していくこと」である。前者は「静的」なものであり、後者は「動的」なものである。

設 例

規模の経済は、ある一定程度の総生産量が増加することによるコストの低下を指し、大規模な工場施設の建設などで模倣することはできるが、経験効果の構築にはある程度の時間を必要とする。

H26-7　ウ　**(○)**

---

❼ 政府の政策

政府が、ある業界に対して許認可制度などによる参入の制限を実施している場合には、これが参入障壁となる。

❷▶戦略グループと移動障壁

1 戦略グループ

戦略グループとは、同一あるいは類似した戦略を採択している企業の集合である。

たとえば、キーテクノロジーを自社で開発し、高価格戦略を採用しているグループ、キーテクノロジーを自社で開発し、低価格戦略を採用しているグループ、キーテクノロジーを外部から導入し、低価格戦略を採用しているグループといった具合に、おおむね似たような戦略を採るいくつかのグループに分類されるということである。つまり、業界内において各企業が採用する戦略は、何から何まで完全に異なるというのではなく、似たような戦略を採る企業がほかにも存在するということである。

[1-2-4] **戦略グループマップ**

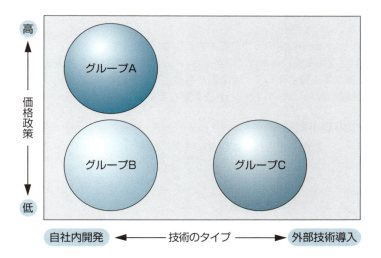

2 移動障壁

移動障壁とは、企業が戦略上のあるグループから別のグループへ移動するのを困難にする要因のことである。

具体的には、①他のグループに移動しようとしても、その移動先の障壁が高くて参入が困難である、②現在所属しているグループにおける戦略に慣れてしまっていたり、大きな投資をしていたりするなど、そのグループにとどまらざるを得ない力学や経済的な理由が存在する、といったことなどがあげられる。

なお、①の状況が生じる要因は参入障壁の要因とほぼ同じと考えてよい。

※ ポーターによれば、当該企業が①好ましい業界に所属しており、かつ②その

業界の中の好ましい戦略グループに属していて、③そのグループ内で強力な地位を占めている場合に、最も高い収益性が実現される（競争回避）。

> **設例**
>
> 業界内の競争を通じて形成された事業システムやマネジメント方式は、企業に戦略上の癖や慣性を生み出すので、企業が移動障壁に直面する事態にはならない。
> H22-9 ウ（✕：癖や慣性によって、現在の状態にとどまろうとする）

4 競争優位の戦略

競争優位の戦略とは、競争相手に対して優位性を築くための戦略パターンのことである。

ポーターは、競争戦略の3つの基本型として、「差別化戦略」「コストリーダーシップ戦略」「集中戦略」をあげている。さらに、これらの戦略を実現するためには、個々の企業活動を整合化していく必要があるとし、そのためのフレームワークとして「価値連鎖（バリューチェーン）」を提起している。

❶▶3つの基本戦略

ポーターは、戦略の優位性と戦略ターゲットを軸に、競争の3つの基本戦略を示している。

 [1-2-5]　**3つの基本戦略**

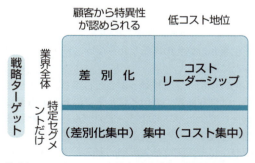

（『新訂競争の戦略』M.E.ポーター　土岐坤/中辻萬治/服部照夫訳　ダイヤモンド社　p.61をもとに作成）

※　集中戦略には、コスト集中と差別化集中がある。

1 差別化戦略

R3 7
H29 7

　差別化戦略とは、自社の製品に買い手にとって魅力的な独自性を打ち出すことにより、競争企業に対する優位性を価格以外の点で築く戦略である。代表的な差別化の方法は、以下のとおりである。

　1）製品そのものに関するもの

　　品質、性能、デザイン、色彩、包装などについて差別化する。

　2）製品サービスに関するもの

　　アフターサービス、代金の支払い条件、店舗数などについて差別化する。

　3）消費者の認知度を高めるもの

　　広告、宣伝による製品の社会的認知度、企業イメージなどについて差別化する。

2 コストリーダーシップ戦略（低コスト戦略）

R3 7
R2 4

　コストリーダーシップ戦略とは、同種の製品を競争企業よりも低いコストで生産する戦略である。大量生産による低コスト製品を提供することによりシェアを高め、規模の経済性や経験曲線効果を得ることにより、一層の低コストを実現していく（あくまで低コストであり、必ずしも低価格で販売するわけではない）。

3 集中戦略

H29 7

　差別化戦略やコストリーダーシップ戦略が広い市場をターゲットとするのに対して、**集中戦略**は市場を細分化し、自社の能力にマッチした一部のセグメントに焦点をあてる。そして、その市場において**差別化の面**もしくは**コストの面**で優位に立とうとする戦略である。

各競争戦略のもつリスク

● **差別化戦略**

　競合企業の模倣により、「差別化」された特徴の優位性が喪失するリスクがある。

● **コストリーダーシップ戦略**

　競合企業がこの戦略を模倣すると、利益を度外視した価格競争が行われるリスクがある。

● **集中戦略**

　ターゲットセグメントが狭いため、経営資源を豊富に有する競争業者との差異が失われた場合に、大幅にシェアを失うリスクがある。

> **設例**
>
> 経験効果を利用したコスト・リーダーシップを追求する場合には、競合企業よりも多くの累積生産量を達成するために、できるだけ早い時点で参入することが有効な方策となる。
> R2-4 ウ（〇）

❷▶価値連鎖（バリューチェーン）

企業の活動は、製品の設計、製造、マーケティングといった多くの活動で構成されている。価値連鎖は、企業の活動すべてとそれらの関係を体系的に分析するものである。また、価値連鎖は価値システムの中に組み込まれることになる。

◼ 価値連鎖（バリューチェーン）

業界構造分析を行い、差別化や低コスト化によって高い収益性を確保するためには、個々の企業活動を整合化していく必要がある。**価値連鎖**とは、そのためのフレームワークであり、事業活動を機能ごとに分解し、どの部分（機能）で価値（差別化や低コスト化）が生み出されるのか、どの部分に強み・弱みがあるのかを分析するものである。そして、競争優位の源泉を見定め、企業全体として顧客に価値を提供できるように活動を連結させていくためのものである。

図表 [1-2-6] **価値連鎖の基本形**

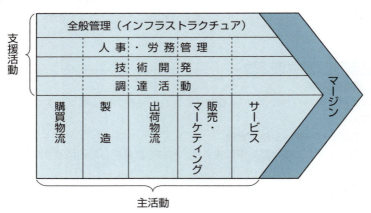

企業の価値連鎖は、**主活動**と**支援活動**からなる。主活動は製品やサービスを顧客に提供することに直接的に関与する活動である。具体的には、購買物流、製造、出荷物流、販売・マーケティング、サービスなどがある。支援活動は製品やサービス

を提供する活動には直接関与しないものの、主活動を遂行していくためには不可欠になる活動である。具体的には、全般管理、人事・労務管理、技術開発、調達活動などがある。こうした、一連の活動の結果として**マージン**（利ざや）が生み出される。

　価値連鎖の中の一部分の活動だけが低コストや差別化を実現していても、それだけでは有効性は高くない。企業全体の活動が相互に連結されてはじめて、その価値を顧客まで届けることができるからである。逆に、全体として連結されたうえで提供された価値であるならば、競合他社は一部分だけでなく、全体を模倣しなくてはならないため、競争優位の持続性を高めることができる。企業が複数事業を展開している場合には、単一事業内での活動の連結にとどまらず、事業間の活動の連結も考慮する。

　[1-2-7]　**トヨタ自動車の価値連鎖のイメージ**

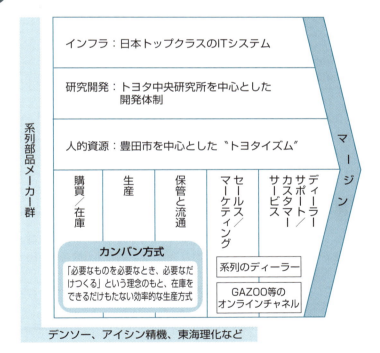

2 価値システム

　一般的に価値がエンドユーザーに届くまでには、原材料の供給、製造、物流、販売といった一連の流れを経る。各事業者ごとに価値連鎖が存在することをふまえると、川上から川下に至る一連の流れは「各事業者の価値連鎖」の連鎖という大きな

活動群（**価値システム**）ということになる。つまり、売り手が供給する価値（具体的には製品という形態をとる）は買い手の価値システムに組み込まれることになる。

たとえば、鉄鋼メーカーが提供する価値は、その顧客である自動車メーカーの「製造」ならびに「調達活動」に大きな影響を与え、その結果製造された自動車はディーラーの価値活動に大きな影響を与える。

図表 [1-2-8] 価値システム

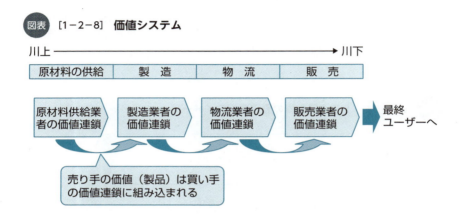

よって、自社の競争優位は、買い手サイドの価値連鎖において自社および自社製品が果たす役割の大きさに依存することとなり、価値システムを分析し、それに自社の価値連鎖を適合させることが必要になる。価値システムの分析の結果、自社にとってそれが有利であるならば、垂直的統合や水平的統合を選択することもある。

> **設 例**
>
> バリュー・チェーンの全体から生み出される付加価値は、個別の価値活動がそれぞれ生み出す付加価値の総和であり、各価値活動の部分最適化を図っていくことが、収益性を高める。
> H28-8 エ （✕：個別の価値の総和ではなく、全体最適を図ることによって、より大きな価値を生み出すことができる）

3 競争地位別戦略

3 競争地位別戦略

　企業の業界における競争地位は、市場占有率に基づき、**リーダー**、**チャレンジャー**、**フォロワー**、**ニッチャー**の４類型に分類される。図表１−２−９は、それぞれの位置づけにある企業がとるべき基本戦略を示している。

図表 [1−2−9] 競争地位別戦略

類型	特　徴	経営資源の質と量	市場目標	市場ターゲット	基本方針・基本政策
リーダー	業界内で最大の市場シェアを誇る企業	質：高 量：大	・最大市場シェア ・最大利潤 ・最大の名声、イメージ ・No.1の地位の維持	フルカバレッジ（すべての顧客を対象）	・製品：フルライン化 ・価格：非価格対応 ・チャネル：開放的 ・プロモーション：全体訴求
チャレンジャー	リーダーに果敢に挑戦し、市場シェアの拡大を狙う企業	質：低 量：大	・市場シェアの拡大 ・リーダーの地位の奪取	セミフルカバレッジ	・リーダーとの差別化 ・リーダーがとりたくても、イメージや名声維持のためとれないような差別化（思い切った高価格・低価格、独自技術の開発など）
フォロワー	リーダーに挑戦せず、現状を維持し、あえて危険を冒さない企業	質：低 量：小	市場に生存するための利潤を得る	経済性セグメント（中〜低価格志向）	・リーダーに追随 ・低価格化
ニッチャー	採算性のためにリーダーが扱わない分野、もしくは気がついていない分野に資源を集中させる企業	質：高 量：小	特定市場における利潤、名声、イメージ	特定市場セグメント	・集中化 ・ミニリーダー政策（特定市場におけるリーダーの政策定石）

1 リーダー企業の戦略定石

　リーダー企業は、自らの地位を維持するために以下のような戦略を採る。

❶▶周辺需要拡大政策

　「周辺需要の拡大」とは、市場そのもののパイを拡大することである。たとえば、朝・夜だけ歯を磨く人が多かったとすれば、「毎食後、歯を磨こう」というキャン

ペーンにより、歯磨き粉の消費量を1.5倍に増やすといった具合である。周辺需要が拡大すれば、最大の市場シェアを有するリーダー企業が最も恩恵を受けることになる。

❷▶同質化政策

一般的にリーダー企業はチャレンジャー企業がとってきた差別化戦略に対して、相対的に優位な経営資源によってそれらを模倣・追随し、その差別化を無効にしてしまう「同質化政策」をとる。

❸▶非価格対応

業界が低価格競争に巻き込まれると、最も利益が減少するのは市場シェアが最も大きいリーダー企業であるため、「非価格対応」がリーダー企業の戦略の定石である。

❹▶最適シェアの維持

市場シェアをとりすぎると、独占禁止法に抵触する。また、ある程度の水準を超えると、さらなる市場シェアの獲得には多大なコストがかかるようになり、かえって利益率が落ちることがある。よって、「最適シェアの維持」というのがリーダー企業の戦略定石となる。

設例

チャレンジャーは、リーダーの高い技術力が生み出した差別化された製品と同質な製品を販売し、リーダーの差別化効果を無効にすることを狙うべきである。
H24-6　ア　（✖：チャレンジャーはリーダーとは異なる戦略や製品によって対抗していく）

速度の経済性・先発優位性と後発優位性

ここでは、競争優位を築く要因のひとつである速度の経済性、先発優位性と後発優位性について取り上げる。

1 速度の経済性

競争優位性の源泉には、規模の経済性や範囲の経済性、ブランドなど独自の経営資源、経験曲線効果などさまざまなものが考えられるが、「速さ」もそのひとつである。**速度の経済性**とは、スピードを上げることによって得られる経済的便益の総称である。情報獲得のスピード、仕事のスピード、商品の開発スピード、商品回転スピードなどを上げることで、有効性や効率性を高めることができる。こうしたスピード（時間）に焦点をあてた競争のことを**タイムベース競争**という。スピードを上げることによりもたらされるメリットの例としては、次のようなものがある。

速度の経済性によるメリット
- 他社より早く製品を市場投入することで先行者優位を獲得できる。
- スピードの速さそのものが競争優位の源泉となり、利益率が向上する。
- 在庫回転率など投資効率が高まり、投資利益率が向上する。
- 生産から販売までのリードタイムが短縮され、売れ残りロスや機会損失が減少する。

2 先発優位性と後発優位性

❶▶先発優位性　　　　　　　　　　　　　　　　　　　　　　　　　　　H29 7

競争相手よりもいち早く市場に参入することで超過利潤を手にすることができる場合が多い。先発優位性の内容としては、次のようなものがある。

先発優位性

- 消費者の心の中に「参入障壁」を形成できる（強力なブランド連想を構築できる）。
- （早期に）経験曲線効果を実現できる。
- 利用者の生の声をいち早く得られる。
- 価格に無頓着なイノベーター層を取り込める。
- 最も有利な市場ポジションを先取りできる。
- 製品の規格（例：デファクトスタンダード）を決定しやすい。
- 製品の切り替えコスト（**スイッチングコスト**）の発生を利用できる（顧客はわざわざ慣れ親しんだ自社製品から他社製品へスイッチすることを躊躇する）。
- 希少資源（優秀な人材、希少天然資源、有利な立地など）を先取りできる。

R3 12
R元 6
H29 7

❷ ▶ 後発優位性

　一般的には先発が有利とされる一方で、後発のほうがリスクを回避できることから有利になる場合もある。後発優位性の内容としては、次のようなものがある。

後発優位性

- 需要の不確実性を見極めることができる。
- プロモーションコストを節約できる。
- 模倣により研究開発コストを節約できる。
- 顧客の変化に対応しやすい。
- 技術面の不確実性に対応できる。

設例

　製品開発では、最初に製品を生産・販売することにより、企業のブランドを一般名詞のように使うことで顧客の頭の中に刷り込み、商品選択の際に有利となるような先発者の優位性が生じる。
H27−5　ア　（**O**）

● 第2章　事業戦略（競争戦略）

4 速度の経済性・先発優位性と後発優位性

設 例 🖉

　企業が競争優位を獲得するための競争戦略のひとつであるコスト・リーダーシップ戦略に関する記述として、最も適切なものはどれか。　　〔H28－6〕

ア　コスト・リーダーシップ戦略では、継続的に自社製品を購入する顧客を確保するために、ブランド・ロイヤルティを高めることが課題となり、企業の提供する付加価値が明確になっている。
イ　コスト・リーダーシップ戦略は、市場成長率が安定してきて、製品ライフサイクルの成熟期以降に採用する戦略として適しており、企業が脱成熟をしていくうえで有益な戦略となる。
ウ　コスト・リーダーシップ戦略は、多角化した企業において、シナジーの創出によるコスト削減を目指していく戦略であるので、事業間の関連性が高い企業の方が、優位性を得やすくなる。
エ　コスト・リーダーシップ戦略を行う企業が、浸透価格政策をとると、自社の経験効果によるコスト低下のスピードは、競合他社よりもはやくなる。
オ　コスト・リーダーシップ戦略を行っている企業は、特定モデルの専用工場を建設し、生産性の高い設備を導入しており、新しい市場ニーズへも迅速に対応できる。

　解 答　　**エ**

ア：ブランド・ロイヤルティを高めることが課題になるのは、相対的には差別化戦略である。
イ：成熟期以降に採用したのでは時期が遅く、競争優位を築くのは困難である。
ウ：「コスト・リーダーシップ戦略＝多角化してシナジー創出によってコスト削減を目指す戦略」というのは、不適切である。
エ：浸透価格政策は、低価格政策とほぼ同義である。
オ：コスト・リーダーシップ戦略は、特定の製品に特化することで低コスト体質となるのが通常のイメージなので、新しい市場ニーズへの迅速な対応はしにくい。

第3章

企業戦略（成長戦略）

Registered Management Consultant

第3章　企業戦略（成長戦略）

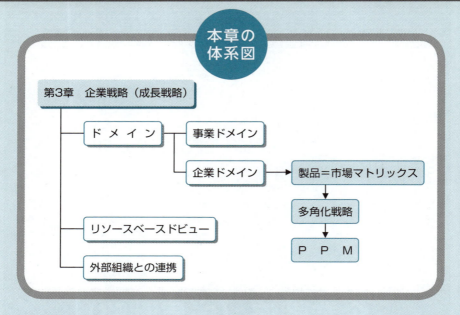

❗ 本章のポイント

◇ ドメインとはどのようなものか。
◇ 企業ドメインと事業ドメインの違いは何か。
◇ リソースベースドビューとはどのようなものか。
◇ VRIO分析とはどのようなものか。
◇ 模倣困難性の4つの規定要因は何か。
◇ ケイパビリティとコアコンピタンスとは何か。
◇ 製品＝市場マトリックスとは何か。
◇ 多角化戦略を実施する理由にはどのようなものがあるか。
◇ 多角化戦略によって生じる戦略的効果にはどのようなものがあるか。
◇ リストラクチャリングとは何か。
◇ 製品ライフサイクルの各段階は、どのような特徴を有しているか。
◇ PPMとは何か。
◇ PPMの4つのカテゴリーそれぞれはどのような特徴を有しているか。
◇ PPMの問題点にはどのようなものがあるか。
◇ 企業間連携にはどのような形態があるか。
◇ M&Aにはどのような手法があるか。
◇ 買収防止策にはどのようなものがあるか。
◇ アウトソーシングとは何か。
◇ 産学連携とは何か。
◇ 産業クラスターとはどのようなものか。

1 企業戦略の概要

　本章では企業戦略（成長戦略）について見ていく。企業戦略とは、企業が長期間にわたって持続的な成長を維持していくために、企業全体としてどのような領域で事業活動をしていくのか、どのような新規事業を展開するのか、各事業への経営資源の配分をどうするか、といったことを決定していくものである。つまり、複数の事業を展開している場合には、特定の事業において競争優位を築くことに加え、企業全体としてどのような経営を行っていくのかを、戦略的に組み立てていく必要がある。

　具体的なテーマの例としては、企業ドメイン、リソースベースドビュー（ケイパビリティ）、多角化、PPM、外部組織との連携などがあげられる。

 [1-3-1] **企業戦略**

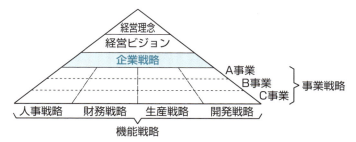

（『新版MBAマネジメント・ブック』　グロービス・マネジメント・インスティテュート編著　ダイヤモンド社　p.5をもとに作成）

2 ドメイン

ドメインとは、**事業領域のことであり**、現在から将来にわたって、企業の事業がいかにあるべきかを明示した**生存領域**である。

ドメインの設定範囲は、狭すぎれば顧客ニーズに応えきることが難しくなり、広すぎれば経営資源の分散や多くの競争に巻き込まれることになる。そのため、適切な範囲で設定することが重要になる。

1 ドメインの概要

❶▶ドメイン設定の意義

① 企業の意思決定者たちの注意の焦点が定まる（その結果、事業展開の発案のベースが提供される）。
② どのような経営資源の蓄積が必要かについての指針となる。
③ 企業全体を１つの組織とする一体感をつくる。

ドメインの設定に際しては、自社の経営資源を考えて、どのような領域で強みを発揮できるかという点と、自社の将来のあるべき姿を考えて、今後必要な経営資源を蓄積していくためにはどのような領域で活動する必要があるかという点について検討すべきである。

❷▶物理的定義と機能的定義

ドメインの定義として、物理的定義と機能的定義がある。

❶ 物理的定義

「モノ」を中心にドメインを発想する。「映画会社が自社の事業領域を『映画の製作』と定義する」というようなことがその例である。

物理的定義のデメリットとして、事業活動の展開範囲が狭くなり、**現在の事業領域を超える発想が出にくい**という点があげられる。

❷ 機能的定義

物理的定義が「モノ」を中心に発想したのに対し、機能的定義は「コト」「顧客のニーズ」を中心に発想する。「映画会社が自社の事業領域を『エンターテインメント』と定義する」というようなことがその例である。

機能的定義のメリットは、事業における**将来の発展可能性**を感じさせるという点である。その一方で、ドメインが抽象的になりすぎて、**ターゲットとなる顧客や事業（製品）の性格が不明確になりやすい**というリスクもある。

❸▶ドメイン変化とドメインコンセンサス

ドメインは環境変化に応じて変化させる必要がある。また、ドメインの変更は、組織内部のみならず、組織外部とも合意（コンセンサス）を得ることが望まれる。

2 企業ドメインと事業ドメイン

複数事業を展開する企業においては、ドメインの設定は企業全体としての事業領域である**企業ドメイン**と、事業ごとの展開領域である**事業ドメイン**の**2つのレベルで行われる**ことになる。

❶▶企業ドメイン

企業ドメインを規定するということは、**展開していく事業の範囲**、あるいは**組み合わせ（事業ポートフォリオ）**を規定するということであり、企業としての**アイデンティティ（同一性、基本的性格）**を規定していくことでもある。

❷▶事業ドメイン

事業ドメインを規定するということは、特定の事業の範囲を規定するということであり、具体的にはどのような消費者をターゲットにし、どのようなニーズを満たしていくのかといったことを規定するということである。

事業ドメインを考える際に有用なツールとして、**エーベル（Abell, D. F.）の3次元枠組**がある。これによると、エーベルは、ドメインを考える際には、どんな**顧客（customer）**に対して、どんな**機能（function）**を、どのような**技術（technology）**によって提供していくのか、といった具合に3つの次元をもとに設定していくことを提唱している。

補足　ポートフォリオ

主に金融や投資の分野において、複数の異なる資産に分散して投資することや、その資産の**組み合わせ**といった意味で用いられることが多い。

設例

事業ドメインの決定は、特定市場での競争戦略に影響を受け、将来の事業領域の範囲をどう定義するかについて、企業が自らの相互作用の対象として選択した事業ポートフォリオの決定である。
R元－1　オ　（✗：事業ポートフォリオの決定に影響するのは企業ドメインである）

3 リソースベースドビュー

　エディス・ペンローズは、企業は経営資源の集合体であるととらえ、組織内のマネジャーは、これらを最大限活用することが重要であるとしている。リソースベースドビューとは、経営資源に基づいた企業観ということができるが、その前提には「企業ごとに有している経営資源は異質である」というものがある。よって、その経営資源をベースにして競争優位の構築を考えるものである。

1 VRIO分析

　VRIO分析とは、以下の４つの点から自社の経営資源を分析する手法である。なお、特に、企業が有するノウハウや専門的なスキルといった**情報的経営資源**は、汎用的な設備といった物的な経営資源と比較して模倣困難性が高く、持続的な競争優位の源泉になりやすい。

❶ **資源の価値（Value）**
　その資源・能力があれば、事業機会を逃さず、脅威にうまく対応できるのか。

❷ **資源の希少性（Rarity）**
　競争相手のうち何社が、その価値ある資源・能力をすでに保有しているのか。

❸ **資源の模倣困難性（Inimitability）**
　その資源を持っていない企業がその資源を獲得・開発しようとすると、コスト面で不利が生じるのか。

　また、模倣困難性の規定要因には、次の４つがある。
　１）独自の歴史的条件
　　「当該経営資源がその企業独自の歴史的な過程の結果、形成されたものかどうか」ということである。独自の歴史的条件に関連する用語として経路依存性がある。**経路依存性**とは、当初起きたことによって、その後の発展経路を規定するということであり、競争優位が形成されていくプロセスにおいて経路依存性が意味するのは、企業が現時点で競争優位を獲得できるのは、それ以前の段階で獲得したり開発したりした経営資源のおかげであるということである。経路依存性が高い経営資源は、(他の企業がその経営資源が形成されるに至る一連の過程をそのまま辿ることはもはや不可能であるため) 模倣困難性が高くなる。
　２）因果関係の不明性
　　「当該経営資源と競争優位性との因果関係が不明である程度のこと」である。

3　リソースベースドビュー

たとえば組織文化のように内部者にとっても空気のようにあまりに自然な経営
資源である、当該経営資源が組織内の複数の要素が複雑に絡み合って形成され
ている、当該経営資源が組織内に広く分散した状態で存在するといった場合
は、因果関係の不明性が高く、それだけ模倣困難性が高いということになる。

３）社会的複雑性

「当該経営資源が非物理的で社会的な要因によるものかどうか」ということ
である。社内コミュニケーションや文化、対外的評判などといったものが該当
する。

４）特　許

「当該資源が特許等の知的財産権として確立されているかどうか」というこ
とである。ただし、知的財産権として法的な保護対象となっているものであっ
ても、模倣されるリスクがなくなるわけではない点には留意する必要がある。

H30 2

❹　組織（Organizations）

資源・能力の潜在力を十分に引き出し、活用するように企業は組織されている
か。

● VRIO分析の要約

- 「希少性が低い」とは現時点で他社が保有している経営資源、「模倣困難性
が低い」とは、現時点で他社は保有していないが、近い将来保有すること
が可能な経営資源。
- VRIO分析の要素のうち、Vだけでは「競争優位の源泉とはならない」、V
とRを満たせば「一時的な競争優位の源泉となる」、VとRとIを満たせば
「持続的な競争優位の源泉となる」。そして、Oも満たすことで、実際に持
続的な競争優位を築ける。
- 事前に予測することが困難な環境変化は、経営資源が持続的な競争優位の
源泉であることを困難にする。

２ ケイパビリティとコアコンピタンス

R3 3
R元 4
H30 3

競争優位の源泉となる経営資源については、研究者によって多様な呼称が用いら
れている。その中でもよく用いられるものに**ケイパビリティ**と**コアコンピタンス**が
ある。この２つはともに、「独自性を生み出す組織能力」といった無形の経営資源
のこととして用いられ、「**模倣困難性が高い**」という点でも共通している。厳密に
は識者によって認識が異なっているが、基本的にはほぼ同じことであるととらえて
差し支えない。

一般の用法を見るなかであえて違いをあげるのであれば、コアコンピタンスは企
業が多角化戦略（複数の事業を展開する戦略）を実行する際に活用することができ
る、特にコアとなる経営資源、ということで用いられることが多くなっている。つ

43

まり、「**さまざまな市場や製品に展開する際に活かすことができる経営資源**」ということである。

設 例 🖋

　独自に長い年月をかけて開発した価値ある経営資源を保有する企業は、その資源が業界内で希少でないとき、資源をいかす組織の方針や体制が整わない中でも持続的な競争優位を確立する。

H29-3　エ　（**✕**：その資源が業界内で希少でないのであれば、競争優位を築くのは困難である。また、その資源を活かす組織の方針や体制（organizations）が整わない中では、その経営資源を有効に活用することが困難であり、この点からも持続的な競争優位の確立は困難である）

設 例 🖋

　企業の強みと弱みに関する分析フレームワークについての記述として、<u>最も不適切なものはどれか。</u>　　　　　　　　　　　　　　　　　　　〔H23-3〕

ア　経営資源の模倣には直接的な複製だけではなく、競争優位にある企業が保有する経営資源を別の経営資源で代替することによる模倣もある。

イ　経営資源やケイパビリティが競争優位を生じさせており、企業の内部者にとって競争優位の源泉との関係が理解できない場合、経路依存性による模倣困難が生じている。

ウ　経営資源やケイパビリティに経済価値があり、他の競合企業や潜在的な競合企業が保持していないものである場合、希少性に基づく競争優位の源泉となりうる。

エ　経済価値のない経営資源やケイパビリティしか保持していない企業は、経済価値を有するものを新たに獲得するか、これまで有してきた強みをまったく新しい方法で活用し直すかの選択を迫られる。

オ　成功している企業の経営資源を競合企業が模倣する場合にコスト上の不利を被るのであれば、少なくともある一定期間の持続的な競争優位が得られる。

解 答　**イ**

　選択肢の文中に出てくる、経営資源、模倣、競争優位などはこのテーマの主要なキーワードである。

　ア：模倣には「まったく同じ経営資源を獲得する」「同じ機能を果たす経営資源で代替する」の2つのパターンがある点を知っておく。

イ：「因果関係の不明性」に関するものであり、経路依存性に関する内容
　　ではない。経路依存性とセットになるのは「独自の歴史的条件」であ
　　る。
ウ：「希少性」という言葉の意味がわかっていれば、不適切とする根拠は
　　見当たらない。
エ：「迫られる」という日本語表現の解釈で迷ってしまうかもしれないが、
　　書かれている内容としては適切なものである。
オ：主語がないために文章の解釈に迷うかもしれないが（持続的な競争優
　　位が得られるのは、「成功している企業」のほうである）、よく読めば
　　内容としては適切である。

4 製品＝市場マトリックス

企業戦略では、企業がどのような製品・市場領域で事業を行っていくかを決定する。経営戦略論のパイオニアであるアンゾフは、製品＝市場マトリックスによって、経営戦略の展開エリアを4つに分類した。

1 経営戦略の4つの展開

[1-3-2] 製品＝市場マトリックス（アンゾフの成長ベクトル）

		製品（技術）	
		既　存	新　規
市場	既　存	市場浸透戦略	新製品開発戦略
	新　規	新市場開拓戦略	多角化戦略

■：拡大化戦略

❶▶市場浸透戦略

既存市場に既存製品を投入する戦略である。広告宣伝や価格などのマーケティング要素を有効活用して市場シェアを拡大し、経営目標達成を目指す。

❷▶新市場開拓戦略

新規市場に既存製品を投入する戦略である。既存製品を従来未開拓であった市場（新しい顧客層や土地など）に展開して売上を向上させる。海外進出や女性用製品を多少アレンジして男性用に販売することなどはこの例である。

❸▶新製品開発戦略

既存市場に新製品を投入する戦略である。新しい機能を付け加えて今までとは異なる品質の製品を創造する、大きさや色などが異なる追加機種を開発する、などの方法がある。具体的には自動車や携帯電話などの製品で新機種を追加したり、デザインを変更したりするなどのモデルチェンジ政策に見られる。

❹▶多角化戦略

新規市場に新製品を投入する戦略である。ここでの多角化戦略は次節で説明する無関連多角化を意味する。

5 多角化戦略

アンゾフによれば、多角化戦略とは新たな製品・市場分野に進出することである。一般的には、市場浸透戦略をはじめとする拡大化戦略と比べてリスクが高いといわれている。そのようななかで、なぜ企業は多角化戦略を展開していくのかを見ていく。

1 多角化戦略を展開する5つの理由

❶▶組織スラックの活用

企業は、経営活動を通じて絶えず**組織スラック**（余裕資源）を蓄積している。この組織スラックを、多角化戦略のために有効活用できる。

❷▶新しい事業分野の認識

企業を取り巻く外部環境の変化を受けて、それに対応する新しい事業分野を認識し、その事業分野に経営資源を投入する。

❸▶主力事業の需要の停滞

現在主力となっている事業分野の需要が停滞する局面に入った場合には、新しい事業分野への進出を考慮する。

❹▶リスクの分散

多角化戦略の展開によって複数の事業を営むことで、ある特定の事業の業績が悪化しても、他の事業でカバーすることができる。このような効果を**ポートフォリオ効果**という。ポートフォリオ効果を得るには、事業間の製品あるいは市場の関連性が低いことが前提となる。このような多角化を**無関連多角化**という。

❺▶シナジーの追求

複数の事業間での経営資源の共有・補完によるシナジー（相乗効果）を得るには、多角化による新事業の展開が有効である。シナジーを求める多角化は既存事業と新事業の資源展開において共通点があるため、**関連多角化**とよばれる。

一般的に無関連多角化よりも、既存の経営資源が利用可能な関連多角化のほうが成功確率は高いとされる。

2 多角化戦略によって生じる戦略的効果

❶▶シナジー

シナジーとは、相乗効果ともいい、同一企業が複数の事業活動を行うことによって、異なる企業が別個に行うよりも大きな成果が得られることである。たとえば、鉄道会社が小売業やレジャー施設を運営するといったように、Ａを運営することがＢによい効果をもたらし、Ｂを運営することがＡによい効果をもたらすといったことである。

> **設例**
>
> シナジー効果は、範囲の経済の効果とは別個に発生し、複数事業の組み合わせによる費用の低下を生じさせる。
> H26-5 イ改題 （✕：費用の低下を直接表現する概念は範囲の経済である。また、シナジーと範囲の経済は同時に発生することも多い）

❷▶相補効果

相補効果とは、互いに足りない部分を補い合うことで、市場における需要変動や資源制約に対応することができ、より大きな効果が得られるものである。相乗効果との違いを判断するポイントのひとつは、たとえばＡとＢという事業があった場合に、ＡとＢの間に直接的な相互作用があるか否かという点である。相乗効果は、ＡとＢという組み合わせだからこそ得られる効果であり（直接的な相互作用がある）、相補効果は、ＡとＢでも得られる効果が、ＡとＣでも同じように得られるような効果である（直接的な相互作用がない）。

> **設例**
>
> 企業の多角化による効果には、特定の事業の組み合わせで発生する相補効果と、各製品市場分野での需要変動や資源制約に対応し、費用の低下に結びつく相乗効果がある。
> H30-1 イ （✕：相補効果と相乗効果の説明が逆である）

❸▶範囲の経済性

範囲の経済性とはシナジーと似た概念であり、企業が複数の事業活動を行うことにより、それぞれの事業を独立して行っているときよりも、より経済的な事業運営が可能になることをいう（シナジーは、複数事業の組み合わせによって「効果が大きくなる」ということであり、必ずしも「経済的になる」ということを含んだ概念

48 ●第3章 企業戦略（成長戦略）

ではない)。規模の経済が、同じものを数多く作って固定費を分散させることを意味するのに対し、範囲の経済は、多様な種類のものを作ることによって固定費を分散させることを意味するのである。範囲の経済の源泉には、販売チャネルや設備などの有形資源のほかに、ブランドや知識、ノウハウなどの無形資源があるが、近年では特に後者を見えざる資産（情報的経営資源）として重要視するようになっている。

 図表 [1-3-3]　範囲の経済性の例

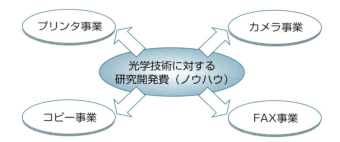

3 リストラクチャリング

リストラクチャリングとは、事業構造の再構築のことである。リストラクチャリングには２種類あり、１つは本業強化につながるもので、もう１つは事業の多角化（新規事業開発）である。本業強化型のものは、徹底した合理化、ダウンサイジングを行うことで事業の競争力を高めることを目的としている。これに対して多角化は、事業構造そのものを複合化して環境変化に対応しようとするものである。双方ともコアコンピタンスの周辺での事業再構築が基本原則とされている。

現代の経営環境は変化が激しく、多角化の追求によって経営資源が分散したり、不採算事業を抱えたりといった事態に陥ることもある。このようななかで企業が成長、生存を図っていくためには、展開している事業内容を見直し、再構築することが必要になる。

6 PPM

　PPM（Product Portfolio Management）は、ボストン・コンサルティング・グループ（BCG）によって開発された戦略策定支援ツールであり、企業が多角化により複数の事業を展開するときの総合効果を分析し、各事業への資源配分を決定するときに利用されるものである。
　また、PPMに関連する概念である製品ライフサイクルについても見ていく。

1 製品ライフサイクル（Product life Cycle）

❶▶製品ライフサイクルの概要

　製品ライフサイクル（PLC） とは、製品が市場に投入され、廃棄されるまでの生命周期といえる。製品によって製品ライフサイクルの長さには差があるが、その間における売上および利益の変化は、一般的に図表1−3−4のような動きを示す。

図表 [1−3−4] **製品ライフサイクル**

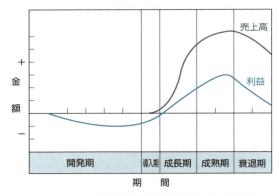

（『経営管理要論』徳重宏一郎　同友館　p.121をもとに作成）

6 PPM

❷▶製品ライフサイクル各段階の状況……………………………………

1 導入期
新製品が開発され、初めて市場に投入された時期である。

1）売上、費用、利益
　導入当初は、当然ながら売上高は低い状態である。また、新製品紹介などのための広告宣伝費や営業活動のための費用が多く必要となるため、利益はマイナスとなる。

2）製品のコストと価格
　生産量がまだ少ないため、大量生産のメリットを活かすことができず、製品のコストは高くなる。そのため、販売価格も高い状態が続く。

3）顧　客
　新製品に関心の高い革新的な顧客であり、その数はまだ少数である。

4）競合企業と市場の大きさ
　同業他社は、まだ新製品の開発段階である場合が多く、競合製品を生み出して市場に参入してくる企業の数はまだ少ない。したがって、市場の大きさも小さい状態である。

2 成長期
製品が消費者に認知され、市場に浸透してくる時期である。

1）売上、費用、利益
　成長期の初期は売上高はまだ低いが、時間の経過とともに、需要が急激に増し、売上高が急上昇していく。
　また、競争に勝つため、多くの広告宣伝費や営業費が必要となるが、利益は、売上高の上昇につれてプラスに転じ、徐々に高くなっていく。

2）製品のコストと価格
　製品の市場への浸透とともに、生産量の拡大と作業の熟練などによりコストが低下していく。また、競合企業との価格競争なども発生するため、製品価格もコストの低下とともに低くなっていく。

3）顧　客
　比較的早期に新製品を購入したい層が顧客となり、その数も増加していく。

4）競合企業と市場の大きさ
　競合企業により同種の製品が開発され、多くの競合企業が市場に参入してくる。また、需要の拡大とともに市場の規模も急成長し、大きなものとなる。

3 成熟期
製品がある程度市場に浸透し、需要が一段落する時期である。

1）売上、費用、利益
　急上昇してきた売上高の伸びが止まり、高い状態のまま推移する。また、広告宣伝費や営業費もそれほど多くは必要ではなくなる。したがって、利益が最

大となる局面を迎える（なお、利益が最大化するのは「成長期後期」とする場合もある）。
2）製品のコストと価格
大量生産と作業の熟練などにより、コストは低いレベルで推移するとともに、価格は下げ止まりの状態となる。
3）顧　客
新製品の購入に保守的な層が顧客となり、その数は安定的に推移する。
4）競合企業と市場の大きさ
市場での競争に敗れた企業が撤退するため、競合企業の数は減少する。また、市場の規模は大きい状態で横ばいとなる。

4 衰退期
製品の魅力が薄れ、需要が減少していく時期である。
1）売上、費用、利益
売上高は減少するが、固定費は必要であるため、利益も減少していく。
2）製品のコストと価格
コスト、製品価格ともに低い状態である。
3）顧　客
低価格志向の顧客が中心となり、全体としては減少する。
4）競合企業と市場の大きさ
撤退する企業はさらに増加する。また、市場の規模も小さくなっていく。

※　もっとも、すべての製品がこのような製品ライフサイクルをとるわけではない。成長期を迎えることなく市場から姿を消す製品は多いし、ロングセラーによって衰退期になかなか移行しないものもある。また、製品が現在、製品ライフサイクルのどの段階にあるのかを把握することは困難である（つまり事後的にしか判断できない）という指摘もある。

 補足　製品ライフサイクルのコンセプト

製品ライフサイクルは、「製品そのもの」や「ブランド」といった具合にとらえるレベルごとで異なる。たとえば、ガソリン自動車（製品そのもの）のライフサイクルとトヨタ・カローラ（ブランド）のライフサイクルといった具合である。通常は、製品そのもののライフサイクルのほうが期間は長くなる。

❸ ▶ 製品ライフサイクルとPPMの関係

PPMでは、**市場成長率**という概念を使用するが、製品ライフサイクルと市場成長率の関係は、次のようになる。
① 導入期は、市場の成長率はまだ低い状態である。
② 成長期は、市場の成長率が高い状態である。
③ 成熟期、衰退期は、市場の成長率は鈍化し横ばいとなっている。

❹ ▶ キャッシュフロー

キャッシュフローとは、企業内部への資金の流入額から企業外部への資金の流出額を差し引いた金額のこと（詳しくは弊社テキスト「②財務・会計」で述べる）である。

資金流入額は、企業会計で算定された利益をもとに計算される。また、資金流出額は、企業が行った研究開発や設備投資、運転資金などから計算される。したがって、会計上の利益がプラスであっても、資金流出額がそれを上回っている場合には、キャッシュフローがマイナスとなる。

PLCの導入期や成長期には、研究開発や設備投資が重点的に行われるため、キャッシュフローがマイナスとなっていることに注意する。

図表 [1-3-5] **製品ライフサイクルとキャッシュフロー**

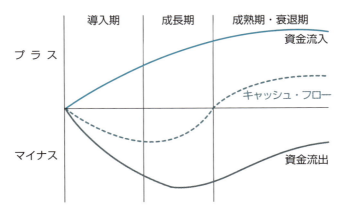

伊能和枝『最近の経営戦略研究』、1982年
(『入門経営戦略』亀川雅人/松村洋平　新世社　p.175をもとに作成)

2 PPM

❶ ▶ SBU（Strategic Business Unit：戦略事業単位）

SBUとは、特定の事業を中心として構成される戦略策定のための単位である。

個々のSBUは、１つあるいは複数の事業部で構成され、各SBUは独自の目標をもち、戦略と計画の策定を行う。

❷ ▶ PPMの概要

PPMでは、すでに述べた市場成長率を縦軸に、相対的市場占有率（相対的市場シェア）を横軸にとった図表１−３−６のようなチャートを作成し、事業のバランスを視覚的にとらえていく。

図表 [1−3−6] **PPM**

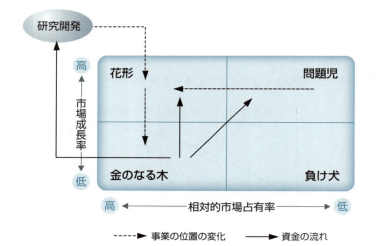

このチャート上の各カテゴリーに、企業の保有するSBUをあてはめて分析を行う。

なお、縦軸の市場成長率が高いということは、PLC上の成長期に位置し、市場成長率が低いということは、成熟期、衰退期に位置していることを表している。

また、横軸の相対的市場占有率が高いということは、同業他社との相対的な比較において、多くの売上を獲得していることを表している。

図表 [1-3-7] PPMのイメージ図

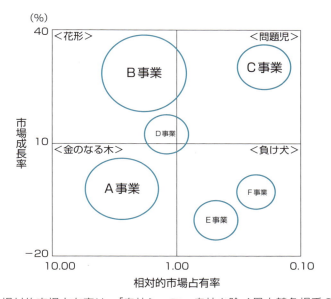

※ 相対的市場占有率は、「自社シェア÷自社を除く最大競争相手のシェア」で求める。
※ 円の大きさは売上規模を表している。

❸ ▶ PPMの4つのカテゴリーの概要

1 問題児（Problem Child）

相対的市場占有率	低い
資金流入	少ない
市場成長率	高い
PLC	成長期（初期）
資金流出	多い

① **資金流出が多く、資金流入が少ない**ため、キャッシュフローがマイナスである。
② 問題児に投資を行うことによって競合企業からシェアを奪い、相対的市場占有率を高めることにより、資金流入は増加し、問題児は花形に移行する。
③ すべての問題児が花形に育つわけではなく、その**選別が重要**になる。

2 花形（Star）

相対的市場占有率	高い
資金流入	多い
市場成長率	高い
PLC	成長期（中、後期）
資金流出	多い

① **資金流入も資金流出も多く、キャッシュフローの源ではない。**
② 成熟期になって市場成長率が低くなると金のなる木に移行するため、花形に投資を続行し、相対的市場占有率を高く保つ努力をする必要がある。
③ 問題児から花形に移行する場合と、研究開発により直接花形を作り出す場合がある。

3 金のなる木（Cash Cow）

相対的市場占有率	高い
資金流入	多い
市場成長率	低い
PLC	成熟期
資金流出	少ない

① **資金流入が多く、資金流出が少ないことから、キャッシュフローの源**となる。
② ここで獲得できるキャッシュフローを、花形や問題児、さらに研究開発部門へ投資する。
③ 市場成長率が停滞しているため、積極的な追加投資は行わない。

4 負け犬（Dog）

相対的市場占有率	低い
資金流入	少ない
市場成長率	低い
PLC	衰退期
資金流出	少ない

① **資金流入、資金流出ともに少ない。**
② 原則的には、すでに投資した経営資源を回収して撤退し、他の事業での有効利用を図る。
③ 売上規模は小さくなるが、資金流出が少ないため、**高収益（利益率が高い）事業になる可能性はある。**

●第3章　企業戦略（成長戦略）

[1-3-8] 各カテゴリーに配置されたSBUの定石

問題児	育成・撤退
花　形	維持・拡大
金のなる木	維持
負け犬	撤退・売却・縮小
	※　ただし、事業を続けることで残存者利益を獲得できる場合もある。

❹ ▶ PPM上のSBUの動きと理想のPPM

1 資金の流れ

資金源である「金のなる木」から得られた資金で、「問題児」の市場占有率を上げたり、「花形」の市場占有率を維持したりする。

2 望ましい移動の方向

「問題児」から「花形」へ、「花形」から「金のなる木」に移っていく。「金のなる木」から、「負け犬」にならないように市場占有率の維持を図る。

3 理想のPPM

資金源である「金のなる木」をいくつか保有したうえで、将来の資金源になる「花形」と、将来花形になるべき「問題児」がバランスよく配置されているPPMが望ましい。

> **PPMの問題点**
> - 企業の**経営資源を財務資源**という観点からしか考えていない。
> - 各SBU間の**シナジー**といった質的な面での評価が軽視されやすい。
> - PPMはすでに展開したSBUの分析であり、新しい事業分野への展開の手がかりにはなりにくい。
> - 負け犬に配置されたSBUでは、モラールが低下する可能性がある。
> - 金のなる木への投資が行われないため、その衰退が早まってしまうおそれがある。

> **設例**
>
> プロダクト・ポートフォリオ・マネジメント（PPM）においては、資金の流出は市場での競争上の地位で決まると考える。
> H26-6　イ改題　（✕：資金の流出は市場成長率で決まる）

設 例 ✏

　プロダクト・ポートフォリオ・マネジメントに関する記述として、最も適切なものはどれか。　　　　　　　　　　　　　　　　　　　　　〔H25−2〕

ア　「金のなる木」の事業や資金流出の小さい「負け犬」事業の中には市場成長率が低くとも高収益事業がある。

イ　投資家の注目を集める「花形製品」の事業は、マーケットシェアの維持に要する再投資を上回るキャッシュフローをもたらし、「負け犬」事業からの撤退を支える。

ウ　プロダクト・ポートフォリオ・マネジメントの考え方は、外部からの技術導入と資金調達とによる規模の経済の達成で優位性を構築する業界にも適用できる。

エ　プロダクト・ポートフォリオ・マネジメントの考え方は、製品市場の定義とはかかわりなく、相対的なマーケットシェアが小さくとも大きなキャッシュフローを生み出すケースにも適用できる。

解 答　**ア**

ア：負け犬は資金流入も資金流出も小さいが、資金流出のほうが特に小さければ、高収益事業になる可能性はある。

イ：金のなる木についての記述である。

ウ：PPMの枠組みは規模の経済ではなく、経験曲線効果によって相対的市場占有率を向上させていく過程における資源配分を行うものである。また、外部からの資金調達ではなく、展開している事業（内部）によって生み出した（調達した）キャッシュの配分を考えるものである。

エ：PPMにおいて相対的なマーケットシェアが小さいということは、問題児か負け犬ということになるが、この場合には、キャッシュフローが小さい（あるいはマイナスの）状況を想定している。

7 外部組織との連携

H30 20

　企業が置かれている経営環境は不確実性が高まっており、自社単独で競争優位を確立することの困難性が高まっている。そのため、他の民間企業、大学や研究機関といった外部の組織との連携を図る動きが活発である。ここではこのような連携について見ていくことにする。

1 企業間連携

　ここではまず、他の民間企業とのさまざまな連携の形を見ていく。

❶▶垂直的統合と水平的統合

　統合とは、企業が他の企業と同一の事業体になることであり、大きく垂直的統合と水平的統合に分類される。

1 垂直的統合

R2 3
R2 6
H30 6
H30 20

　ある製品が顧客の手に渡るまでにはいくつかの生産段階・流通段階を経過する。**垂直的統合**とは、原材料の生産から製品の販売に至る業務を垂直的な流れと見て、2つ以上の生産段階や流通段階を1つの企業内にまとめることをいう。つまり、ある活動を市場取引から組織内取引へと変化させ、いままで外部に任せていた活動を企業自らが行うようになることである。

　垂直的統合には2つの方向がある。原材料から製品市場に至る業務の流れのうち、原材料の生産に近いほうを川上、製品販売に近いほうを川下というが、川下のほうに向かうものが**前方統合**、川上のほうにさかのぼるものが**後方統合**である。完成品メーカーによる直営店舗展開は前方統合の例であり、小売業者による自社ブランド製品の生産開始は後方統合の例である。

　企業が垂直的統合を行うのは、それによって得る可能性のある便益（利益や便利さ）が必要な費用を上回ると考えられるからである。たとえば、隣接する2つ以上の生産段階を統合すると中間在庫や輸送コストを節約できたり、全体の業務の調整と管理が容易になったりといった便益を得ることができる。

　※　統合（内部化）については、取引コスト（第2編第1章第6節「外部環境と組織」）の観点から議論されることが多い。

2 水平的統合

R2 5

　同種の製品分野の事業に進出し、事業範囲を拡大することを**水平的統合**という。企業同士を結合することによって達成することが多く、同種の分野における企業の合併を意味して使われることがある。水平的統合は規模の経済の達成と競争的地位

の強化、範囲の経済（あるいはシナジー効果）の追求を目的として行われる。

> 📊 **補足** **垂直方向と水平方向**
>
> 　モノが流通していく方向を垂直方向ととらえることができ、具体的には、原材料の供給 ⇒ 製造 ⇒ 物流 ⇒ 販売といったイメージになる。
>
> 　それに対して水平方向は、たとえば自社が製造業であれば、同業他社（製造業）というイメージになる。
>
> 　ここで、製造業についてさらに考える。多くの場合、同じ製造業でも、完成品メーカーと部品メーカーがあるが（ほかにも加工メーカーなどあらゆる形態がある）、この2社の関係は、部品メーカーが部品を完成品メーカーに供給するという点に着目をすれば、垂直方向ととらえることができるが、同じ製造業であるという点に着目をすれば、水平方向ととらえることができる。
>
> 　つまり、「流通」という観点で見れば垂直関係にあり、「製造」という観点で見れば水平関係にあるということになる。特に、製品アーキテクチャがモジュール化している製品カテゴリーにおいては、1つの完成品を作るために、多くの部品メーカーがかかわって国際的な分業を行っている（この場合には水平分業といわれる）。
>
> 　上記は経営学において厳密に定義されているわけではないが、観点によって見方が変わってくるということはふまえておきたい。

R3 3
R2 5
H29 4
H29 9
R2 5
H29 4

❷▶M&A

　M&Aとは、Mergers & Acquisitionsの略で、企業の合併・買収のことであり、企業が行う統合の手段ととらえることができる。

　M&Aは、事業の再構築をスピーディに行い、競争力を強化することができるが、M&Aを実施するにあたっては**デューデリジェンス（due diligence）** が重要になる。デューデリジェンスとは、買収側が買収対象企業について、資産価値や将来の収益見込みなどについて検証し、買収の妥当性を評価することである。

◼ M&Aの形態

　M&Aには、図表1-3-9に示すようにさまざまな形態がある。法律上の手続き等については、弊社テキスト「⑥経営法務」で詳述する。

●第3章　企業戦略（成長戦略）

7　外部組織との連携

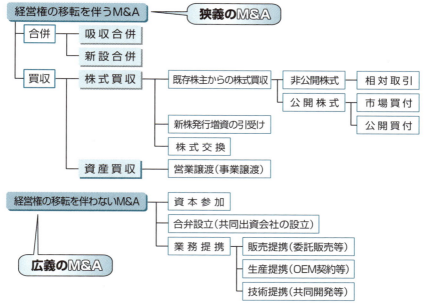

図表 [1-3-9] M&Aの形態

(『よくわかるM&A』監査法人トーマツ　トータルサービス部　日本実業出版社　p.11をもとに作成)

❶　合併

　合併とは、企業が他企業と互いの資本と組織を法的に完全に一体化させる行為であり、2社以上の企業が合体して1社になることである。
　合併のうち、**吸収合併**は、合併する企業の中の1社を存続させ、それ以外の企業の法律上の独立性を消滅させる形式である。また、合併のもう1つの方法である**新設合併**は、合併するすべての企業が、いったん法律上の独立性を消滅させ、新しい企業を設立させる形式である。

図表 [1-3-10] 吸収合併と新設合併

＜吸収合併＞

A社 ← B社
B社を吸収　　解散

＜新設合併＞

A社　　　　　B社
解散　　　　　解散
　　　↓　　　↓
　　　　X社

※ 主に株式公開買付による吸収合併を繰り返すことで互いに無関連の分野の企業を統合した企業形態を**コングロマリット**という。1960年代後半の米国においてコングロマリット・ブームが起きたが、やがてそのほとんどは業績を急速に悪化させることになった。

❷ 株式買収

株式買収の方法としては、ある企業の発行済株式を取得して子会社化する方法、新株発行増資を引き受けて会社の経営権を握る方法、**株式交換**によって株式を取得し子会社化する方法などがある。

※ 株式交換については弊社テキスト「⑥経営法務」で詳述する。

R3 3 ❸ 営業譲渡（事業譲渡）

ある事業に関する「営業資産」を買い手に譲渡することである。営業譲渡の対象である「営業資産」の中には、設備や建物だけでなく、特許、ブランドなども含まれる。譲渡の対象範囲が当事者間で自由に設定できるので、「ある事業のみ譲渡する」ということも可能である。

R元 5 ❹ 合弁（ジョイントベンチャー）

複数の企業が共同で出資して企業を設立し、その企業に経営資源を集めて事業を展開することである。

R元 5 / H29 4 ❺ 戦略的提携（アライアンス）

複数の企業が契約に基づいて実現する協力関係のことである。経営権の移転を伴わず、経営の独立性を維持していることが特徴である。パートナーとなる企業同士がお互いに経営資源を補完し合うことで、スピーディーな事業展開を図ることが可能になる。なお、通常は企業同士を緩やかに結びつける関係であり、やがては提携関係を解消してライバル企業同士に戻ることもある。そのため、協調関係を取りながらも相手の技術やノウハウをより多く吸収しようという競争が繰り広げられるという、**協調と競争が併存した状況になることが多い。**

> **設 例** 🖉
>
> 戦略的提携は、共同開発や合弁事業設立のように、企業が独立性を維持して緩やかな結びつきを構築するが、資本参加や当該企業同士の組織的な統合を通じて経営資源の合体を図る。
> R元-5 イ （**✕**：組織的統合とは、文字通り組織的に一体化するということである）

7 外部組織との連携

❷ M&Aの手法例
ここでは、株式を取得するための代表的な手法をあげる。

❶ TOB（Take Over Bid）
買収側の企業が、被買収側の企業の株式を、価格、株数、買付期間などを公開して、株式市場を通さずに直接株主から買い取る方法である。

❷ LBO（Leveraged Buy Out）
買収側の企業が被買収側の企業の資産や収益力を担保にして、銀行借入や社債発行を行い、この資金で相手を買収する方法である。

`H30 4`

❸ MBO（Management Buy Out）
子会社などにおいて、現在行っている事業の継続を前提として、現経営陣が株式や部門を買い取って経営権を取得することである。

`R3 3`
`H30 4`
`H29 6`

❹ MBI（Management Buy In）
MBOの一類型であり、買収対象企業の外部マネジメントチームが買収を行うことをいう。「外部マネジメントチーム」とは、同一業界の経験を有する者や、企業再建の経験を有する者などで構成されるチームのことである。

❺ EBO（Employee Buy Out）
会社の従業員が、その会社の事業を買収したり経営権を取得したりすることである。

`H30 4`

設 例

MBOでは、オーナー社長は、社外の第三者に株式を売却して、役員ではない従業員に経営を引き継がせる。
H29-6　ウ改題　（✕：第三者ではなく、現経営陣が株式を買い取ることになる）

---

❸ M&Aの分類
M&Aの分類には、図表1-3-9にある「狭義のM&A」と「広義のM&A」以外にも、友好的か敵対的かで分類することもできる。

● **友好的M&A**
買収先企業の経営陣の同意を得たM&Aをいう。

● **敵対的M&A**
買収先企業の経営陣の意思に反し、株主の同意を得たM&Aをいう。

63

> **M&Aのメリット・デメリット**
>
> **メリット**
> - 短時間でスピーディな戦略展開を図ることができる。
> - 自社の弱みの補強を効率よく実施できる。
>
> **デメリット**
> - 短時間で意思決定する際に、調査が不十分となる可能性がある。
> - 人事労務面での融合がスムーズにいかないことが多い。

4 主な買収防止策

❶ ポイズンピル

　敵対的買収者が一定割合の株式を買い占めた場合、買収者以外の株主に自動的に新株が発行され、買収者の株式取得割合が低下する仕組みである。

❷ クラウンジュエル

　「王冠の宝石」の意であり、転じて、被買収企業の保有する魅力的な事業部門、資産もしくは子会社などを指す。または、被買収企業が自社の重要財産を第三者に譲渡したり、分社化したりすることによって、意図的に自社を買収対象として魅力のないものにすることで、買収者の買収意欲を大きくそぐといった買収防止策を指す場合もある。

　なお、後者と同じような意味合いで使われる用語として**焦土作戦**がある。これは、買収対象となった企業が、自ら子会社や資産を切り離したり、あえて多額の負債を負ったりすることで企業価値を下げ、買収側の意欲をそぐというものである。

❸ ゴールデンパラシュート

　敵対的な買収の結果、解任される取締役に巨額の退職金を支払うように前もって定めておくことで敵対的買収を抑止しようという方策のことである。

❹ ホワイトナイト

　敵対的な買収を仕掛けられた企業の経営陣が、他の友好的な企業や投資家に買収を求める方法である。

H30 20 ❸▶アウトソーシング

　事業構造の再構築によって、自社にとって付加価値が低いと判断された業務に関しては、アウトソーシングを活用することも多い。**アウトソーシング**とは、業務の一部について、外部の労働力を活用するものである。対象業務は広い分野にわたっており、情報システム関連から、総務、経理、営業、マーケティングなどがその代表的な例である。特に不確実性が高い経営環境においては、アウトソーシングを含む外部資源を活用することによって、自社のコア領域に集中することも有効である。

7 外部組織との連携

アウトソーシングのメリット
- 外部の専門性を活用できる。
- 自社の得意分野に資源を集中させることができる。
- コスト削減が可能となる。
---

2 産学連携

産学連携とは、民間企業と大学などの教育機関や研究機関が連携して研究開発や事業を行うことをいう。日本における産学連携は米国と比較して約20年程度遅れてスタートしたといわれているが、1990年代後半以降、大学等技術移転促進法、国立大学教官等の兼業規定の緩和、また、国立大学独立行政法人化といった法的整備によって知的財産の大学への帰属が可能になるなど、いまだ十分ではないものの着実な進展が見られる。

❶▶TLO

技術移転を行う機関であるTLO（Technology Licensing Organization）が主に大学を拠点に設置され、大学の基礎研究の成果を企業に移転するという仲介機能を果たしている。

❷▶産学連携によるメリット

① 大学に技術源を求めることで、民間企業は自社資源をコア分野に集中することができる。
② 企業に技術を提供することで、大学は研究成果を実用化することができるとともに、さらなる研究のための資金を獲得することができる。

設 例

大学発ベンチャーが大学や研究機関と連携しながら、自前の技術を進化させたり、不足する技術力を補うことが行われているが、事業として発展するには企業者能力が重要になる。
H23-10 エ **(O)**
---

3 産業クラスター

　昨今は、情報技術の進展により、消費者や企業は世界中から必要な資源や情報を入手することができるようになってきている。そのため、企業にとって「ロケーション（立地）」の重要性は低下しているようにも思えるが、実際には企業や特定の産業は、特定の地域で発生し、集積しているといった状況が多く見られる。

　ポーターによれば、**産業クラスター**は特定分野における関連企業、専門性の高い供給業者、サービス提供者、関連業界に属する企業、関連機関（大学や規格団体、業界団体など）が地理的に集中し、競争しつつ同時に協力している状態と定義される。代表的な例として、シリコンバレー（ハイテク産業の集積）やハリウッド（エンターテイメント産業の集積）がある。専門的な情報や資源を求めてクラスターへの参入が活発に行われ、メンバー間で激しい競争が展開される。産業の地理的集中の要因として土地、天然資源などの伝統的な生産要素の比較優位を強調する従来の産業集積論に対して、科学技術インフラ、先進的な顧客ニーズ、専門化が進んだスキルや知識といった新しい生産要素の重要性を指摘している。このような新しい知識ベースの生産要素が集積内でのシナジー効果を生み、イノベーションの苗床としての地域の重要性を際立たせるのである。

　産業クラスターを形成する要素を説明するものとしては、ポーターの**ダイヤモンドモデル**がある。構成する4つの要素の共振によって、イノベーションが活発化し、地域の競争優位につながっていく。

7 外部組織との連携

図表 [1-3-11] 立地の競争優位の源泉（ダイヤモンドモデル）

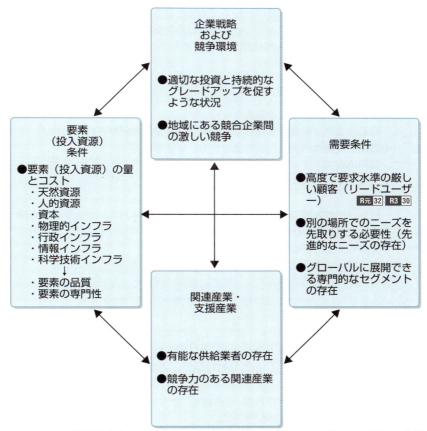

（『競争戦略論Ⅱ』M.E.ポーター 竹内弘高訳 ダイヤモンド社 p.83をもとに作成）

> **設例**
>
> 　産業クラスター論では、産業が地域的に集中する要因として、土地や天然資源などの生産要素を重視する。
> H26-19 イ改題 （✕：科学技術インフラ、先進的な顧客ニーズ、専門化が進んだスキルや知識といった新しい生産要素を重視する）

　他社と連携を考慮する企業にとって、企業としての独立性を維持し、企業間に緩やかで柔軟な結びつきをつくるには、戦略的提携が有効な戦略オプションのひとつである。戦略的提携に関する記述として、<u>最も不適切なものはどれか</u>。　　　　　　　　　　　　　　　　　　　　　　　　　　〔H25－4〕

ア　企業の評判に悪影響が起こる可能性は、戦略的提携における裏切りのインセンティブを抑制する要素となる。
イ　戦略的提携が希少性を有しても、低コストでの代替が可能であれば、その戦略的提携は持続的な競争優位をもたらさない。
ウ　戦略的提携によって、新たな業界もしくは業界内の新しいセグメントへ低コストで参入しようとするのは、企業間のシナジーを活用する試みとなる。
エ　戦略的提携を構築する際、その主要な課題はパートナーが提携関係を裏切る可能性を最小化しつつ、提携による協力から得られる恩恵を最大限に享受することである。
オ　内部開発による範囲の経済を実現するコストが戦略的提携によるコストよりも小さい場合、内部開発は戦略的提携の代替とはならない。

解　答　オ

ア：少し日本語が複雑だが、内容としては常識的なものである。
イ：低コストで代替が可能ということは模倣ができるということである。
ウ：正確な判断は難しいかもしれないが、否定できる要素は見当たらない。
エ：迷う要素があるとすれば、"主要な"という文言だが、基本的には否定できる要素は見当たらない。
オ：代替は可能である（ほとんど日本語の問題）。

第4章
技術経営

Registered Management Consultant

第4章 技術経営

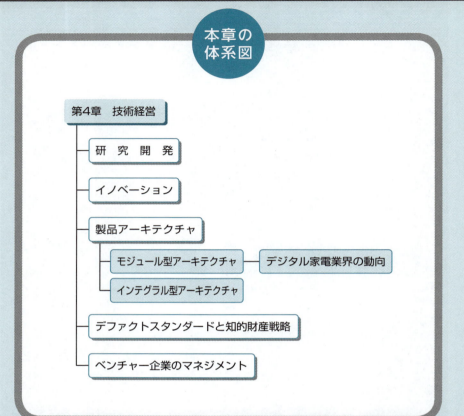

本章のポイント

◇ 研究開発にはどのようなものがあるか。
◇ イノベーションとは何か。
◇ 技術進歩がＳ字カーブを描くのはなぜか。
◇ 革新者のジレンマが生じるのはなぜか。
◇ オープン・イノベーションとは何か。
◇ モジュール型アーキテクチャとはどのようなものか。
◇ モジュール型アーキテクチャのメリット・デメリットはどのようなものか。
◇ デジタル家電業界の動向はどのようになっているか。
◇ デファクトスタンダードとは何か。
◇ ベンチャー企業が直面する関門にはどのようなものがあるか。
◇ ベンチャー企業の資金調達方法にはどのようなものがあるか。
◇ 社内ベンチャーとは何か。

1 研究開発

技術経営（MOT：Management Of Technology）とは、明確化された企業戦略および事業戦略のもとで、企業の技術を確立するための技術戦略を構築し、その技術戦略に従った研究開発、マーケティング、生産等の事業活動を行うことである。本節ではまず研究開発について見ていく。

1 研究開発の分類

研究開発は大きく、①基礎研究、②応用研究、③開発研究（あるいは開発）に分類される。

❶▶基礎研究

特別な応用、用途を直接に考慮することなく、仮説や理論を形成するため、もしくは現象や観察可能な事実に関して新しい知識を得るために行われる理論的・実験的な研究である。

❷▶応用研究

基礎研究によって発見された知識を利用して、特定の目標を定めて実用化の可能性を確かめる研究、およびすでに実用化されている方法に関して、新たな応用方法を探索する研究である。

❸▶開発研究（開発）

基礎研究や応用研究、および実際の経験から得た知識の利用であり、材料、装置、製品、システム、工程などの刷新、または改良を狙いとするものである。

※ 基礎研究と応用研究をまとめて「研究」とする場合も多い。
※ 研究開発の部分的な外部委託や、共同開発の実施など、多様な外部組織との連携も行われる。

> **設例**
>
> 中央研究所を見直して担当を開発研究に絞り込み、外部と取引や技術交流のある生産技術部門や営業部門に基礎研究を移管している。
> H22-4 オ （✕：基礎研究と開発研究が逆である）

2 イノベーション

　現在、多くの産業は、グローバル競争の激化、製品ライフサイクルの短縮化といった環境の不確実性にさらされており、企業が継続的なイノベーション(革新)を推進する重要性はますます高まっている。イノベーションは技術革新のみを指すものではないが、ここでは技術分野に焦点をあてる。

1 イノベーションの定義

　イノベーションとは、創造的なアイデアを実行に移すことで企業に新たな利益をもたらすすべての変革のことであるが、経済学者の J.A.シュンペーターは、イノベーションを「新結合」の遂行であるとし、**「新結合」**として次の5つをあげている。

① 新しい生産物または生産物の新しい品質の創出と実現
② 新しい生産方法の導入
③ 産業の新しい組織の創出
④ 新しい販売市場の開拓
⑤ 新しい買い付け先の開拓

2 イノベーションの類型

イノベーションの主な類型として、次の4つがあげられる。

❶ **プロダクトイノベーション**
従来存在しなかった新製品を開発するための技術革新。

❷ **プロセスイノベーション**
既存製品の生産工程や技術を改良すること。

❸ **インクリメンタルイノベーション(持続的イノベーション)**
既存製品の細かな部分改良を積み重ねる技術革新。

❹ **ラディカルイノベーション(破壊的イノベーション)**
従来とはまったく異なる価値基準を市場にもたらすイノベーション。当初はその未成熟さゆえに評価されないことが一般的である。

3 イノベーションの進化と普及

❶▶技術進歩のS字カーブ

ある1つの製品を取り上げて、その技術進歩のパターンを経時的に追っていくと、図表1-4-1のようにS字型の曲線をたどることがある。技術開発のために投入された資源や時間を横軸にとって、技術進歩を縦軸にとると、当初緩やかなペースでしか進まない技術進歩が、やがて加速し、しばらくすると再び鈍化するというパターンである。

図表 [1-4-1] **技術進歩のS字カーブ**

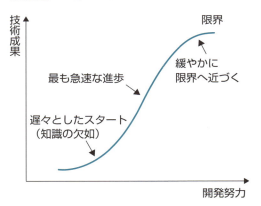

❷▶技術革新の非連続性

技術進歩はS字型のカーブを描くことが多いが、このようなイノベーション・ライフサイクルにおいて技術の交代はどのように進むのか。図表1-4-2は、既存の技術が成熟し、研究開発の投資効果が落ちてきて、後発の技術に追い抜かれて交代していく状況を示している。

後発の技術体系が成熟した既存の技術体系より高水準の性能を実現することによって取って代わるとき、それぞれのS字カーブは非連続である場合がほとんどである。たとえば、真空管はトランジスタ、そして集積回路に取って代わられたが、これらの新旧交代は、技術体系がまったく異なるという意味で非連続的である。また、この際に、技術とともに主役である企業も交代することが多い。この理由としては、既存の技術体系において主役である企業は、その技術に固執し、技術の老化や新技術の存在に気がつかず、他の企業が開発した後発技術に追い抜かれてしまうといったことや、革新者のジレンマが考えられる。

図表 [1-4-2] **技術革新の非連続性**

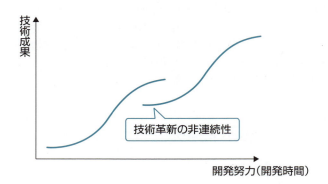

❸▶革新者のジレンマ（イノベーションジレンマ）

革新者のジレンマ（イノベーションジレンマ）は主に主要顧客との関係に基づくジレンマである。革新者のジレンマとは、過去にイノベーションを達成して市場を席巻した企業（つまり現在のリーダー企業）が、やがて主要顧客からの要望に対応するために持続的なイノベーションに邁進し、破壊的イノベーション（次世代の技術）に対応できなくなる状態を指す。顧客に自社製品技術が支持されている以上、それを否定するようなイノベーションを自ら起こすことはできないし、そもそも主要顧客の要望に沿った製品を提供したほうが利益率が高くなる。よって、開発当初は既存技術に比べて技術レベルがはなはだ低く、現在の主要顧客から望まれてもおらず、今後の展望についてもリスクが高いような新技術（つまり破壊的イノベーション）の推進は、合理的ではないことからしにくくなる。

一方、当初は未成熟であった後発の新技術は、リーダー企業が相手にしないようなローエンドの市場で十分な力をつけ、やがてリーダー企業の主要顧客層（ハイエンド市場）のニーズを満たすようになる。こうなるとリーダー企業は、次世代の技術での競争に完全に乗り遅れ、市場から姿を消す場合も多い。

> **設 例**
>
> 開発時の技術が顧客の支持を受けるほど、その後の技術発展の方向が制約されやすく、技術分野が固定化されて企業の競争優位が失われていく。
> H20-7 ア（○）

2 イノベーション

4 イノベーションを推進するための取り組み

❶▶オープン・イノベーション

ヘンリー・チェスブローが提唱している**オープン・イノベーション**とは、知識の流入と流出を自社の目的にかなうように利用して社内イノベーションを加速するとともに、イノベーションの社外活用を促進する市場を拡大することである。従来から取引関係のある組織体との連携だけでなく、新たな協業先と連携してイノベーションを創出していくものである。

`R3 28`
`R3 30`
`R元 8`
`H30 20`

❷▶リバース・イノベーション

リバース・イノベーションとは、新興国で生まれた技術革新（イノベーション）や新興国市場向けに開発した製品などを、先進国にも導入して世界に普及させることである。なお、類似した用語に**リバース・エンジニアリング**がある。これは、競争企業が販売している製品を分解、解析し、その企業のノウハウを解明することである。

`R2 8`
`R元 8`
`H30 13`
`R2 8`
`R元 8`

❸▶バウンダリー・スパンニング

バウンダリー・スパンニングとは、組織と外部環境の要素とを結びつけ、調整することである（外部環境との橋渡し役）。主として情報の交換にかかわるもので、①環境の変化についての情報を察知して組織に取り入れること、②組織に有利に働く情報を環境に送り込むこと、である。このような情報交換をはじめとした外部環境における関連する領域と卓越した連携をもつことは、イノベーション推進に寄与することになる。

`R2 8`
`H30 8`

75

3 製品アーキテクチャ

製品アーキテクチャとは、「どのようにして製品を構成部品に分割し、そこに製品機能を配分し、それによって必要となる部品間のインターフェース（部品間で情報やエネルギーのやりとりが行われる部分で、要はモジュール間のつなぎ目のこと）をいかに設計・調整するか」に関する基本的な設計思想のことである。大きくモジュール（モジュラー）型とインテグラル型（統合型、擦り合わせ型）に分かれる。

1 モジュール化（モジュール型アーキテクチャ）

モジュール化とは、全体システムを、明確に定義されたインターフェースにより、相互調整が不要となるような下位システム（モジュール）に分解するという設計思想である。パソコンを例にすると、CPU、OS、ハードディスク、RAMといったパソコンの部品は、それぞれ別のメーカーが相互調整することなく開発・製造しているが、これは各メーカーが事前に定められた仕様に基づいてモジュール化された分業構造によって活動をしているからである。

図表 [1-4-3] モジュール型アーキテクチャの概念図

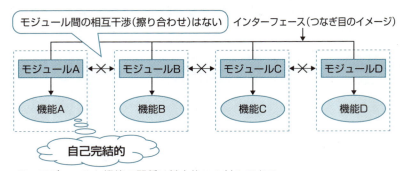

※ モジュールと機能の関係は基本的に1対1である。

3 製品アーキテクチャ

モジュール化のメリット・デメリット

メリット
- 構成要素間の調整等にかかるコストを削減できる。
- モジュールの独立性が確保されると、全体に対する変化を部分（モジュール）に集中することができる。
- システムの多様性を容易に確保できる。つまりさまざまな組み合わせが可能である。

デメリット
- 各モジュールの独立的な開発を促すためにはインターフェースを長期間固定しなくてはならないため、インターフェースの進化が抑制される。
- 幅広いモジュールを扱うには、インターフェースに汎用性をもたせなくてはならず、結果、全体システムに無駄が生じることになる（全体システムが無駄を許容できることが前提）。

2 オープンアーキテクチャ戦略

オープンアーキテクチャ戦略とは、複雑な構造をもつ製品やビジネスプロセスについて、ある設計思想に基づいて一定の単位（モジュール）に分解し、各モジュール間を社会的に共有されているオープンなインターフェースで結合していくことによって汎用性をもたせ、さらなる価値の増大を図る企業戦略をいう。製品を例にとると、自社製品との接続仕様（インターフェース）を公開することで、業界他社が競って自社製品と互換性をもつ補完製品を開発してくれるよう促し、結果的に自社製品の高付加価値化を図っていこうというものである。

3 インテグラル型アーキテクチャ　R元 11

インテグラル型アーキテクチャとは、製品の機能が複数のコンポーネント（部品）にまたがって複雑に配分されており、コンポーネント間のインターフェースも事前に標準化されていないような製品設計思想のことである。その結果、モジュール型のアーキテクチャとは異なり、1つのコンポーネントに変更を加えると他のコンポーネントすべてに変更を加えなくてはならない。自動車は、タイヤ、サスペンション、シャシー、ボディ、エンジン、トランスミッションなど、すべての部品が相互に微妙に調整し合って、1つの製品システムとしてのパフォーマンス水準を達成している。よって、たとえばボディを交換することで、タイヤ、サスペンション、シャシー、エンジン、トランスミッションをすべて交換するといった事態も想定され、各部品の開発者は相互に緊密な連携を取る必要がある。

図表 [1-4-4] インテグラル型アーキテクチャの概念図

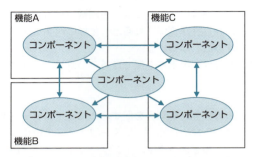

※ 機能群とコンポーネント（部品）群との関係が複雑に錯綜し、相互に影響を与え合う。相互調整（擦り合わせ）が必要となる。

インテグラル型のメリット・デメリット

メリット
- 製品としてのまとまりの良さ（**プロダクトインテグリティ**）を追求でき、小型化製品や軽量化製品の開発に適している。
- システム全体の最適設計が可能になる（ムダのない全体システムの設計が可能）。
- 構成要素間に相互依存性があるため、システム全体の模倣が困難になり、持続的な競争優位性が確保できる。

デメリット
- 構成要素間に相互依存性があるため、調整（擦り合わせ）コストがかかる。あるいは、部分の変更によってシステム全体の変更を促すケースが発生する。
- 上記の結果、システムの多様性を追求しにくく、進化に時間がかかる。

※ 日本の自動車産業において、系列取引というクローズな取引関係が見られることがあるのは、自動車がインテグラル型であり、完成車メーカーと系列部品メーカー間で緊密な協力が必要となるからであると解釈できる。

※ なお、自動車は、特に乗用車は現在においてもインテグラル型のものがおもに市場で取引されているが、近年は自動車産業においてもモジュール化の動きが見られ、特に次世代自動車（ハイブリッド車、電気自動車、燃料電池車など）においては電子機器部品が多く使用されることから、その傾向が顕著である。

3 製品アーキテクチャ

設 例 ✏

　製品アーキテクチャがモジュール型の場合には、製品のサブシステム間の関係が簡素になるので、部品メーカーは部品生産技術をめぐって、組立メーカーとの技術交流を緊密化することが重要になる。
H27−7　ウ改題　（**✕**：モジュール型の場合には、緊密さは要件ではない）

---

4 デジタル家電業界の動向

　デジタル家電（デジタルカメラ、薄型テレビ、DVDプレイヤーなど）の多くは日本の完成品メーカーが主体的にイノベーションを促進し、市場を開拓してきた分野である。しかしながら日本の完成品メーカー（アセンブラー）が優れた産業技術を開発し、それを装備した製品をいち早く市場に出しても、イノベーターとしての競争優位と利益の獲得につながらない、あるいは獲得したはずの利益が継続しないという状況が見られる。その主な理由は以下のようなものである。

❶▶製品アーキテクチャのモジュール化とシステム統合技術の市場化…

　製品アーキテクチャのモジュール化と、**システム統合技術**（モジュールの組み合わせ方）の市場化によって技術力が低い企業でも容易に完成品の製造が可能になるため、新規参入が増加するとともに価格競争が激化し、**コモディティ化**が進行する。なお、コモディティ化とは、製品間で機能、品質、ブランド力などに違いがなくなり、製品の規格化・標準化が進むこと、あるいは参入企業が増加し、製品の差別化が困難になり、価格競争の結果、企業が利益を上げられないほどに価格が低下することである。

R3 12
H29 28

❷▶顧客価値の頭打ち…………………………………………………………

　顧客価値の頭打ちとは、製品において、基本的な機能が充足されれば、顧客はそれで満足するという状況である。たとえば、デジタルカメラであれば、イメージセンサ（CCD）は500万画素までは欲しいがそれ以上は必要ない、といったことである。顧客が求める機能が頭打ちになるとコモディティ化が始まる。いくら日本企業が大きな技術革新や擦り合わせによる製品機能の向上を図ったところで、顧客はそれに対して価値を見出して割り増しの対価を払おうとはしない。さらに顧客の求める機能の水準がある程度でとどまっているのであれば、多少技術力で劣っていてもそれに対応できる企業が増えることから、価格競争が始まることになる。

79

> **設例**
>
> 　技術の高度化につれて、商品の機能が向上するが、競争激化とともに顧客の支払う対価が低下し、商品ニーズの頭打ちとともに、商品価格の下落がみられるようになる。
> H19−5 エ （**○**）

図表 [1−4−5] **顧客価値の頭打ち現象**

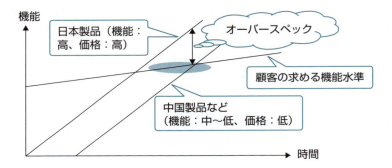

4　デファクトスタンダードと知的財産戦略

4　デファクトスタンダードと知的財産戦略

　企業が技術面において競争優位を獲得する手法として、他社の模倣を防ぐ知的財産戦略、自社の技術規格を業界標準にするデファクトスタンダードなどがある。

1　知的財産戦略（特許戦略）　R3 11

　特許権などの知的財産権を企業収益につなげるための戦略目標は次のようになる。
① 自社のイノベーションに対する他社の模倣を防ぐ。
② 他社による関連技術の特許化を防ぐ。
③ 業界における技術的な標準（デファクトスタンダードなど）を自社中心に確立する。
④ 他社に対する特許侵害リスクを回避する。
⑤ クロスライセンス契約における優位性を確保する。
⑥ ライセンス供与による収入を確保する。
※ **クロスライセンス**とは、特許の相互使用契約のことである。

2　デファクトスタンダード競争　R2 13　R元 28

❶▶デファクトスタンダード

　デファクトスタンダードとは、市場競争の結果、需要者や供給者によって認められた事実上の業界標準である。デファクトスタンダードをめぐる競争の例としては、家庭用VTRやパソコン、ゲーム機などが有名である。自社が採用する規格をデファクトスタンダードとするために、同一規格陣営に属する複数の企業が技術供与やOEM供給などを通じて戦略的に協調行動をとる場合が多いが、その一方で同じ陣営内においても最終的な規格競争の勝者の座を狙って激しい競争が展開される。なお今日では、規格競争に敗れた場合のダメージを回避するために、競争を経ることなく事前に複数の企業が協議を介して１つの規格を標準とする場合も多い。
※ **OEM**（Original Equipment Manufacturing）とは、相手先ブランドによる生産である。受託側は設備の稼働率および生産量を向上させることができ、委託側は自社で設備投資をせずに販売量を拡大することができる。
※ 製品が市場で広く受け入れられ、事実上の標準となっている場合の品質をデファクト標準（デファクトスタンダード）というのに対し、国際機関などの公的機関により策定される標準とその規格のことを**デジュール標準**という。　R元 8

❷▶ネットワーク外部性

R3 12
R2 13
R2 31
R元 8
H30 20
H30 29

　ソフトウエアやソフトウエアが絡む製品の規格競争においては、ネットワーク外部性に留意する必要がある。**ネットワーク外部性**とは、同じネットワーク（あるいは規格）に参加するメンバーが多いほど、そのネットワークに参加するメンバーの効用が高まることを指す。ネットワーク外部性がある製品では、品質の優劣にかかわりなく、ある技術、規格がいったんシェア上で優勢になると、その規格の製品を購入したほうが利便性が高いため、雪だるま式にユーザーが増えていくことになる。たとえば家庭用VTRでは、品質面ではベータ規格よりやや劣るとされていたVHS規格のビデオデッキやビデオテープのほうが導入当初の普及が速く、レンタルや他者とのやりとりの面で利便性が高まったことから規格競争を制した。

　そして、ある規格がある程度市場に普及すると、他の規格がそれを逆転するのは非常に困難になる。また、ある商品やサービスが爆発的に普及する（市場規模が拡大する）ために、最小限必要とされる市場普及率のことを、**クリティカルマス**という。

H29 8

設　例 ✎

　技術規格が定まらない新規技術分野では、いくつかの企業が連携して技術規格の標準化を目指す動きが活発であるが、その帰趨は技術の優位性に依存している。
H22-6　エ　（✖：技術の優位性で劣っている場合でも、早期に高いシェアを獲得することで業界標準を確立できる）

●第4章　技術経営

5 ベンチャー企業のマネジメント

　ベンチャー企業の定義はさまざまであるが、「成長意欲の強い起業家に率いられたリスクを恐れない若い企業で、製品や商品の独創性、事業の独立性、社会性、国際性のいずれかをもった何らかの新規性のある企業」ということができる。社会全体でのイノベーションを活性化させるためには、多くのベンチャー企業の誕生が望まれる。ここではベンチャー企業のマネジメントについて取り上げることにする。

1 ベンチャー企業の成長ステージと課題

　ベンチャー企業の成長ステージは、起業までの「シード期」、起業から製品やサービスの販売を開始し、事業が軌道に乗るまでの「スタートアップ期」、製品が市場や顧客に受け入れられ、規模が急拡大する「急成長期」、市場や製品が成熟化し、規模拡大が鈍化する「安定成長期」に分けることができる。各成長ステージにはつねに経営上の危機が潜んでいるが、特にスタートアップ期における危機は企業体力がないため、即倒産に至る可能性をはらんでいる。

　ベンチャー企業は多くの場合、技術面などを強みに創業するが、それだけでは事業として成立させることは困難である。そのため、事業コンセプトを明確にし、綿密な事業計画を立案することが大切になる。また、事業を軌道に乗せていくには経営実態の正確な把握と管理システムの向上、タイミングの良いリスクマネーの調達などが課題になる。

2 ベンチャー企業が直面する関門

H30 12
H29 10

　ベンチャー企業がイノベーションを実現し、それを事業化し、事業として存続させるためには、以下のような関門を乗り越えていく必要がある。

❶ 魔の川（デビルリバー）

　魔の川（デビルリバー）とは、基礎研究で開発されたシーズの社会的な有用性が識別しにくいことで直面する関門である。つまり、研究開発プロジェクトが基礎研究から製品化を目指す開発段階へと進めるかどうかということである。

❷ 死の谷（デスバレー）

　死の谷（デスバレー）とは、応用研究と製品開発の間で十分な資金や人材などの資源を調達できないことで直面する関門である。つまり、開発段階へと進んだプロジェクトが事業化段階へ進めるかどうかということである。

❸ ダーウィンの海

　ダーウィンの海とは、事業化を成し遂げた後も市場における激しい競争に晒されることで直面する関門である。つまり、事業化されて市場に投入された製品やサービスが、他社との競争に打ち勝ち、顧客から受け入れられるかどうかということである。事業化できたとしても、その事業を軌道に乗せるには市場競争に打ち勝つ必要がある。

設 例 🖊

　基礎研究から生み出された技術が成功するためには、その技術に基づく製品が市場で勝ち抜くことを阻む「死の谷」と呼ばれる断絶を克服しなければならない。
H26-9　ア　（✖：市場で勝ち抜くことを阻むのはダーウィンの海である）

---

③ ベンチャー企業の資金調達

　死の谷やダーウィンの海を乗り切るには、多様な資金調達先を確保する必要がある。ベンチャー企業の資金調達源としては、次のようなものがある。

`R元 10` `H29 9`

❶ ベンチャーキャピタル

　ベンチャー企業にリスクファイナンスを主に供給し、ベンチャー企業の企業価値向上の支援をするファイナンス企業のことである。その主たる業務はベンチャー企業の株式などに投資し、投資後の支援の成果として企業価値を高め、キャピタルゲイン（株式などの売却代金と投資資金との差額）を得ることである。

❷ ビジネスエンジェル

　起業志望者や創業期の企業に対して、出資という形で資本参加することによって、資金面で支援するとともに、資金面以外にも企業の成長のためのさまざまな支援を行う人のことである。

❸ スイートマネー

　起業家自身、家族、友人の株式出資による資金のことである。

❹ 金融機関融資

　金融機関からの借入れによる調達のことである。

❺ 公的な資金支援

　詳しくは弊社テキスト「⑦中小企業経営・中小企業政策」で取り扱う。

5　ベンチャー企業のマネジメント

設 例

　ベンチャーキャピタルは、有望な中小企業に対して、本体や他のベンチャーキャピタルが運用するファンドを通じた投資と本体の自己資金を原資とした投資のスタイルで、中小企業の企業価値を高める。

H29-9　オ　(**○**)

---

4 社内ベンチャー

R元 10
H30 8

社内ベンチャーとは、新事業の開発のために社内につくられる独立的運営組織である。社内ベンチャーは、小規模な研究チームからスタートし、次第に予算や人員が増加され、やがては事業部となることもある。

社内ベンチャーのメリット（ねらい）

● 個人の創意や少数の熱意が、既存のプロセスを経由せずに特定問題に集中するために、成果をあげる時間が短縮化される。
● 優秀な技術者や起業家精神をもつ人材の外部流出を防止する。
● 新規事業開発の経験によって社員の創造性が喚起される。

設 例

　社内ベンチャーは、本業や既存事業の思考様式にとらわれない発想を生み出し、本業や既存事業と異なった事業への進出や根本的に異質な製品開発を目的として設置されることが多い。

R元-10　オ　(**○**)

設 例

　製品の設計が、部品間のインターフェースが単純なモジュラー的な場合と、複雑で調整が必要な擦り合わせ的な場合とで、製品開発や技術開発の進め方が異なる。モジュラー的な製品開発や技術開発に関する記述として、最も適切なものはどれか。　　　　　　　　　　　　　　　　　　　　　　〔H25-8〕

　ア　モジュール部品を多様に組み合わせて得られる製品は、低価格・高機能を容易に実現でき、差別化による高い収益性を発揮できる。
　イ　モジュール化の進展によって、自社固有の技術開発余地が狭まり、標準部品を使った製品間の競争が激化し、価格競争が激しくなる。

ウ　モジュラー的な製品開発では、多様な部品を幅広く組み合わせるので、技術開発と製品開発が緊密に連携することが不可欠になる。

エ　モジュラー的な製品では、モジュール部品を広く外部から調達することが可能になるので、これまでの社内のモジュール部品の生産設備は埋没原価になる。

オ　モジュラー的な製品は、技術を持たない企業の参入可能性を高めるが、先発企業はシステム統合技術で先行するので、市場シェアには大きな影響を与えない。

解答　イ

ア：モジュール型の場合、相対的に差別化はしにくく、高い収益性を発揮できるとまではいえない。

イ：モジュラー化の典型的な特徴である。

ウ：緊密な連携が必要なのはインテグラル型である。

エ：埋没原価とは、回収不能なコストのことであるが、外部から調達できるようになっても、自社で生産したものを使用することは可能であるし、さらに他社に販売することも可能である。

オ：システム統合技術は市場化されているため、後発企業にとっても参入障壁が低い。

●第4章　技術経営

第5章

企業の社会的責任（CSR）と
コーポレートガバナンス

Registered Management Consultant

本章の体系図

第5章　企業の社会的責任（CSR）とコーポレートガバナンス

- 企業の社会的責任
- コーポレートガバナンス

❗ 本章のポイント

◇ 企業の社会的責任とは何か。
◇ コーポレートガバナンスとは何か。
◇ 日本企業のコーポレートガバナンスの特徴はどのようなものか。

1 企業の社会的責任（CSR）

　企業は本来の経済的機能を果たすとともに、政治的、文化的、社会的機能を果たしており、社会にさまざまな影響を与えている。今日のように多数の企業が存在し、さらに大規模化するにつれて、こうした企業の派生的影響の側面が大きくクローズアップされ、企業の社会的責任（CSR：Corporate Social Responsibility）が問われるようになった。

1 企業の社会的責任

❶▶企業の社会的責任

　企業の社会的責任とは、オープンシステムである企業が、社会の中で企業市民（コーポレートシチズンシップ）として活動し、つねに社会の利害関係者（ステークホルダー）との調和を図りながら、正常な経済活動のみならず社会的に影響を及ぼす企業活動全体に対して責任を果たすことである。

❷▶企業の社会的責任の領域

　企業の社会的責任の領域は、基本責任、義務責任、支援責任の３つの領域で構成されるという考え方があり、図表１－５－１のように示される。

 [１－５－１] **企業の社会的責任の領域**

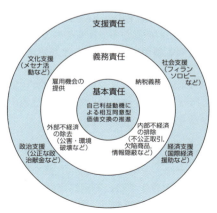

> 企業の社会的責任の領域について、より基本的な責任から高次な責任へと同心円で示されている。
（出所）嶋口充輝［1992］,「企業の社会的責任とそのかかわり方：マーケティング・コンテクストからの考察」『組織科学』26（1）47ページより。

　　（『経営戦略』大滝精一/金井一頼/山田英夫/岩田智　有斐閣　p.273をもとに作成）

❸▶フィランソロピー活動とメセナ活動 ·······························

図表1−5−1における支援責任の領域の例として、**フィランソロピー活動とメセナ活動**がある。

■ フィランソロピー活動
医療施設や教育施設への寄付、ボランティア活動への参加などを行うこと。

■ メセナ活動
文化・芸能に対する支援といった活動を行うこと。

R3 13 ❹▶ISO26000 ·······························

ISO26000は、2010年11月に発行された社会責任（SR）に関する国際規格であり、企業などの営利組織だけでなく、学校、病院、国際機関、政府など、幅広い組織を対象にしている。第三者認証を意図した規格ではないが、社会的責任に関する手引き（ガイダンス）として活用することができる。

> **設 例**
>
> 国際標準化機構の社会的責任の国際規格ISO26000は、日本ではJIS Z 26000「社会的責任に関する手引」として普及が図られている。
> H26−13 ウ （**○**）

❺▶社会責任投資（Socially Responsible Investment：SRI）···········

社会責任投資（Socially Responsible Investment：SRI）は、CSR活動を積極的に行っている企業を証券投資の面から支援するものであり、アメリカのキリスト教会が宗教的な価値観を資金運用に適用したことが始まりであったとされている。1980年代までのSRIはアルコールやタバコ、軍事、ギャンブルといった産業に対しては投資しないというネガティブ・スクリーニングが主流な形であったが、現在はCSR活動を積極的に行っている企業に対して投資するというポジティブ・スクリーニングによるものが多くなっている。

❻▶トリプルボトムライン ·······························

トリプルボトムラインとは、企業の事業活動について、経済的側面だけでなく、環境的側面と社会的側面も考慮することで自然環境や社会のサスティナビリティ（持続可能性）を高めるというものであり、現代における企業の活動は営利目的に偏重せず、社会的責任を果たしていくことが不可欠であるということを示すものである。

❼ ▶ CSV（Creating Shared Value）

　共通価値の創造と訳され、2011年にマイケル・E・ポーターが提唱したものである。ポーターのいうCSVとは、善行的な社会貢献という従来のCSRが抱えた限界を踏まえたうえで、社会的課題を解決することによって、社会価値と経済価値を同時に創造するというものである。つまり、事業戦略の視点で見たCSRということができる。CSRは、当然純然たるボランティアということではないが、実態として、利潤の追求に対して一直線ではないことも多く、昨今は、CSR活動がマンネリ化するといった状況も見られるようになっている。つまり、CSVは、社会的課題を解決する製品を提供するなど、社会的課題の解決と競争力向上（売上拡大）をより一層リンクさせたものであり、特に業績面の効果に直結するものであるというのがCSRとの違いである（ただし、この違いはあくまで相対的なものであり、CSRが業績面の効果を考えていないわけではない）。

設 例

　マイケル・ポーターが提唱するCSV（Creating Shared Value）の考え方は、社会的価値と経済的価値の両立をうたうものであり、高い収益性の実現を重視するものである。
H28-30（設問3）エ　**(○)**

---

❽ ▶ SDGs R3 28

　SDGs（Sustainable Development Goals：**持続可能な開発目標**）は、2015年9月の国連サミットで採択された「持続可能な開発のための2030アジェンダ」にて記載されたものであり、持続可能な世界を実現するための17のゴール・169のターゲットから構成され、地球上の誰一人として取り残さない（leave no one behind）ことを誓っているものである。その目標期間として、2016年から2030年までと設定されている。

　なお、SDGsの前身にMDGs（ミレニアム開発目標：Millennium Development Goals）があり、これは、2000年に採択された国連ミレニアム宣言を基にまとめられた、2001年から2015年までの開発分野における国際目標である。

2 コーポレートガバナンス

　企業は多様な利害関係者との相互作用のうえに成り立っているオープンシステムである。そのため、企業経営者へのチェック機能といった企業統治（すなわちコーポレートガバナンス）のあり方が問われることになる。

1 コーポレートガバナンスとは

　コーポレートガバナンスとは、企業統治などとよばれ、企業に対する利害関係者の視点から、企業経営の社会性や政治性を確保しようとするものである。言い換えれば、企業の経営者によるマネジメント活動が適切に行われているかをチェックもしくはモニタリングする制度のことと考えてよい。

2 コーポレートガバナンスの機能

❶▶経営陣の任免と牽制の機能

　株式会社の所有者は株主であり、この株主がコーポレートガバナンスの主体となるのが当然であるが、株主が直接的にガバナンスを行うのではなく、実際には株主総会による委任を受けた取締役が、業務執行者である代表取締役を含む経営陣の選任および、経営陣の経営活動の牽制を行っている。すなわち、取締役は経営陣の任免機能と牽制機能を株主に代わって有していることになる。

❷▶利害調整機能

　企業を取り巻く利害関係者の要求は多様であり、経営陣は利害関係者の調整を行う役割を果たしている。

3 日本企業のコーポレートガバナンス

❶▶日本企業のコーポレートガバナンスの問題点

　日本企業はコーポレートガバナンスが機能的に働いていない。その理由や問題点は以下のようなものである。

❶　取締役と経営陣の重複

　取締役と経営陣が重複しているため、経営陣の任免は実質的に経営陣自身によって行われている（純粋な意味での取締役による任免ではない）。そのため、経営陣として不適任であっても解任することができず、また、経営陣の反社会的な行動を阻止することも困難になる。

●第5章　企業の社会的責任（CSR）とコーポレートガバナンス

❷ 取締役が内部従業員の昇格者

取締役は社内の従業員が昇格していくことで就任し、その頂点として代表取締役が存在する。よって、取締役が本来牽制すべき対象である代表取締役が、自分自身よりも上級管理者ということになり、チェック機能が働かない。

❷▶ ガバナンス機能強化の方向性…………………………………………………

コーポレートガバナンスの主権者である株主がガバナンス意識をもつことが大切になる。また、取締役の独立性の確保や株主の利益を代表するために、社外取締役を選任することや、指名委員会等設置会社とするといったことが考えられる。**指名委員会等設置会社**とは、指名委員会、監査委員会、報酬委員会を設置する株式会社である。各委員会は3名以上の取締役で構成され、各委員会それぞれにおいて社外取締役が過半数となる。また、それ以外にどの委員会にも属さない取締役を置いても差し支えない。

※　なお、指名委員会等設置会社については弊社テキスト「⑥経営法務」で詳しく取りあげる。

④ 日本と米国のコーポレートガバナンスの比較

コーポレートガバナンスはその国の慣習や法律に大きく影響される。米国型、日本型の大まかな特徴は次のとおりである。

図表 [1-5-2] **日米のコーポレートガバナンスの比較**

	特　徴
米国型	・株主利益の追求が優先される。 ・取締役会による経営者の監視が強い（大半が社外取締役）。 ・短期的な業績志向に陥りがちである。
日本型	・従業員の利益重視のガバナンスである。 ・社内取締役が大半である。 ・長期的な成長志向が強い。 ・企業グループ・系列間で株式の持ち合いが見られる。 ・メインバンクが経営のモニタリング機能を担う傾向がある。

5 コーポレートガバナンスの変遷

　企業規模が小さいときには、企業経営は大口出資者である大株主によって経営されることが多い。やがて、株式の分散と同時に企業の大規模化が進み、企業経営の複雑性が増すと、経営者には専門的な能力が求められるようになる。これを受けて、新たに雇われた専門経営者が経営に携わることになり、大株主は重要な意思決定においてのみ経営に参加するようになる。このような、株式会社の所有者である株主と経営者が人格的に分離することを**所有と経営の分離**という。

　さらに、株式の分散が進むと経営の重要な意思決定に影響を及ぼすような大株主は存在しなくなり、株主の支配から自由になった経営者は事実上、その企業を支配することになる（**所有と支配の分離**）。

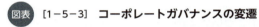

[1-5-3] **コーポレートガバナンスの変遷**

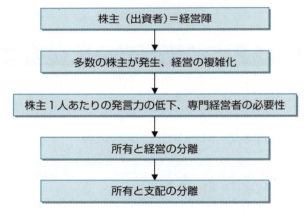

組織論　第2編

第1章

組織構造論

Registered Management Consultant

第1章 組織構造論

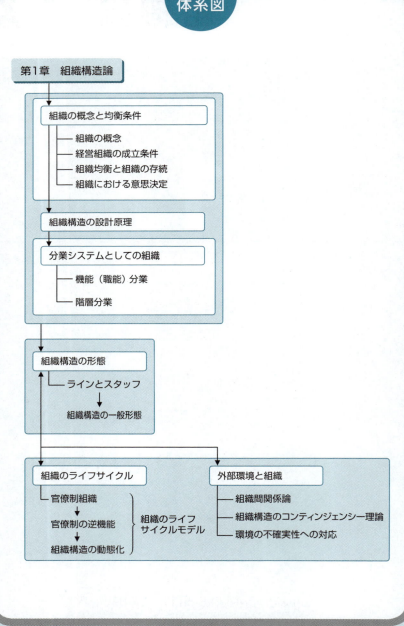

❗ 本章のポイント

◇ 組織とは何か。
◇ 経営組織の成立条件にはどのようなものがあるか。
◇ 組織の均衡条件とは何か。
◇ 満足化基準と極大化基準の違いは何か。
◇ 組織構造の設計原理にはどのようなものがあるか。
◇ 組織における分業にはどのようなものがあるか。
◇ ラインとスタッフとは何か。
◇ 機能別組織とは何か。また、そのメリット、デメリットは何か。
◇ 事業部制組織とは何か。また、そのメリット、デメリットは何か。
◇ カンパニー制とは何か。
◇ マトリックス組織とは何か。また、そのメリット、デメリットは何か。
◇ 組織は成長するにつれてどのように変容していくか。
◇ 官僚制組織とは何か。また、官僚制の逆機能にはどのようなものがあるか。
◇ 組織構造の動態化の方策としては、どのようなものが考えられるか。
◇ 資源依存度の決定要因にはどのようなものがあるか。
◇ 資源依存関係をマネジメントする方法にはどのようなものがあるか。
◇ 企業行動は取引コストによってどのような影響を受けるのか。
◇ 組織構造のコンティンジェンシー理論にはどのようなものがあるか。
◇ 環境の不確実性の高まりに対する組織的な対応にはどのようなものがあるか。

1 組織の概念と均衡条件

　組織のとらえ方はさまざまであるが、その本質は人間行動の集合体であり、バーナードによれば、「2人以上の人々の意識的に調整された活動および諸力の体系」である。ここでは、経営組織およびそれを構成する人々の大まかな特徴について確認し、組織が存続するにあたっての均衡条件について触れることにする。なお、厳密には「意識的」に調整が行われる組織のことを公式組織といい、非公式組織と区別されるが、以下、原則として「組織」と「公式組織」を同義として扱うことにする。

1 組織の概念

　組織という言葉を辞書で引くと、「特定の目的を達成するために、諸個人および諸集団に専門分化（つまり、分業化）された役割を与え、その活動を統合・調整する仕組み。または、そうして構成された集団の全体」とある。この記述から、「**分業**」と「**統合・調整**」の2つを「組織」のキーワードとして読み取ることができる。

　分業とは、「手分けをして仕事をすること」とか、「生産の過程で、工程の一部を互いに分担して労働する形態」を指す用語である。組織の中ではさまざまな協働（経営目標の達成という同じ目的のために協力して働くこと）が行われているが、協働の基本は分業である。しかし、協働が有効に行われるためには、分業した仕事の統合や調整が必要である。調整が行われなければ、協働が非効率になるばかりか、ときには分業そのものが非効率になる。たとえば、営業部門と製造部門がそれぞれ勝手に活動をしていたのであれば、「せっかく注文をもらってもモノがない」とか、「作ってはみたものの全く売れない」という事態が発生するであろう。また、その状態が行きすぎると、そもそも営業部門と製造部門に分けていること自体がナンセンスで、可能であれば各人が営業もすれば製造もするほうが合理的、ということになりかねない。もっとも、分業することで「専門化のメリット」という大きな効果が得られるので、実際には分業をするわけであるが、その際には同時に統合や調整が必要となるということである。

●第1章　組織構造論

図表 [2-1-1] 分業と統合・調整の仕組み

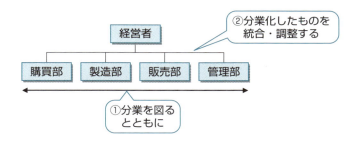

　なお、**組織構造**とは、端的には「組織の作りや仕組み」という意味であるが、より具体的には「組織における分業と調整の体系（組織の中で、どのような分業を行うか、それをいかにして調整するかについての、基本的な枠組み）」ということである。したがって、単なる「組織」と同じような意味になるが、より「仕組み」や「枠組み」という面が強調されると思ってもらえればよい。本章ではまず組織構造について見ていく。

　では、組織を考えるにあたって、組織構造だけ考えればよいかというと、そうではない。組織は分業化された活動の体系であるが、その活動を提供するのは人々である。こうした組織を構成する人々（従業員）の行動に直接的に焦点をあて、個人行動と小集団に固有の現象に関心を寄せる学問領域が**組織行動論**である。具体的にはモチベーション理論やグループダイナミクス、リーダーシップ論、さらに組織文化や組織学習などが対象になる。組織行動論については第2章で見ていく。

2 経営組織の成立条件

　組織は、①互いに意見を伝達できる人々がおり、②それらの人は行為を貢献しようとする意欲をもって、③共通目的の達成を目指すときに、成立する。先述のとおり、組織は均衡を実現できなければ存続し得ない。そして、組織成立にあたっては、均衡を実現するとともに次の3要素を満たすことが必要条件となる（**バーナード**による**組織の3要素**）。

❶ ▶ 共通目的

　共通目的とは経営目的のことであり、経営目的は経営者によって明確にされ、組織構成員に理解され、容認されなければならない。すでに述べたように、組織とは調整された活動および諸力の体系であるが、その調整の原理として共通目的がある。

　なお、共通目的の成立にあたっては、ドメインや組織文化（第2章第4節「組織文化と戦略的な組織変革」で後述）とのかかわりから論じられる。

❷ ▶ 貢献意欲

貢献意欲とは**協働意欲**ともいわれ、個人の努力を共通目的の実現のために寄与していこうとする意志である。人間行動には、個人的な目的から行動する側面と、組織の一員として行動する側面とがある。前者を**個人人格**といい、後者を**組織人格**という。

個人人格としての人間は、自由意思のもとに行動しており、組織に**貢献**するかどうかも個人の意思による。したがって、先述のとおり組織は何らかの**誘因**を個人に提供しなければならない。貢献意欲は、組織が提供する誘因が各個人において、組織に提供する貢献以上であると主観的に評価されたときに生まれる。

※　なお、個人の貢献意欲については、第2章第1節「モチベーション理論」でくわしく触れる。

❸ ▶ コミュニケーション

コミュニケーションとは、意思の伝達および伝達経路である。コミュニケーションによって、共通目的に向けての個人の貢献意欲が引き出される。コミュニケーションが体系化されたものが組織構造である。

なお、コミュニケーションは、その伝達の方向によって、大きく以下の3つに分類される。

1) **上から下へのコミュニケーション**
   指揮命令、情報や業績のフィードバックなど
2) **下から上へのコミュニケーション**
   報告・連絡・相談、提案など
3) **横やななめのコミュニケーション**
   メンバー間のミーティング、ラインとスタッフのコミュニケーションなど

組織の形成は、組織の3要素をそのときの環境条件に適するよう結合できるかどうかにかかっている。組織の3要素を適切に維持・調整し、協働体系が適切に機能するように絶えず組織を維持することが、組織における経営者、管理者の役割である。

※　経営者、管理者の役割については、第2章第3節「リーダーシップ論」で取り上げる。

❸ 組織均衡と組織の存続

組織が成立・存続するためには均衡を実現することが必要条件となる。バーナードやサイモンらによれば、**均衡**とは、組織がその参加者に対して、継続的な参加を動機づけるのに十分な支払いを整えることに成功していること、すなわち組織が生存に必要な経営資源の獲得・利用に成功していることを意味している。組織均衡の中心的命題は次のとおりである。

①　組織は、組織の参加者とよばれる多くの人々の相互に関連した社会的行動の

体系である。
② 参加者それぞれ、および参加者の集団それぞれは、組織から**誘因**を受け、その見返りとして組織に対して**貢献**を行う。
③ それぞれの参加者は、組織から提供される誘因が、組織から行うことを要求されている貢献と等しいか、あるいはより大である場合にだけ、組織への参加を続ける。
④ 参加者のさまざまな集団によって供与される貢献が、組織が参加者に提供する誘因をつくりだす源泉である。
⑤ 貢献が十分にあって、その貢献を引き出すのに足りるほどの量の誘因を供与している（誘因≧貢献）限りにおいてのみ、組織は「支払い能力がある」…存在し続ける（**組織の均衡条件**）。

なお、オープンシステムである経営組織の参加者には、従業員、資本家、供給業者、顧客など多様な主体が含まれる。たとえば資本家にとっての誘因は配当であり、貢献は資本提供である。従業員にとっての誘因は賃金、昇進、良好な人間関係などの各種報酬であり、貢献は労働力の提供である。

図表 [2-1-2] **組織均衡**

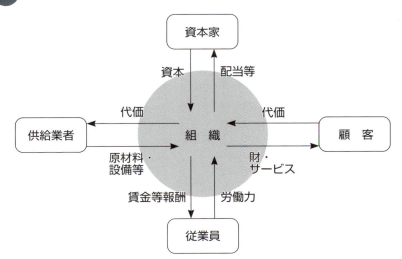

（『組織論』桑田耕太郎/田尾雅夫　有斐閣　p.43をもとに作成）

④の命題から、組織はその参加者の貢献をインプットとして、参加者の誘因（アウトプット）を生産する変換システムであることがわかる。この貢献から誘因への変換率を**能率**という。また、組織は外部環境の変化に継続的に適応し、組織目標を達成しなくてはならないが、組織目標の達成度のことを組織の**有効性**といい、目標

の達成度が高い状態を有効性が高い状態という。たとえば、貢献以上の誘因を提供できている状態は、組織の主たる目標を達成しているという意味で、「組織が有効である状態」である。以上をふまえると、組織は均衡を実現する手段の選択にあたり、有効性基準を満たすものの中から、より能率的なものを選択することになる。

4 組織における意思決定

　組織が人間の行動を構成要素とするのであれば、組織論を学習するにあたり、人間の行動について確認する必要がある。目的を目指す人間行動は、目的実現を制約している要因を克服する解決案を選択する行為によって導かれる。すなわち、人間行動は意思決定によって導かれている。そして、経営組織を人間行動の集合体ととらえれば、経営組織は複雑に絡み合った意思決定のシステムと見ることができる。そこでここでは、組織論の前提となる人間の意思決定について取り上げる。

1 極大化基準

　完全な情報収集能力、情報処理能力をもち、経済的合理性、極大化基準のもとで行動するという人間観を**経済人モデル**とよぶ。極大化基準とは、目標は高ければ高いほど望ましいとする最適化に基づくものである。

2 満足化基準

　現実的には、問題解決の代替案をすべて列挙したうえで意思決定を行うことは不可能である。なぜなら、人間の情報収集能力、情報処理能力には限界があり、**制約された合理性**の範囲内で行動することになるからである。このような人間観を**経営人モデル**とよぶ。経営人モデルにおいては、代替案の選択は、「十分満足できる」という満足化基準によって行われていく。

2 組織構造の設計原理

　組織構造とは、階層および職能における位置関係であり、言い換えれば、事業部や部門などの下部組織が担うべき機能、人的資源の配分と権限、指揮命令系統を定めたものである。組織構造にはいくつかの基本形態があるが、それらを説明する前に、組織構造を決定するときに適用される設計原理について取り上げることにする。

1 専門化の原則

　専門化とは、組織の活動が特殊化された役割に分割された状態を指し、**分業化**とほぼ同じ意味である。専門化により、特定の業務（職務）に専念することになり、各部門（担当者）は得意とする知識・能力の集中利用、反復による迅速な業務（職務）の習熟、専門化した手段と方法の使用による大きな効果を生み出すことが可能になる。専門化に基づけば、各部門の業務（あるいは組織構成員の担当する職務）は、技術、知識、経験について類似した業務（職務）によって構成されることになる。
　なお、専門化は公式化、標準化と相互に関連が強く、これらをまとめて**活動の構造化**（従業員の活動に対する公式の規制の程度）という。**公式化**とは、命令や指示、手続きなどが文書化される程度のことであり、**標準化**とは、標準的なルールおよび手続きによって作業が処理される程度のことである。

> **設 例**
>
> 　職務のプロセスを標準化すると、従業員の専門能力を向上させるとともに、アウトプットの分散が大きくなり検査コストが増える。
> H20-12　エ　（✗：標準化により専門能力は向上するが、アウトプットの分散は小さくなる）

2 権限責任一致の原則

　権限責任一致の原則とは、各組織構成員に与えられる権限の大きさが、担当する職務に相応しているとともに、それと等量の責任が負わされなければならないというものである。
　※　**権限**とは、意思決定を行い、その内容を実現するうえで、他の人々をこの意思決定に従わせることを公に認められている権利である。また、**責任**とは、割り当てられた職務に対して期待されている成果をあげる義務である。
　※　権限と責任は一般的に組織内の階層構造に基づいて付与されるため、**階層性**

の原則とよばれることもある。

3 統制範囲の原則（スパンオブコントロール）

統制範囲（管理の幅、あるいはスパンオブコントロール）とは、1人の上司が有効に指揮監督できる直接の部下の人数のことである。従業員数を一定とすれば、統制範囲を広げることで階層数（管理者の数）を削減できるが、1人の管理者が直接的に管理できる部下の人数には一定の限界があり、これを超えて部下をもつと管理効率が低下する（統制範囲の原則）。

なお、管理者の統制範囲を拡大するには以下のような工夫が必要になる。

- 管理者の例外処理能力を高める
- 下位メンバーの知識や熟練を高め、例外事項への適切な判断力をもたせる
- 作業の標準化を進める
- スタッフ部門の創設など、管理者の例外処理能力を補強する構造を構築する

> **設例**
>
> 部下間の職務の相互依存度が高く、環境が不規則に変化する場合には、「管理の幅」を広くとることができる。
> H20-13 エ（✕：この場合、上司の管理・調整負担が重くなるので、管理の幅は狭くなる）

4 命令統一性の原則

1部門の規模が制約されることになると、企業規模の拡大とともに部門の数が増加し、組織の階層化が進んでくる。このような状況が進行すると、組織としての統一的な行動の維持が困難になる。このときの組織の上下関係を決めるのに適用されるのがこの原則である。**命令統一性の原則**とは、組織の秩序を維持するために、職位（職務の遂行に必要な権限と責任を割り当てられた組織上の地位）の上下関係においては、各組織構成員はつねに特定の1人の上司からだけ命令を受けるようにしなければならないというものである。

5 例外の原則

❶▶組織における意思決定

1 業務的意思決定
業務的意思決定とは、ロワーマネジメントが主に従事する意思決定であり、日常的な経営活動の能率や収益性を最大にするための短期的、定型的な意思決定である。

2 管理的意思決定
管理的意思決定とは、ミドルマネジメントが主に従事する意思決定であり、戦略的意思決定を通じて決定された経営戦略を実行するために必要な資源の調達をするといったことである。また、戦略的意思決定と業務的意思決定の間に位置するものであるととらえることができる。

3 戦略的意思決定
戦略的意思決定とは、トップマネジメント（経営者）が主に従事する意思決定であり、今後の戦略についての長期的、非定型的な意思決定である。

❷▶例外の原則

経営者は、業務的意思決定や管理的意思決定から解放され、戦略的意思決定に専念できるようにする必要がある。

例外の原則とは、「経営者は日常反復的な業務の処理を下位レベルの者に委譲し、例外的な業務の処理（戦略的意思決定および非定型的意思決定）に専念すべきである」というものである。**権限委譲の原則**といわれることもある。

また、定型的意思決定に忙殺され、非定型的意思決定が後回しになることによって、将来の計画策定が事実上消滅してしまうことを、**計画におけるグレシャムの法則**という。

3 分業システムとしての組織

　組織構造の設計原理でふれたように、組織は専門化（分業化）の原則に沿って編成されることになる。それぞれに役割を分けることで、専門性を発揮させるなどのメリットを追求しているのである。実際の企業組織を見ても多くの部門に機能が分化され、さらに各担当者に業務が割り当てられている。一方、分化された役割を一定の成果（たとえば製品やサービス）に結びつけるためには、分化された多様な役割を時間的・空間的に連動させること（つまり調整）が必要である。

　このように考えると、組織とは分業と調整のシステムであるととらえることができる。調整については後述することとし、ここでは組織における分業について考察する。分業には、大きく専門化に基づく機能分業と階層分業がある。

1 機能（職能）分業

　機能（職能）分業とは、組織図で見ると、ヨコ方向の分業（水平分業）である。図表2－1－3の組織図は、後に触れる機能別組織といわれる組織形態のものである。全社的な業務（機能）が、購買、製造、販売、管理に分化していることがわかる。

図表［2－1－3］ **機能分業**

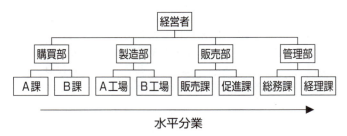

2 階層分業

❶▶管理行動と作業行動

　経営組織における人間行動を階層的に分類すれば、**管理行動**と**作業行動**に分けることができる。

1 管理行動

　経営者・管理者の行動であり、さらに**経営者行動**と**管理者行動**に分けることができる。

❶ 経営者行動

企業の到達点である経営目的やそれへの方向、成功の道である経営戦略を設定することによって、企業のイノベーションを進めていくことである。代表取締役や取締役などの**トップマネジメント**（最高管理層）が担当する。

❷ 管理者行動

経営目的、経営戦略を受けて、計画を策定し、組織を編成し、仕事を配分して指導し、仕事の結果をチェックすることによって、作業者行動の効率化を達成していくことである。部長や課長などの**ミドルマネジメント**（中間管理層であり、最高管理層と現場の中間にあって部門管理を担当する）や、係長や主任などの**ロワーマネジメント**（現場管理層であり、現場で作業している従業員に対して直接的に指示、監督する）が担当する。

図表 [2-1-4] **管理階層**

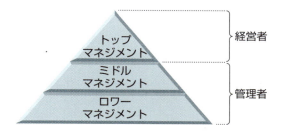

※ 経営者行動、管理者行動については、第2章第3節「リーダーシップ論」でも取り上げる。

❷ 作業行動

一般従業員の行動であり、製品・サービスの生産・販売にかかわる行動である。

❷▶階層分業

階層分業とは、組織図で見ると、タテ方向の分業（垂直分業）である。図表2-1-5の組織図は、後述する事業部制組織とよばれる組織形態を簡略化して示したものである。組織図の縦方向に注目すると、経営者→事業部長→課長→一般従業員というように階層別に分かれている。これによって、上位者は日常的な業務から解放されて、より高度かつ全体的な意思決定に専念することができるのである。このように階層分業とは、極論すれば「考える」作業と「実行する」作業の分離とみなすことができる。

[2−1−5] **階層分業**

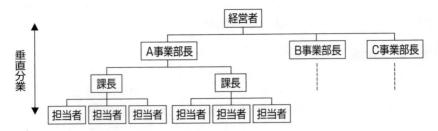

4 組織構造の形態

第3節で述べたように、いったん分業されたものが全体としてまとまるように調整されなければ、組織全体の成果は達成できない。したがって、組織構造の形態の決定（すなわち組織編成）とは、分業と調整のあり方を決めることにほかならない。ここでは、最初に組織編成にあたっての基本概念である「ラインとスタッフ」について触れ、それをふまえて編成される組織構造の一般的な形態を取り上げる。

1 ラインとスタッフ

ラインと**スタッフ**は、組織構造を決めるうえでの基本概念であり、その違いは職能の内容と権限関係から生まれている。まずは、組織の形式面を理解する。

❶▶ライン

ラインとは、経営活動の基本的職能である。
「基本的職能」の定義は一様ではないが、具体例をあげるなら、購買、製造、販売といった企業の目的達成を直接行う職能であり、それを欠いた場合に、経営活動そのものが成り立たなくなってしまうような職能である。

❷▶スタッフ

スタッフは、ラインの活動を支援していく職能であり、いわば間接的職能である。
スタッフは、ラインの管理職能の複雑化によって、経営者・管理者が管理活動を十分に遂行できなくなったために生まれてきた経緯がある。スタッフは、専門領域に関する助言、補佐を行うことがその職能であり、ラインへの直接的な命令の権限をもたないことが特徴である。

 [2-1-6] **ラインアンドスタッフ組織**

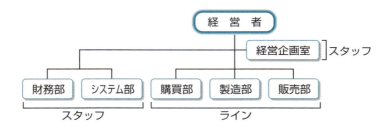

2 組織構造の一般形態

❶▶機能(職能)別組織

機能(職能)別組織とは、個々の機能を単位化した組織である。企業の代表的な機能としては、人事、営業、製造、購買、研究開発、経理、財務などがある。企業の部門が、人事部、営業部、製造部、経理部など、機能の名称で構成されているものが、機能(職能)別組織である。また、権限が上位階層に集中した**集権管理型**の組織形態である。

図表 [2-1-7] 機能(職能)別組織

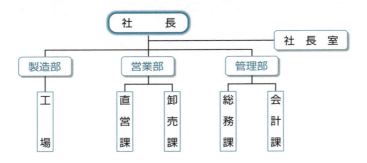

機能(職能)別組織のメリット・デメリット

メリット
- 分業により各機能が熟練し、**専門性が発揮**できる(専門化の原則)。
- 業務集中による**規模の経済が発揮**できる。
- トップ権限集中型の単純な階層構造であり、組織の統制を図りやすく(命令統一性の原則)、トップは広範囲の情報を集めたうえで**大局的な意思決定**ができる。
- 機能別組織を導入する前と比べて、トップは日常的意思決定から解放され、全社的意思決定に専念しやすくなる(ただし、限界はある)。

デメリット
- 機能間の調整などトップの負担が大きく、**トップの意思決定に遅れ**が生じる可能性がある。そのため、環境変化や顧客ニーズへの対応が遅れる懸念がある。
- 機能部門間で垣根が生じる可能性があり、**組織内の人事交流が停滞**し、部門横断的な対応や組織内の情報共有が困難になる懸念がある。
- 機能部門管理者が担当領域に専門化してしまい、**全社的なマネジメント力がある人材**が育ちにくい。
- 各機能部門の**利益責任の所在が不明確**である。

> 機能別部門組織の利点は、機能部門ごとの専門化の利益を最大限に発揮できる点にあり、その分、規模の経済は犠牲になる。
> H20-11（設問1） エ （✕：専門化を図ることで規模の経済が発揮しやすい）

❷▶事業部制組織

1 事業部制組織の特徴

事業部制組織とは、事業部とよばれる管理単位を本社のトップマネジメントの下に編成した組織形態である。組織の下位階層に権限を大幅に委譲し、現場の状況に即応する**分権管理型**の組織形態である。各事業部は資本利益率（ROI）によって管理される。

2 事業部分割の基準

事業部は、**製品・サービス**、**地域**、**顧客**などの基準で編成され、大幅な権限が委譲されている。各事業部は、事業部単位の計画・統制を行い、企業全体の利益向上に貢献する。このような事業部を**プロフィットセンター**（利益責任単位）とよぶ。

3 権限について

経営管理のかなりの分野について事業部単位で権限をもつことになり、各事業部は独立会社のように運営されることになる。
したがって、事業部間で行われる取引に対しても**内部振替価格**などとよばれる価格が適用されるのが一般的である。
また、一般的には以下のような権限は本部に留保される。

- 長期経営計画および利益計画の決定
- 予算の最終決定
- 一定金額を超える設備投資の承認
- 事業部の業績評価
- 幹部の人事権

図表 [2-1-8] 製品別事業部制組織

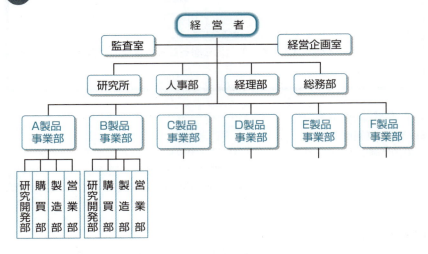

図表 [2-1-9] 地域別事業部制組織と顧客別事業部制組織

> **事業部制組織のメリット・デメリット**
>
> **メリット**
> - トップマネジメントが業務的管理の仕事から解放され、**戦略的意思決定に多くの時間を割ける**ようになる。
> - **現場の状況に即応した弾力的で迅速な意思決定が可能である。**
> - **下位管理者のモチベーションが高まる**とともに、管理者の能力を高め、**次代の経営者の養成が可能**となる。
>
> **デメリット**
> - 研究開発、購買などの**職能が各事業部で重複**して行われ、コストがかさむ。
> - 各事業部がそれぞれの利益の達成にこだわり、視野が狭く、**短期的な判断**に陥りやすい。
> - 事業部間の競争が激化し、**セクショナリズム**をもたらしやすい。

> **設例**
>
> 事業部制組織は、本社の情報処理負担が軽減されるとともに、事業戦略に関する権限が本社に集中するために、事業部の再編成や既存事業の融合を通じた新規事業を創造しやすくなる。
> H20-11（設問2） オ　（✕：事業部制組織は分権型の組織構造である）

❸ ▶ カンパニー制

カンパニー制とは、事業部制組織のもつ独立採算主義をさらに徹底させた組織形態である。事業部制組織と比較したとき、カンパニー制の特徴は以下のとおりである。

- **バランスシート経営**を導入し、投資収益性を重視している。
- 事業部制よりも各カンパニーの事業規模を大きくし、独立した企業体に近い運営をしている。
- 従来の日本企業の事業部では機能分化が徹底していなかったのに対して、各カンパニーの機能は研究開発から販売までを包含したものとなっている。
- 分権化されたカンパニーの発言力が強くなり、本社のコントロールが利かなくなる結果、事業間のシナジーの追求や事業再編が困難になる。

図表 [2-1-10] **カンパニー制**

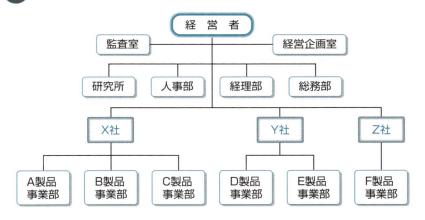

> **設 例** 🖉
>
> 　カンパニー制は、通常、多角化戦略によって事業領域を拡大する際、不確実性の高い新事業を切り離して法人格を持つ別会社として制度的に独立させ、本業や既存事業におよぼすリスクを軽減する。
> H29－5　ウ　（✕：カンパニー制は法人として別会社にするわけではない）

`R3 15`

　※　カンパニー制と似て非なるものに持株会社がある。**持株会社**とは、他社の株式を保有した会社のことであり、経営権を握ることを目的として株式を保有することになる。持株会社を設立することによって、それまでは１企業の中の部門であったものを、それぞれ独立した会社にすることも可能になる。また、**純**

`H29 5`

粋持株会社とは、親会社として自らは事業を行わず、複数の事業の株式を所有し、グループ全体の戦略や企画立案を行うことに特化した組織形態である（それぞれの事業運営については基本的に権限を委譲して任せる）。株式を所有することで他の会社の事業活動を支配することのみを事業目的とし、子会社からの配当が売上となる。これにより、機動的な経営戦略や、迅速な事業構造の再構築（リストラクチャリング）が可能になる。

❹▶マトリックス組織

　マトリックス組織とは、横断型組織あるいは格子型組織のことで、職能別組織と（製品別）事業部制組織のもつ利点を同時に狙った組織形態である。環境の不確実性の増大により、新しい課題が頻繁に発生し、プロジェクトチーム（本章第５節第４項「組織構造の動態化」で後述）を恒常化する必要が生じたときなどにこの組織形態が採用される。

　マトリックス組織の**最大のねらいは範囲の経済性の追求**である。マトリックス組織とするための条件としては次のようなものがある。

① 　少ない資源を複数の製品ライン間で共有しなければならない場合。たとえば、各製品ラインに専任の技術者を配置できるほど組織の規模が大きくなく、技術者は複数の製品やプロジェクトに兼任でかかわっているような状況である。

② 　さらに環境的に見て、深い技術的知識（機能別構造）と頻繁な新製品開発（事業別構造）といった、２つ以上の重要なアウトプットを求める圧力が存在する場合。この二重の圧力は、機能別と製品別の両側面間でパワーバランスをとることを要求しているのであり、そのバランスを維持するために二重の組織構造が必要になる。

③ 　環境不確実性が高く、頻繁な外的変化や部門間の高い相互依存性が、縦・横方向の大量の調整や情報処理を必要とする場合。

●第１章　組織構造論

図表 [2-1-11] マトリックス組織

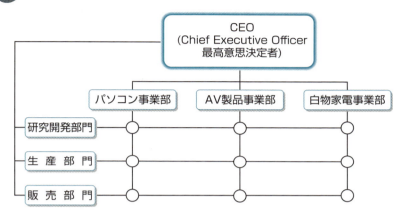

マトリックス組織のメリット・デメリット

メリット
- 職能、製品など2次元に基づいた組織的統合を図ることができる。
- **人的資源が共有**でき、また、課題に柔軟に対応できる。
- **情報の共有**により情報処理が迅速化する。

デメリット
- 組織構成員が2人の上司から指示を受けるいわゆる**ワンマンツーボスシステム**のため、組織内のコンフリクトが発生しやすい。
- 命令系統の錯綜により、責任の所在が不明確になる。
- 複数の管理者間での意見の対立が増大する。

設 例

　マトリックス組織は、環境変化の速い複数の非関連事業に多角化した企業が、複数の事業部にまたがる横断的調整機能を導入したものである。
H20-11（設問3）　エ　（✕：通常は限られた経営資源を事業間で共有しなければならない関連多角化の際に採用される）

5　組織のライフサイクル

組織が誕生してから成長し、衰退していくまでの過程においては、その段階ごとに異なる課題が生じることになる。ここでは、このような組織のライフサイクルについて見ていくことにする。

1　組織のライフサイクルモデル

組織のライフサイクルモデルとは、組織の成長・規模の拡大に対応して、組織の戦略行動や構造、組織文化、管理システムなどが変化していくパターンを包括的に説明するモデルである。ここでは、組織の誕生から成長、成熟していく過程を次の4つの段階に分類して考察する。

❶ ▶ 起業者段階

創始者の創造性や革新性が重視され、管理活動は相対的に軽視される段階である。しかし、組織が成長するにしたがって、創始者の個人的能力だけでは管理できない量の資源を扱うようになり、組織が成長を続けるには、経営管理技術をもった強力なリーダーによって統合していくことが必要になる。

❷ ▶ 共同体段階

組織の内部統合を作り出す段階である。組織が強力なリーダーシップを得ることに成功すると、組織内の諸活動は明確な目標に向けて統合されていく。しかし、まだこの段階ではインフォーマルなコミュニケーションや統制が優先され、リーダーの個人的特性による従業員のモラール確保が中心になる。共同体段階にある組織の規模が拡大し、組織メンバーの数や階層が増えるに従い、強力なリーダーシップだけでは有効に機能しなくなる。そのため、リーダーは権限を委譲し、直接トップが指揮することなく制御・調整を行える機構を作り出す必要がある。

❸ ▶ 公式化段階

職務規制・評価システム、会計制度などさまざまな規則・手続きが導入され、組織が次第に官僚的になっていく段階である。規模が拡大し、複雑になった組織を有効かつ能率的に管理するために、官僚的な規則・手続き、専門スタッフの導入が必要になる。しかしながら、それが過度に進行すると、官僚制の逆機能が発生する。

❹ ▶ 精巧化段階

官僚制の危機に対し、組織は多数の部門に分割され、小規模組織の利点を確保しつつ、プロジェクトチームなどによって柔軟性を得ようとする段階である。組織構

造は、分権化され、権限委譲が進められ、全体として分化と統合のバランスが強調される。こうして組織が仕上げ段階まで成長してくると、起業者段階で設定された、その組織の社会的使命の重要性が低下していくことも多い。こうした危機を乗り越えていくために、組織は環境との関係を新たに作り出し、組織文化の変革といった再活性化を図っていく必要がある。

※　①組織は、その規模の拡大に伴い効率性を確保するために官僚制組織を選択するが、②やがて官僚制の逆機能という障害に直面する。③これを克服するために組織構造の動態化を図り、組織の活性化を図っていくことで、成長・発展していく、というのが組織のライフサイクルモデルの概要である。

図表 [2-1-12] 組織のライフサイクルモデル

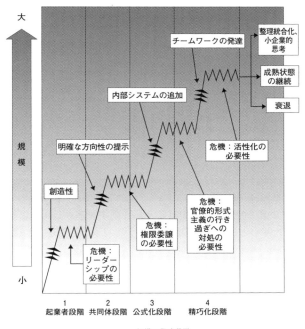

出典：Robert Quinn and Kim Cameron, "Organizational Life and Shifting Criteria of Effectiveness: Some Preliminary Evidence." *Management Science* 29 (1983): 33-51, Larry E. Greiner, "Evolution and Revolution (July-August 1972): 33-46。

(『組織の経営学』リチャード L.ダフト　高木晴夫訳　ダイヤモンド社　p.167をもとに作成)

> **設例**
>
> 組織の規模も大きくなり公式化段階になると、規則や手続き、管理システムの公式化が進み、戦略的意思決定や業務的意思決定をトップマネジメントに集権化する必要が生まれ、トップが各事業部門を直接コントロールするようになる。
> H30-21 エ（✕：トップによる直接的なコントロールではなく、官僚的なメカニズムで組織を運営する段階である）

2 官僚制組織

官僚制組織とは、高度に専門化された職務が権限・責任を基礎としたピラミッド型の階層を形成し、その構成員は規則に基づいた没主観的判断によって職務を遂行することを要請される組織構造特性である。合理性を追求する組織原則に基づくため、次のような特徴がある。
① 規則、手続きの徹底
② 専門化と分業の徹底
③ ヒエラルキー（階層構造）の形成
④ 専門的な知識や技術をもった人材の採用
⑤ 文書による記録・伝達

3 官僚制の逆機能

官僚制システムは、合法的支配を基礎とし、効率を追求した組織構造であるが、それが過度に進行すると、**官僚制の逆機能**（デメリット）が生じ、硬直化した組織は、組織の規模拡大・複雑化や環境変化に際し、適切な対応が困難となる。官僚制の逆機能には次のようなものがある。
① 行動の標準化や規則の遵守により個人の意思決定パターンが硬直化する（**訓練された無能**）。
② 処罰を免れるために、規則どおりの行動しかとらなくなる。
③ 人間関係の非人格化を強制し、規則どおりの行動を促し、顧客中心のサービスが行われなくなる。
④ 本来、規則は組織目標を達成する手段であるが、規則を固守することが組織メンバーの目標になってしまう（**目標の置換**）。
⑤ 過度な専門化と分業の強調によって効率性を追求するあまり、個人的な成長が阻害される。
⑥ 革新が阻害される。

5 組織のライフサイクル

> **設例**
>
> 組織の公式化が進み官僚制の逆機能が顕在化した段階では、公式の権限に依拠した規則や手続きをより詳細に設計しなければならない。
> H28-17 エ （✕：規則や手続きをより詳細に設計すれば、ますます官僚制の逆機能が進行する）

❹ 組織構造の動態化

ヒエラルキー構造、非人間性、縦割りの部門構造（役割分担）などによる組織の硬直化を克服するために、組織の動態化や柔構造化を狙ったさまざまな管理技法が工夫されてきた。ここでは、その一部を取り上げる。

❶ ▶ 組織構造のフラット化

中間管理者の階層を少なくし、ピラミッド型の組織構造をフラット化しようというものである。組織構造をフラットにすることで、柔軟かつ迅速な意思決定がしやすくなる。ただし、統制範囲の拡大が前提となるため、権限委譲や現場管理者の例外処理能力の向上、そのための各種支援（専門スタッフや支援情報システムの充実など）が必要になる。

なお、権限委譲と類似したものに**エンパワーメント**がある。これは、与えられた業績目標を達成するために組織構成員の裁量を拡大し、自律的に行動する力を与えることである。

❷ ▶ プロジェクトチームやマトリックス組織の導入

縦割り型の組織形態にヨコ串を入れることで、部門の垣根を越えた意思の疎通を図る。**プロジェクトチーム**とは、製品開発、システム開発などといった複数の部門に関連する課題を解決するために、各部門から専門的知識を有するメンバーを集めて臨時的に編成される組織である。プロジェクトメンバーは、本来所属する部門をいったん離れ、課題の解決に専念し、プロジェクトの目的を達成した時点で、本来の所属部門に戻る。このプロジェクトチームをいわば恒常的に組織内に埋め込んだものがマトリックス組織である。

R元 10

❸ ▶ 情報活用の高度化による組織の動態化

現在、多くの企業が組織内にLAN（Local Area Network）を張り巡らせるなど、情報活用の高度化によって、組織の動態化を図っている。リエンジニアリングなども、その例である。これには、下位層からの考えや意見を取り入れやすくしたり、会議を減らしたり、連絡調整のための移動時間を少なくしたりするなどの効果が期待できる。

R2 8
H30 8
　なお、**リエンジニアリング**とは、企業の戦略に合わせて業務プロセスを抜本的に見直し、再構築することによって企業体質や構造を変革し、CS（Customer Satisfaction）の創造により新たな競争力を構築することである。リエンジニアリングでは、業務プロセスを機能横断的な視点からとらえていく。このときに、IT（Information Technology）が活用されるが、その活用方法は単なるプロセスの自動化という消極的なものではなく、新しいプロセスを実現するために必要不可欠なツールという積極的なものである。

R3 21
　リエンジニアリングでは、分析的手法である**ベンチマーキング**を重視する。ベンチマーキングとは、他社の優良事例を分析し、自社に取り入れる手法をいう。他企業との比較分析から自社の問題点を明確にし、経営革新を実現する。

　※　組織の硬直化の克服手段としては、ほかにもさまざまなものが考えられるが、第2章第1節「モチベーション理論」や第2章第4節第3項「戦略的組織変革」などでも取り上げていく。

設　例 ✎

　誕生期から成長前期段階にある企業では、組織文化を変革するために、計画的な組織開発を進めていく必要がある。
H16−20（設問1）　エ　（✖：組織文化の変革は、主に成長後期や成熟期に行われることである）

---

6 外部環境と組織

　ここでは外部環境と組織との関係を考察する。経営戦略を、変化する外部環境のなかで組織が生存するためのものととらえると、組織は経営戦略と密接なかかわりをもつことになる。そこで、まずオープンシステムである組織は自らを取り巻く他の組織（外部利害関係者）との相互作用のうえに成立・存続することに注目し、組織と外部組織との関係を考察した組織間関係論を取り上げる。また、昨今さらに高まりつつある環境不確実性への組織の対処法について、組織構造のコンティンジェンシー理論を紹介しつつ、取り上げることにする。

1 組織間関係論

　代表的な組織間関係論として、資源依存モデルと取引コストアプローチを取り上げる。

❶▶資源依存モデル

　組織は外部環境から諸資源を獲得し、それらを財ないしサービスの形に変換して外部環境に提供することによって存続する。よって、外部環境とりわけ諸資源を提供してくれる他の諸組織に依存しなければ、その存続が危ぶまれる。**資源依存モデル**は、組織間の資源取引に着目し、いかに組織がこの資源取引関係をマネジメントしていくのかについて考察するものである。ここでは、考察の対象となる組織のことを焦点組織とよぶことにする。

❶ 資源依存度の決定要因

　焦点組織が、外部組織に対する資源依存の程度を決定する要因としては、次のようなものがある。

❶　資源の重要性

　焦点組織にとって資源の重要性が高いほど、その資源を保有している外部組織への依存度は高くなる。資源の重要性を決定するものとしては、資源の相対的な規模（取引量）と資源の必須性がある。

　１）**資源の相対的規模**

　　　資源交換の相対的規模は、焦点組織が外部環境と取引する全資源の総量に占める、特定の資源の取引量の比率によって決まる。たとえば、木材加工業や石油精製企業にとってみれば、木材や原油などの資源はきわめて重要性が高い。

　２）**資源の必須性**

　　　取引量が少なくても、必須性が高い場合がある。たとえば、多くの企業組織

にとって全支出に占める電力料金の割合はそれほど高くないが、それがなくては操業できないため、電力の資源としての必須性は高いといえる。

❷ 外部組織がもつ、資源の配分と使用法に対する自由裁量の程度

外部組織が、ある資源について、その配分と使用法に対して自らの裁量によって決定できる程度のことである。焦点組織の取締役会メンバーを選出したり、そこにメンバーを送り込んだりすることができる外部組織は、その組織の予算審議の過程を通じて資源配分に大きな影響を与えることができる。

❸ 資源コントロールの集中度

焦点組織が必要な資源を1つの外部組織から供給してもらっているのであれば、その外部組織に対する資源依存度は当然高いということになる。

② 資源依存関係のマネジメント

焦点組織の外部組織に対する資源依存度が高いほど、その外部組織は焦点組織に対してパワーをもつことになる。よって、焦点組織は自律性を確保するために資源依存関係をマネジメントしようとする。資源依存関係のマネジメントについては、次のようなものがある。

❶ 資源依存関係そのものを回避する戦略

文字どおり、資源依存関係を直接回避する戦略である。具体的には、代替的取引関係の開発、多角化がある。

1）代替的取引関係の開発

ある資源の調達を、特定の供給源に依存している場合に、供給源を複数にすることで、相対的に特定の組織に対する依存度が低下する。あるいは、同じ機能を代替することができる資源に調達資源を変更すれば（天然ガスを石油に変更するなど）、依存度を低下させることができる可能性がある。

2）多角化

異なる事業分野に進出して多角化を図り、新たな資源を活用するようになれば、相対的に特定の事業およびそのために必要な資源の必須性が低下し、依存度を低下させることができる。

R元 19 ❷ 資源依存を認めつつも他組織からの支配を回避する戦略

資源依存関係そのものを変更することが困難な場合には、依存による影響を最小限に抑える戦略を採る。具体的には、交渉、包摂、結託がある。

1）交渉

組織間の財・サービスの取引に関する合意を意図した折衝のことであり、将来の行動に関して双方が満足する決定に到達しようとするものである。

6 外部環境と組織

2）包摂

組織のリーダーシップ構造に、利害関係者の代表を参加させることである。これにより、焦点組織に対して援助するように敵対する可能性のある利害集団を導いたり、情報伝達を迅速かつスムーズにしたりすることができ、相互に合意し得る目標を発見しやすくする効果がある。

3）結託

共通目的のために2つ以上の組織が連合することである。企業間で結託して技術や製品デザインについての仕様を統一し、事実上の業界標準をつくる場合などもこれにあたる。

設 例 🖊

ある企業の取締役が、資源依存関係にある他の企業の取締役に就任することを通じて、両社の利害関係を調整したり、経営政策や意思決定に影響を与えることができる。
H19-16（設問1） ア （**○**）

---

❷▶取引コストアプローチ R2 6

1 取引コストの内容

取引コストとは、文字どおり取引することに伴う費用のことであり、売り手側、買い手側双方に生じるものである。具体的には以下のようなものが含まれる。なお、取引において生じる支払い代金は取引コストには含まれない。

① 取引に要する価格・品質などの情報収集と分析にかかわる費用
② 取引相手の探索・評価などにかかわる費用
③ 取引相手との交渉から契約成立までの費用
④ 契約成立後の取引相手の履行監視・管理の費用

2 取引コストが上昇する要因

一般に次のような場合に取引コストが高くなる。

① 取引環境の不確実性や複雑性が高い
② 取引当事者間の**情報の非対称性**が大きい
③ 取引参加者が少ない
④ 取引当事者間の**機会主義的な行動**（自ら有利になるよう取引を導こうとする駆け引き的行動）が多い
⑤ **関係特殊的投資**（売り手が買い手の要求に応じて、特定の使途に特殊化された物的および人的資産への投資を行うこと）が生じている

123

❸ 内部化と外部化の選択基準

原則として取引コストが高い場合には取引を内部化し（内部でカスタム部品を作るなど）、取引コストが低い場合には外部化（市場取引化、つまり市場取引での調達）する。

しかしながら内部化は十分なスケールメリットを追求できず、専門化にも限界があり、かつ管理コスト（**内部取引コスト**）も生じるため、かえって非効率を招くことも多い。その場合は関連会社や系列グループにするなど、内部化と外部化の中間形態（中間組織）を採用する。

> **設 例**
>
> 当該部品を供給できる企業の数が少ない場合には、市場メカニズムを通じて取引すると取引相手が機会主義的に行動できる余地が少なくなるので、内部化したほうが取引コストを低くすることができる。
> H19-14　イ　（✕：供給企業が少なければ、機会主義的行動の余地が多くなる）

---

② 組織構造のコンティンジェンシー理論

本章第5節「組織のライフサイクル」で触れたように、組織原則の妥当性はいかなる場合においても普遍的に認められるものではなく、状況によって変わってくる。**組織構造のコンティンジェンシー理論**とは、このように状況によって組織構造の編成根拠を選択していくことの必要性を説くものである。組織と外部環境とのかかわりに関連して、ここでは代表的な組織構造のコンティンジェンシー理論を取り上げる。

`R2 16` **❶▶バーンズ＆ストーカー**･･･

バーンズ＆ストーカーは、組織構造を**機械的システム**（いわゆるピラミッド型の官僚制組織）と**有機的システム**（水平的に協働関係が発展した柔軟な組織構造）に分け、前者は安定的環境条件に適し、後者は不安定な環境条件に適するとした。

`R2 15` **❷▶ウッドワード**･･･

ウッドワードは、実証研究によって生産技術と組織構造との間の関連性を見いだした。すなわち、生産技術（システム）を大量生産、個別生産、装置生産に分類し、大量生産には機械的組織が、個別生産や装置生産には有機的組織が適合することを示し、技術が組織を規定するとした。

※　装置生産とは、化学プラント、石油精製工場、酒造所、発電所などのように全工程が自動化された連続工程生産のことである。

6 外部環境と組織

❸▶ローレンス＆ローシュ

ローレンス＆ローシュは、企業の直面する環境の不確実性の違いによって、部門の分化や統合の程度が異なることを実証的に明らかにした。その結論は、不確実性が高い環境下において業績の高い企業ほど部門の分化の程度が高く、そして分化から生まれるコンフリクト（葛藤）を解消するために、同時に高度な部門の統合機能をもっている、というものである。

❸ 環境の不確実性への対応

ローレンス＆ローシュの研究にあるように、環境の不確実性が高まることで処理すべき情報量が増加すると、組織内で分化が進み、部門間の調整が次第に困難になる。この場合、処理すべき情報量（やりとり）を減らしたり（下記**❶ ❷**）、組織全体の情報処理能力を増したり（下記**❸ ❹**）といった方策をとり、分化した部門間の統合（協調）を図る組織デザインが必要となる。ただし環境不確実性の増大は組織構造の動態化を促すため、本章第5節の「組織構造の動態化」であげた内容とほぼ同じになる。

❶ スラック資源の創設

顧客への納入期限に時間的余裕をもつ、在庫量を多めにもつ、人員や機械の余裕をもたせるなど、各業務部門において**スラック資源**（余裕や遊び）をもつことで、不確実性がもたらすショックを和らげ、部門間の調整を削減する。スラック資源をもてば、部門間の対立と調整が起きにくくなり、処理すべき情報量を減らすことができる。たとえば工程間の在庫をゼロにするよりも、若干量許容するほうが、工程内のどこかでトラブルが発生した場合の調整は楽になる（処理すべき情報の量が少ない）。 `R3` `19`

　　※　もちろん、スラック資源をもちすぎるとムダや心理的なゆるみが生じるという別の問題が生じることにはなる。

❷ 事業部制組織やプロジェクトチームといった自己完結的組織単位の編成

事業部制組織やプロジェクトチームといった自己完結的組織単位を編成し、その中に調整の必要な諸業務を組み込むことで、処理すべき情報の量を減らす。

[2-1-13] 自己完結的組織単位の編成による効果

※ A製品の市場環境の変化に際し、上の矢印のような調整コミュニケーションが発生する。

3 横断的組織や水平関係の設計

　組織における意思決定のポイントを、情報が実際に形成されてくるところまで下げることで、情報処理能力を高める。具体的には、マトリックス組織やタスクフォースといった部門横断的な組織編成をしたり、**リエゾン担当者**（公式の統合担当者）を置いたりして、水平関係の統合を図る。

　※ **タスクフォース**とはいわば特命部隊のことであり、より小規模で一時的なプロジェクトチームととらえておけばよい。

4 組織の情報処理システムの改善

　組織全体の情報処理能力を増す方策である。コンピュータ化やデータベース化を促進することで、調整に必要となるコミュニケーションの一部を情報システムによって置き換えたり、情報システムによって意思決定を支援させたりするといった方法である。

6 外部環境と組織

設 例

マトリックス組織のように横断的関係を導入することで、部門間調整に必要とされる情報処理量は減少する。
H16－17（設問1） エ （✕：マトリックス組織の導入により、部門間の調整能力は高まるが、情報処理量は増加する）

設 例

組織が成立・存続していくためには、その協働体系が有効かつ能率的に機能する条件がある。この条件を明らかにした「組織均衡（organizational equilibrium）」の考え方には、5つの中心的公準がある。
この中心的公準に関する記述として、最も不適切なものはどれか。

〔H24－14〕

ア　貢献が十分にあって、その貢献を引き出すのに足りるほどの量の誘因を提供しているかぎりにおいてのみ、組織は「支払い能力がある」すなわち存続する。
イ　参加者それぞれ、および参加者の集団それぞれは、組織から誘因を受け、その見返りとして組織に対する貢献を行う。
ウ　参加者のさまざまな集団によって提供される貢献が、組織が参加者に提供する誘因を作り出す源泉である。
エ　組織は、組織の参加者と呼ばれる多くの人々の相互に関連した社会的行動の体系である。
オ　それぞれの参加者は、提供される誘因と要求されている貢献の差し引き超過分が正の場合にだけ、組織への参加を続ける。

解 答　オ
ア：組織均衡の中心的命題そのままの記述である。
イ：組織均衡の中心的命題そのままの記述である。
ウ：組織均衡の中心的命題そのままの記述である。
エ：組織均衡の中心的命題そのままの記述である。
オ：正の場合だけでなく、等しい場合も該当する。

第2章

組織行動論

Registered Management Consultant

第2章　組織行動論

本章の
体系図

```
第2章　組織行動論
    │
    ├── モチベーション理論
    │
    ├── 組 織 の 中 の 集 団
    │
    ├── リ ー ダ ー シ ッ プ 論
    │
    └── 組織文化と戦略的な組織変革
```

❗ 本章のポイント

◇ モチベーション理論にはどのようなものがあるか。
◇ 連結ピン・モデルとは何か。
◇ 職場集団の行動様式にはどのようなものがあるか。
◇ コンフリクトの発生要因にはどのようなものがあるか。
◇ コンフリクトはどのように解決するのか。
◇ チームとはどのようなものか。
◇ リーダーシップとは何か。
◇ リーダーシップ論にはどのようなものがあるか。
◇ 組織文化とは何か。
◇ 組織学習とは何か。
◇ 戦略的組織変革にはどのような障害があるか。
◇ 戦略的組織変革の遂行にあたってはどのようなことに留意すべきか。

1 モチベーション理論

　組織行動論（ミクロ組織論）とは、組織のメンバーの行動に直接的に焦点をあて、個人行動や小集団に固有の現象に関心を寄せる研究である。個人を行動に駆り立てるものは何なのか、またどのようなプロセスで駆り立てられるのかに関する理論がモチベーション理論であり、いかに組織目的と個人目的とを結び付けていくかを研究したものでもある。ここでは、個人の行動を動機づけるのは何かを明らかにする内容理論、どのようなプロセスで動機づけられるのかを明らかにする過程理論、そして動機づけ要因が人間の内部に存在するものであるという内発的動機づけ理論について見ていく。

1 モチベーション理論の全体概要

　モチベーション理論は、1950年代くらいから大きな発展を見せ始め、さまざまな理論が展開されていったが、それらはそれぞれ別々に展開されたわけではなく、他の理論を発展させたりするなど相互に関連している。

　多くの理論を展開するベースとなったのが、マズローの欲求段階説である。この理論は直感的に理解しやすいロジックであったことから受け入れられたが、現実には即しにくいいくつかの問題点があった。そのマズローの理論を修正したのが、アルダファーのERG理論である。

　その後、モチベーションを本当の意味で喚起するには、ERG理論における成長欲求（あるいは欲求段階説における自己実現欲求）を充足することが必要であるという考えをもとに展開されたのが、未成熟＝成熟理論（アージリス）、X理論・Y理論（マグレガー）、二要因論（ハーズバーグ）などである。

　さらに、主に金銭に代表される報酬による動機づけに着目した過程理論が提唱されたが、人間はそのような目に見える見返りがなくても仕事そのものを楽しいと感じたり、有能感を感じたりすることによって動機づけられることがある。これらは内発的動機づけ要因といわれ、これは上述の成長欲求（ERG理論）とほぼ一致するものである。

[2-2-1] モチベーション理論対応表

欲求段階説 (マズロー)	ERG理論 (アルダファー)	内容理論と過程理論		二要因論 (ハーズバーグ)	内発要因と 外発要因
5. 自己実現の欲求	成長の欲求	内容理論	未成熟＝成熟理論（アージリス） X理論・Y理論（マグレガー） 三欲求理論（マクレランドほか）	動機づけ要因	内発的動機 づけ要因
4. 尊重の欲求（自己確認的）					
4. 尊重の欲求（対人的）	人間関係の欲求	過程理論	目標設定理論	衛生要因	外発的動機 づけ要因
3. 所属と愛の欲求			期待理論（ブルーム、ローラー） 強化説 公平説		
2. 安全の欲求（対人的）					
2. 安全の欲求（物的）	生存の欲求				
1. 生理的欲求					

※ なお、各理論はそれぞれ議論の切り口が異なるため、このようにひとつにまとめて比較、分類することは厳密には困難である。よって、上記の表は全体を大まかにつかむための参考として提示するものである。

2 内容理論

内容理論とは、人は何（WHAT）によって動機づけられるのかについての理論である。ここでは代表的な内容理論について取り上げる。

❶▶マズローの欲求段階説

マズローは、人間のもつ欲求を以下に示すような低次から高次にかけての5段階でとらえている。

1 生理的欲求
食物、水などの人間の生存にかかわる本能的欲求である。

2 安全の欲求
安全ないし安定した状態を求め、危険を回避したいという欲求である。

3 所属と愛の欲求
集団や社会に所属、適合し、そこで他者との愛情や友情を充足したいという欲求であり、**社会的欲求**と訳されることもある。

4 尊重の欲求
他者から尊敬されたい、あるいは自分が他者より優れていると認識したいという欲求である。**自我の欲求**もしくは**自尊欲求**と訳されることもある。

5 自己実現の欲求
自己の向上、あるいは自己の潜在的能力を実現したいという欲求である。

　なお、生理的欲求、安全の欲求、所属と愛の欲求（社会的欲求）、尊重の欲求の4つを**欠乏動機**といい、これらは自分以外のものによってしか満たすことのできない欲求である。また自己実現の欲求は、最も高次で人間的な欲求であり、他の4つの欲求とは異なり、満たされるほどにいっそう関心を強化されるような成長動機である。さらにマズローの欲求段階説では、低次の欲求が満たされることによって上の段階の欲求が生まれるが、高次の欲求が満たされないからといって低次の欲求をより満たそうとはせず、欲求の移り変わりが**不可逆的**だとしている。

  [2-2-2] **マズローの欲求段階**

❷▶アルダファーのERG理論
マズローの欲求段階説を修正したものである。

1 3つの欲求
❶ 基本的な生存の欲求（existence）
❷ 人間関係にかかわる関係の欲求（relatedness）
❸ 人間らしく生きたい成長の欲求（growth）

2 マズローの欲求段階説との違い
　欲求段階説とは異なり、3つの欲求が、同時に存在したり並行したりすることがあり得る。また、たとえば成長の欲求が満たされなければそれに対する関心が低くなり、関係の欲求が強くなるといった上位欲求と下位欲求の間の可逆的な関心の移行を強調している点も違いである。

> **設 例**
>
> 　アルダファーが提唱したERG理論は、欲求を存在欲求・関係性欲求・成長欲求の3つの次元に分類し、低次の欲求が満たされないと高次の欲求はモチベーション要因とはならないと主張した。
> H19-15　ア　（✕：ERG理論の3つの欲求は、同時に存在したり並行したりすることがあり得る）

❸ ▶ アージリスの未成熟＝成熟理論

1 特 徴

アージリスは、マズローのいう自己実現の欲求に着目して理論を展開した。アージリスは、個人の格は、図表2-2-3に示すような、**未成熟**から**成熟**へ向かおうとする欲求によって変化すると述べている。

 [2-2-3] **アージリスの未成熟＝成熟モデル**

未成熟		成熟
受動的行動	→	能動的行動
依存的	→	自立的
単純な行動	→	多様な行動
浅い関心	→	深い関心
短期的展望	→	長期的展望
従属的地位	→	優越的地位
自覚の欠如	→	自覚と自己統制

2 具体的方法

アージリスは、管理原則に基づく行動は、組織構成員に未成熟な特質を要求することになり、成熟を求める組織構成員のモチベーションを低下させると述べている。したがって、組織構成員の自己実現欲求を満たし、組織の健全化を図るためには、組織構成員の**職務拡大（ジョブエンラージメント）**、**感受性訓練**などによる対人関係能力の向上などを行う必要があると述べている。

❶ 職務拡大（ジョブエンラージメント）

職務に対する単調感などを和らげるために、職務の構成要素となる課業の数を増やして仕事の範囲を拡大する方法（職務の水平的拡大）である。

❷ 感受性訓練

参加者をすべての集団帰属関係と切り離し、孤独な場面をつくり出すことによって、参加者の集団参加欲求を高め、これを動機づけとして対人的共感性に目覚めさせるとともに、集団形成のメカニズムや集団機能の本質などについて理解を深めるための訓練である。

❹ ▶ マグレガーのＸ理論・Ｙ理論

1 特 徴

マグレガーの**Ｘ理論・Ｙ理論**は、人間観に基づくモチベーション理論を述べたものである。

Ｘ理論・Ｙ理論における人間観は以下のようなものである。

X理論における人間観	Y理論における人間観
・人間は生まれつき仕事が嫌いで、できることなら仕事をしたくないと思っている。 ・人間は命令され、統制されないと、その能力を発揮しない。 ・人間は命令されることを好み、責任を回避したがる。	・人間は生まれつき仕事が嫌いというわけではない。 ・人間は自分が進んで身を委ねた目標のためには、それを達成して獲得する報酬次第で、献身的に働く。 ・人間は条件次第で自ら責任をとろうとする。

2 具体的方法

X理論の人間観に基づけば、人は低次の欲求しかもたないことになり、この場合には**命令と統制**による管理が必要であるとした。しかしながら、組織構成員の低次の欲求はすでに満たされている場合も多く、仕事への意欲を高めるためには、**Y理論**の人間観に基づいて高次の欲求を満たしていく必要があるとしている。

❶ 目標管理制度（MBO：Management By Objectives）

個人目標を主体的に設定し、自己統制によってその実現を図っていく制度。

❷ 権限委譲

❸ 職務拡大

❺ ▶ ハーズバーグの動機づけ＝衛生理論（二要因論）……………… H29 16

1 特　徴

ハーズバーグは、マグレガーが示した高次の欲求を満たすためには、職務に関連した動機づけが必要であるということを実証研究により一層明確にした。

この研究によって、職務に対して満足をもたらす要因と、職務に対して不満をもたらす要因との間の違いが発見されたが、必ずしも不満足な点（衛生要因）をすべて解消しなくても、満足をもたらす点（動機づけ要因）に働きかけることにより、モチベーションを高めることができるとしている。

❶ 満足をもたらす要因

組織構成員の積極的態度を引き出すもの＝**動機づけ要因**

① 達成感　　　　④ 仕事への責任

② 承認　　　　　⑤ 昇進　　　　など

③ 仕事そのもの

❷ 不満をもたらす要因

職務不満を防止することはできるが、組織構成員の積極的態度を引き出すにはほとんど効果のないもの＝**衛生要因**

① 会社の方針　　④ 人間関係

② 上司の監督　　⑤ 労働条件

③ 給与　　　　　⑥ 作業環境　　など

2 具体的方法

　動機づけ＝衛生理論においては、人間の高次の欲求を満たすためには、動機づけ要因を積極的に改善していかなければならないとしている。その具体的方法として**職務充実（ジョブエンリッチメント）**などをあげている。職務充実とは、仕事に計画、準備、統制といった内容を加え、責任や権限の範囲を拡大して、仕事そのものを質的に充実させて仕事の幅を広げようとする方法である。いわば職務の質的・垂直的拡大である。

[2-2-4] **職務拡大と職務充実**

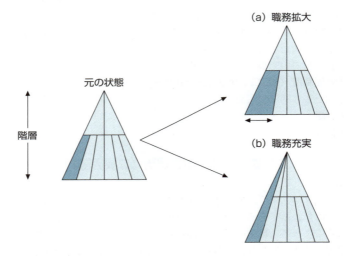

❻▶マクレランドの三欲求理論

　マクレランドらは、3つの主要な動機、ないしは欲求が存在することを提唱している。

1 達成欲求

　ある一定の標準に関して、それをしのぎ、あるいはそれを達成し、成功しようと努力することである。この欲求をもつ人は、より良い成績を上げたいという願望の点で、他の人とは差があり、成功の報酬よりも自身がそれを成し遂げたいという欲求から努力をする。また、偶然や他人の行動に結果を任せず、自らの責任でやりたいという気持ちが強い。そして、成功の確率が五分五分だと見たときに最上の成績をあげる。

2 権力欲求

　ほかの人々に、影響力を行使してコントロールしたいという欲求である。この欲

求をもつ人は、責任を与えられるのを楽しむ。また、競争が激しく、地位や身分を重視する状況を好む。

3 親和欲求

友好的かつ密接な対人関係を結びたいという欲求である。友情を求め、競争的な状況よりも協力を促す状況を好み、相互の理解が必要な関係を築くことを望む。

3 過程理論

過程理論とは、人はどのように(HOWやWHY)動機づけられるのか(個人の気持ちの流れ)についての理論である。ここでは代表的な過程理論について取り上げる。

❶ ▶ 強化説

強化説とは、個人の行動は適切な**報酬**を適宜受け取ることで、その行動はいっそう頻出し、報酬を与えられなかったり、罰せられたりすると、その行動は控えられてしまうという理論であり、以下のような特徴がある。
① 報酬はつねに与える（連続強化）より、何回かに1度与える（部分強化）ほうが効果が高い。
② 外発的な動機づけ要因（金銭など他人からもたらされる動機づけ要因）を対象にしている。

❷ ▶ 公平説

公平説とは、個人の動機づけを、**報酬**を他人と比較する過程において生じる**主観的な公平感や不公平感**に焦点をあてながら説明しようという理論である。

これによれば、従業員は職務状況に投入するもの（インプット）とそこから得るもの（アウトプット）とを秤にかけて、それから自身のインプットとアウトプットの比率を他人のそれと比べる。自分の比率が比較相手のそれと等しければ公平であると感じ、そうでなければ不公平を感じる。不公平を感じた場合は、それを是正しようとする。

❸ ▶ 期待理論

期待理論とは、報酬を獲得できる主観的確率である**期待**と、その報酬がもつ魅力の度合いである**誘意性**との積和が、その活動に対する動機づけの強さを決定するとするものである。期待理論は強化説や公平説同様、**報酬**を動機づけの要因としている。また人間を、自己の快楽を求め、不快なことは避けるという打算的で心理的快楽主義をもつ存在であると想定している。

期待理論については、以下の2つを取り上げる。

1 ブルームの期待理論
以下の2つの積によって動機づけられるとしている。
① 努力が特定の報酬をもたらす主観的確率（期待）
② 報酬の主観的魅力（誘意性）
動機づけられるためには期待と誘意性の両方が大きい必要がある。

2 ローラーの期待理論
ブルームの期待理論における「期待」を以下の2つの積であるとしている。
① 努力すれば業績が向上するという期待（業績が向上する主観的確率）
② 業績が望ましい報酬の入手につながるという期待（業績向上を前提として、報酬が得られる主観的確率）
動機づけられるためには上記2つがともに高い確率で期待できる必要がある。

図表 [2-2-5] **2つの期待理論の関係図**

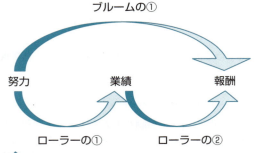

設例

与えられた目標にとらわれることがないよう、報酬を目標の達成と切り離して処遇する。
H25-13 ア （×：期待理論では目標を達成することで報酬が得られることが期待できることが重要である）

❹ ▶ 目標設定理論

目標設定理論とは、目標が動機づけの重要な源になるというものであり、以下の2つの条件をともに満たす場合に大きく動機づけられ、高い業績につながる。
① 難しい目標であること
② その難しい目標を受け入れている（納得している）こと

なお、従業員を自身の目標設定の場に参加させることは、目標が受け入れられる確率は上がるが、必ずしも高い業績につながるとは限らない。

4 内発的動機づけ理論

内発的動機づけ理論とは、過程理論では説明できないような、明白な報酬のない、あるいは業績と報酬が明確な対応関係にないような達成行動について説明するものである。人は目に見える報酬が与えられない仕事にも意欲的に取り組むことがあり、このような場合、報酬に相当するような感覚を自分自身の内部から引き出している。

❶ ▶ 内発的動機づけ要因と外発的動機づけ要因

1 内発的動機づけ要因
① 仕事そのものの面白さや楽しさ
② 仕事に従事することから得られる有能感や満足感
③ 自己決定の感覚

2 外発的動機づけ要因
金銭に代表される他人（自分自身の外部）からもたらされるもの
※ 内発的動機づけ理論では、外的な報酬はむしろ内発的動機づけを低下させるので好ましくない。ただし、外的な報酬のひとつである言語報酬（賞賛など）についてはそのようなことはないとしている。

❷ ▶ 職務特性モデル

職務特性モデルとは、職務の特性そのものが人の仕事意欲にかかわることを取り上げたものであり、具体的には以下の5つの特性がある場合に、内発的に動機づけられるとしている。

1 技能多様性
業務に必要なスキルがバラエティに富んでいる。

2 タスク完結性
社内の業務の流れの多くにかかわっている。

3 タスク重要性
業務の出来栄えによる社内外へのインパクトが大きい。

4 自律性
自分なりに工夫してできる程度が高い。

5 フィードバック
業務そのものから得られる手応えが感じられる。
※ まわりの人間からのフィードバックではない。

設例

A.マズローの欲求段階説における自己実現欲求は、外発的に動機づけられるものではなく、自分自身の理想を追い求め続けることを通じた内発的な動機づけとも考えられる。

H30−15　ア　(**O**)

2 組織の中の集団

　組織は多様な個人、あるいは職場集団によって構成されている。人が複数人集まると、集団ならではの力学が働く。また、個人間、あるいは職場集団間で不可避的にコンフリクト（葛藤）が生じることになる。組織運営にあたっては、これらを理解しておくことが重要になる。

1 フォーマル組織とインフォーマル組織

　経営組織には**フォーマル組織（公式組織）**と**インフォーマル組織（非公式組織）**とが存在し、従来のフォーマル組織だけを対象にした管理だけでなく、インフォーマル組織の機能を重視した管理の必要性が指摘されている。フォーマル組織とは、ルールに基づいて編成され、公に認められた組織であり、インフォーマル組織とは、フォーマル組織の中に自然発生的に生まれた集団である。

2 連結ピン・モデル

　組織は少人数の職場集団の集合であるととらえることができる。複数の小集団は、分業化や専門化の原則に従って、より大きな集団にまとめられる。たとえば、係が課になり、課が部となって、それらの総体が組織となる。この組織と職場集団との関係を扱ったものに、**リッカート**の**連結ピン・モデル**がある。

図表 [2-2-6] **連結ピン・モデル**

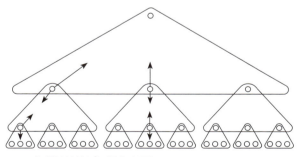

※　矢印は連結ピン機能を示している。

（『組織論』桑田耕太郎/田尾雅夫　有斐閣　p.239をもとに作成）

これは、小集団を組織の構成単位とし、構成単位間の連携を「連結ピン」で行うという考え方で、これによって集団のメンバーの参画による意思決定が促進されるというものである。連結ピンとは、組織内の集団間をつなぎとめ、上下左右のコミュニケーションセンターとしての役割を果たすもので、この機能は管理者・監督者などのリーダーによって果たされる。

3 グループダイナミクス（職場集団の行動様式）

多様な個人が小集団を形成すると、個人や組織には見られない固有の特性が発生する。たとえば、集団の中では、独自の集団基準や集団規範が形成され、各メンバーに対してそれに従うよう圧力が生じたりする。

`R2 18`
❶▶集団の凝集性

集団の凝集性とは、集団の各メンバーが互いに惹き合う程度（集団の団結の度合い）のことである。集団の中では独自の集団基準や集団規範が形成されるが、集団の凝集性が高いほど、集団メンバーに対してこれらに従うよう圧力が働く。

> **設 例**
>
> 集団に対する外部からの脅威は、集団の凝集性を高め、個人が集団の価値と一体化する可能性を高める。
> H19-13（設問1） ウ （**○**）

`R3 18`
`R2 10`
`H30 23`
❷▶集団浅慮（グループシンク）

特に集団が外部と隔絶している場合に、集団の凝集性が高く、かつストレスをもたらす要素（**ストレッサー**）がある場合などにおいて、**集団浅慮（グループシンク）**とよばれる事態が発生しうる。集団浅慮とは、（個人ではなく）集団で意思決定を行うと、かえって短絡的に決定がなされてしまうという現象のことを指す。集団浅慮は、自集団に対する過剰評価、閉鎖的な発想法、画一性や同調への圧力、挑発的な外部環境の知覚によってもたらされる。また、そのうえで出された結論が極端なものになることを**グループシフト**といい、極端にリスクの高いものになる場合（**リスキーシフト**）と、極端に慎重になる場合の2つがある。

`H30 15`
❸▶ホーソン効果

1924～1932年にウェスタン・エレクトリックのホーソン工場において実施された**ホーソン研究**によって見出されたものである。さまざまな作業条件における労働者を観察した結果、作業環境を悪化させても生産性が向上するという結果が生じたことから、人は注目されたり、期待されたりすると、効果を上げるために意識

142 ●**第2章** 組織行動論

2 組織の中の集団

的、または無意識的に団結し協力するというものである。そのより具体的な要因としては、①労働者の行動と感情は密接に関連していること、②集団は個人の行動に影響を与えること、③集団の基準は個々の労働者の生産性を決定するうえで大きな影響力をもつこと、④労働者の生産性を決定する要因は金よりも集団基準や感情、安心感などであること、といったことが結論づけられた。

4 コンフリクト（葛藤）

R3 19
R元 15
H30 14
H30 16
H29 21

コンフリクトとは、葛藤、対立、紛争などと訳されるが、それは相対立する目標、態度、行動などから生まれる葛藤のことである。コンフリクトは、個人内、個人間、集団内、集団間、組織間などあらゆるレベルで不可避的に発生する。コンフリクトというと否定的な側面のみに目が行きがちであるが、組織内のさまざまな見解の存在は、組織の活性化や新しい価値の創造に貢献することがあるため、積極的に活用するような管理が望まれる。

❶▶コンフリクトの発生要因

コンフリクトは、主に次のような場合に発生する。
① 組織内の限られた資源の配分について関係者間での合意が形成されない場合
② 互いが自立性を求めたり、パワー（ある個人や集団に何かをさせたり、何かをさせない力）を確保したりしようと意図した場合
③ 組織内の個人や作業集団間で共通の目標を確立するに至らず、協力関係が成立しない場合
④ 互いの部門（あるいは担当者）が相互依存的な関係にある場合
⑤ タスク不確実性が高い場合

設例

コンフリクトを解消するには、コンフリクトを起こしている両部門を1つの部門に統合することを通じて、相互依存を認識しなくては意思決定できないようにし、予算や人件費を削減する。
H18-13 エ改題 （✗：相互依存の度合が高ければ、やり取りが増加し、予算や人件費の削減は獲得競争の原理が働く。ともにコンフリクトの増加要因である）

---

5 チーム

組織論におけるグループという言葉は、各自が自らの責任分野の業務を遂行する際に、主として情報を共有するために交流する集団、といった意味で用いられることがある。この場合、集団で1つの作業をするといったことはなく、そのグループとしての業績は個々のメンバーの貢献の単純な総和によるものにすぎない。それに対して、**チーム**とは、協調をとおして相乗効果（シナジー）を生み出すものであり、個々のメンバーの貢献の単純な総和によるものよりも、高い業績水準をもたらすものである。チームの構成メンバーが結集し、課題を解決し、場合によっては解決策の実行まで行う。部組織などの恒久的な組織とは異なるため、基本的には役割を終えると解散することになる。多くの場合、遂行するタスクにおいて多様なスキルや判断、経験を必要とすることから、部門横断的に多様なメンバーを募って構成することになる。

3 リーダーシップ論

3 リーダーシップ論

R2 18
H29 19

　リーダーシップとは、対人的な影響関係をとらえるためには不可欠の概念であり、組織のなかの職場集団や人間関係のなかで、最も重視されてきた分析概念である。しかし、従来から、リーダーシップについては、いわば百人百様の考え方があり、さまざまな定義が試みられてきた。ここでは、今日に至るまでのリーダーシップ論の変遷について概観する。

1 リーダーシップの機能

❶▶バーナードによるリーダーシップの定義

　リーダーシップとは、バーナードによれば、「信念を創り出すことによって協働する個人的意思決定を鼓舞するような個人の力」である。つまり、経営目的達成のために人々に影響力を及ぼすことである。そのためには、企業環境をふまえて状況を判断する能力と、部下の意識を経営目的に向かわせる能力が必要である。

　また、バーナードは、組織や管理について、支配や抑圧といったそれまでのイメージとは異なり、組織と個人を同時に満足させ、発展させる道（個人と協働の同時的発展）を追求した理論を構築している。つまり、**全体主義と個人主義のバランスを取ることが重要**だとしている。

　従業員は、組織内のコミュニケーション（上意下達を含む）が次の4つを同時に満たす際に、そのコミュニケーションを権威あるものであると感じて受容する。
　　①　コミュニケーションの内容を理解することができ、実際に理解すること。
　　②　意思決定の際に、それが組織目的と矛盾しないと信じられること。
　　③　意思決定の際に、それが自らの個人的利害と両立すると信じられること。
　　④　そのコミュニケーション内容に、精神的にも肉体的にも従いうること。

❷▶リーダーシップの源泉

H30 17

　リーダーが集団や組織の目標達成に向けて、そのメンバーに影響力を及ぼすためには、**力（パワー）**や優位性が必要である。このリーダーシップの源泉ともいうべきものを**社会的勢力**という。社会的勢力には、次の5つがあるとされる。

　1）報酬勢力
　　他が求めている報酬を与える能力をベースにした勢力である。報酬には金銭的なもの以外に昇進や昇格、賞賛などが含まれる。

　2）強制勢力
　　従わなければ罰を受けるのではないかという、影響の受け手がもつ予想から生じる勢力である。主な罰としては、叱責や減給、解雇、左遷などがある。

145

3）**正当勢力**（合法勢力）

　　影響の受け手が、影響の送り手（リーダー）は影響力を行使する正当な権利を有し、自分が従う義務があると感じる場合に成立する勢力である。

4）**準拠勢力**

　　影響の受け手が送り手に個人的魅力を感じていたり、一体感を抱いていたりする場合に成立する勢力である。尊敬やあこがれを感じる相手のいうことには、率先して従うといった場合がこれに該当する。

5）**専門勢力**

　　影響の受け手が、送り手のほうが自分より技術や知識や能力などにおいて優れていると感じているときに成立する勢力である。

※　報酬、強制、正当の各勢力は、通常組織から公式に与えられるものであり、準拠、専門の各勢力は個人が自分の努力や資質で獲得するものである。

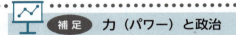

補足　力（パワー）と政治

　力（パワー）とは、AがBの行動に影響を与え、AがそうさせなければしなかったであろうことをBにさせる能力のことである。力（パワー）を発揮するための源泉と、上記のリーダーシップを発揮するための源泉はほぼ同様であり、この2つは密接に絡み合うことになる。

　2つの違いは、リーダーシップはリーダーと部下の目標の間にある一定の適合性（同じ方向に向かう）を必要とするが、力（パワー）はそれを要件とせず、他者を追随させるための戦術に主眼を置く傾向が強い。

　組織における政治とは、組織における公式の役割として認知されているわけではないが、組織内の意思決定に対して影響力を行使し、利益や不利益の分配に影響を及ぼすような活動であると考えることができる。

　また、組織において力（パワー）を行使するということは、政治が行われているということであり、政治的スキルに優れた者は、力（パワー）を効果的に行使する能力を有していると考えられる。

❸▶制度的リーダーシップ

　トップが価値を注入し、独自の価値やアイデンティティを有した組織となり、組織構成員のコミットメントも形成されたとき、当初は単にタスクを遂行するための道具にすぎなかった組織であっても、その組織はトップの思いを体現した制度となる。セルズニックは、このような組織を形成していくリーダーシップを**制度的リーダーシップ**と称した。

3 リーダーシップ論

④▶リーダーシップとマネジメント・・

　コッターは経営者と管理者に求められる機能を「変革を推し進める機能」と「効率的・確実的に組織を運営する機能」に分け、前者を**リーダーシップ**、後者を**マネジメント**と定義した。それぞれ機能を果たすには、①目的・目標を決める、②目的を達成するための人的ネットワーク（組織）を築く、③築いた人的ネットワークが目的を達成できるよう手を打つ、というステップを経るが、各ステップの具体的方法は次のように異なる。

1 リーダーシップ
　①　長期的なビジョンの提示
　②　ビジョンの伝達によるメンバーの統合
　③　メンバーの動機づけ

2 マネジメント
　①　（短期的な）計画や予算の立案
　②　組織構造の設計と人員配置
　③　予算や実績管理を行い、問題解決を図る

2 リーダーシップ論の変遷

　リーダーシップ論の研究は大まかには、資質特性論、行動類型論、状況適合論という変遷をたどってきている。ここではそれぞれの研究について見ていくことにする。

①▶リーダーシップの資質特性論・・・

　資質特性論とは、初期のリーダーシップ研究であり、実際に優れた功績を残したリーダーをもとに、そのパーソナリティとリーダーシップとの相関関係を明らかにしようとするものである。しかし、パーソナリティを要素に分解することが難しく、科学的に証明される統一的な結論を導くことができなかった。

②▶リーダーシップの行動類型論・・・

　行動類型論とは、パーソナリティという個人の内面的なものではなく、**行動パターン**という外面的なものからリーダーシップの類型化を図り、そこからリーダーシップの本質を探ろうとするものである。行動類型論の特徴は、組織の効率と構成員の満足度の両方を高めるようなリーダーシップの類型を究明することにある。

1 レビンのリーダーシップ類型論（アイオワ研究）
　レビンは、集団の動きについての科学的実験を行い、リーダーシップ・パターンが集団の成果に影響することを明らかにした。また、集団規範の形成と自発的意思決定が、個人行動の変容とその定着に大きく作用することも明らかにした。

147

レビンはリーダーシップのタイプを次の３つに分け、成果との関係を調査した。

①　**民主型リーダーシップ**：リーダーは援助し、集団で討議し決定する

②　**独裁型リーダーシップ**：リーダーがすべてを独裁的に決定する

③　**放任型リーダーシップ**：すべてを個々人で自由決定する

結論としては、**民主型リーダーシップ**が、集団の凝集性、メンバーの積極性や満足度、集団の作業成果のいずれにおいても最も優れているとしている。

`R3` `16` **2 オハイオ研究**

オハイオ州立大学で行われた研究であり、リーダーシップ行動の大部分を実質的に説明する要素は、「**構造造り**」と「**配慮**」という２つであるとした。

❶　構造造り

目標達成を目指すなかで、自分（リーダー）と部下の役割を定義し構築すること

❷　配慮

部下の感情への気配りやアイデアの尊重など、職務上の関係をもつこと

結論としては、「**構造造り**」と「**配慮**」の両方に対して高い関心を示すリーダーのもとでは、部下の業績と満足度が高まる可能性が高いとしている。

※　ただし例外も多く、状況要因をこの理論に組み込む必要性があることがわかった。

`R3` `16` **3 ミシガン研究**

ミシガン大学で行われた研究であり、リッカートがまとめあげた。リッカートは、「独善的専制型」「温情的専制型」「相談型」「参加型」の４つの組織類型を示している。また、最終的にリーダーシップ行動の側面として、「**生産志向型**」と「**従業員志向型**」という２つにたどり着いた。

❶　生産志向型

仕事の技術的あるいはタスク上の側面を重視する

❷　従業員志向型

部下のニーズへの関心、個性の違いの受容など、人間関係を重視する

結論としては、「**参加型**」の組織が理想形であり、このタイプの組織におけるリーダーシップの特性から、**従業員志向型のリーダー**が好ましいとしている。

設 例

リッカートによる参加型リーダーシップでは、リーダーは部下の意思決定に積極的に参加し、影響力を行使することが重要であるとした。

H22-12　エ　（**✕**：リッカートの理論では、リーダーは従業員志向型のスタイルが望ましいとしており、部下の意思決定への影響力の行使（独善的）が重要だというわけではない）

●**第2章**　組織行動論

4 PM理論

P（performance）は目標達成機能、M（maintenance）は集団維持機能であり、Pが構造造り、Mが配慮におおむね対応する。

結論としては、**PとMがともに高いリーダーシップスタイル**が職務満足やチームワークなどに対して有効であるとしている。

5 マネジリアルグリッド

ブレーク＆ムートンによって図式化された**マネジリアルグリッド**とよばれるマトリックス図（図表2－2－7参照）であり、「**人への関心**」と「**生産への関心**」の2つのスタイルに基づいている。

結論としては、**9・9型のチームマネジメント型**が理想的なリーダーシップスタイルであるとしている。

※ 「生産への関心」と「人への関心」はおおむね、オハイオ研究の「構造造り」と「配慮」、ミシガン研究の「生産志向型」と「従業員志向型」、PM理論のPとMに対応している。

図表 [2-2-7] マネジリアルグリッド

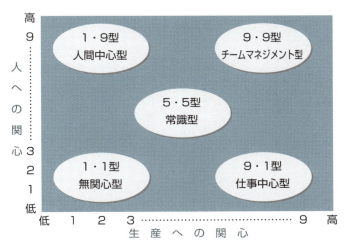

❸ ▶ リーダーシップのコンティンジェンシー理論（状況適合論）

　行動類型論においては、ベストなリーダーシップのスタイルが明らかにされたが、現実には、そのようなリーダーシップが有効でないケースも存在した。そこで、リーダーの行動の分析だけでなく、**リーダーの置かれている状況**にも目を向ける必要があることが認識されはじめ、状況適合論が展開された。この理論の特徴は、状況によって、有効なリーダーシップのスタイルが異なるとする点にある。

１ フィードラー理論

　まず、フィードラーは、リーダーシップには、**人間関係志向**のリーダーシップスタイルと、**タスク志向**のリーダーシップスタイルがあるとした。そして、どちらのスタイルが効果的であるかは状況によって異なり、その状況として認識すべき要素として、①リーダーが集団のメンバーに支持され、受け入れられていること（**リーダーと成員との関係**）、②仕事の目標、手順、成果が明確で、ルーチン化あるいは構造化されていること（**タスクの構造**）、③メンバーを方向づけ、評価し、賞罰を与える公式の権限が与えられていること（**地位勢力**）、という３つを想定した。

　そして、これら３つの要素を踏まえ、リーダーにとって**好ましい状況**あるいは**好ましくない状況**の両極の場合にタスク志向のリーダーシップが高い業績をもたらし、リーダーにとって**普通の状況**の場合に、人間関係志向のリーダーシップが高い業績をもたらすとした。

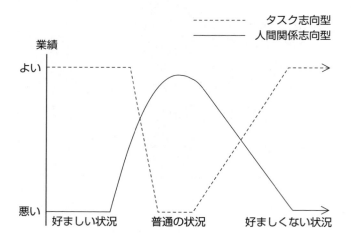

図表 [2-2-8] **フィードラー・モデル**

3 リーダーシップ論

カテゴリー	I	II	III	IV	V	VI	VII	VIII
リーダーと成員との関係	よい	よい	よい	よい	悪い	悪い	悪い	悪い
タスクの構造	高い	高い	低い	低い	高い	高い	低い	低い
地位勢力	強い	弱い	強い	弱い	強い	弱い	強い	弱い

（『組織行動のマネジメント』スティーブン・P・ロビンス著　髙木晴夫訳　ダイヤモンド社
p.266をもとに作成）

　また、フィードラーは、人のパーソナリティや欲求構造を変えることは容易ではないため、特定の人物は人間関係志向とタスク志向のいずれかが向いていると想定する。そして、その人物が人間関係志向とタスク志向のいずれのスタイルをとるかは、**LPC尺度**によって異なるとした。LPC尺度とは、「最も一緒に仕事をしたくない同僚（LPC）」について評価させ、スコアとしたものである。そして、どのような同僚でも寛大に評価する（高LPC）リーダーは、人間関係志向のリーダーシップスタイルをとり、厳しく評価する（低LPC）リーダーは、タスク志向のリーダーシップスタイルをとる傾向にあるとした。

❷ パス・ゴール理論（ハウスの目標−経路理論）

`R元 17`
`H30 16`

　パス・ゴール理論における望ましいリーダーは、部下の認知する報酬を大きくさせ、その報酬に至る経路を明確にして障害を少なくし、その途上で個人的満足の機会を増加させることで、これらの報酬に容易に到達できるよう導くものである。
　そして、望ましいリーダーシップ行動は、「仕事環境の特徴」と「部下の特徴」という2種類の状況変数に応じて、以下の4つに分類される。

〈パス・ゴール理論における4つのリーダーシップ行動〉

● **指示型**（部下の活動の計画、組織化、統制、調整）
　タスクが高度に構築されているときよりも、曖昧であったり、相当なコンフリクトが存在したりするなど部下のストレスが多いときに、部下のより大きな満足につながる。ただし、高い能力や豊富な経験をもつ部下や自らの状況をコントロールできると考えている部下にはくどくなる可能性が高い。

● **支援型**（部下の欲求に関心をもち、友好的で楽しい環境づくりをする）
　部下が明確化されたタスクを遂行しているとき、あるいは公式の権限関係が明確かつ官僚的であるほど高業績と高い満足をもたらす。

● **参加型**（部下と情報を共有したり、意思決定に彼らのアイデアを反映させたりする）
　自らの状況をコントロールできると考えている部下にとって満足度が高くなる。

● **達成志向型**（部下の最大の努力を期待して挑戦的な目標を設定し、絶えず成果の向上を求める）
　タスクが曖昧な状況でも努力すれば高業績につながるという部下の期待を

151

増加させる。

　つまり、部下あるいは仕事環境に欠けているものをリーダーが補完する場合には、部下の業績と満足は上昇する可能性が高いが、タスクがすでに明白であったり、部下が十分な能力と経験をもっているのに、タスクについて長々と説明したり指示したりするようなリーダーの場合、部下の満足度が低くなるということである。

[2-2-9] **パス・ゴール理論**

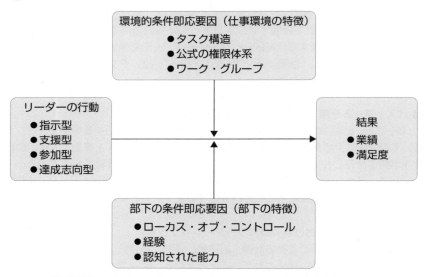

（『組織行動のマネジメント』スティーブン・P・ロビンス著　髙木晴夫訳　ダイヤモンド社　p.269をもとに作成）

※　「部下の特徴」としては、「ローカス・オブ・コントロール（行動決定源が自らにあるという意識）」「経験」「認知された能力」といった要素を状況要因とする。
※　「仕事環境の特徴」としては、「タスク構造（ルーチン的か否か）」「公式の権限体系（官僚度合い）」「ワーク・グループ（集団としての成熟度）」といった要素を状況要因とする。

> **設 例**
>
> 　構造化されたタスクに携わる従業員に対しては、指示型リーダーシップによる職務遂行が有効である。
> H30－16　ア　（**✕**：指示型が適しているのはタスクが曖昧、ストレスが多いといった場合である）

❹ ▶ カリスマ的リーダーシップ論と変革型リーダーシップ論…………

　ハウスらによる**カリスマ的リーダーシップ論**は、リーダーシップの源泉を、フォロワーに対して深く尋常ではない影響を及ぼすことのできるリーダーの個人的な資質に求めている点が特徴的である。たとえば、自らの行動や姿勢に自信があふれ、確信をもってフォロワーが達成すべき目標を示し、それに至る道筋を提示するリーダーである。一方、バーンズらの**変革型リーダーシップ論**は、不透明な状況下でのリーダーの組織文化や戦略に対する変革力に注目したものである。フォロワーとの相互依存的な関係を重視することで、積極的にフォロワーの信念やニーズ、価値をリーダーが望む方向に入れ換えようとするのが特徴的である。いずれもリーダーの個人的資質に注目したものであり、**新資質特性論**ともいうべきものである。

4 組織文化と戦略的な組織変革

　組織が環境変化に適応し、成長を遂げるためには戦略的な組織変革が必要になる。戦略的組織変革とは、組織の戦略、構造、文化、プロセスなどを抜本的に変革することであるが、その鍵は組織文化の意図的な変革、すなわち学習する組織への変革を総合的に行うことにある。環境変化に対する長期適応を図るためには、既存の枠を超えた組織学習（高次学習）が必要となる。ここでは、組織文化、組織学習、そして戦略的な組織変革について順に見ていく。

R2 10
H29 21

1 組織文化

❶▶組織文化の概要

　組織文化とは、組織メンバー間で共有された価値や信念、あるいは習慣となった行動パターンの集合体のことをいう。組織文化には、組織メンバーに対し、行動や判断、コミュニケーションのベースを提供し、組織的な目標に対する一体感を高めるという効果がある。強い組織文化の形成要因としては、次のようなものがあげられる。
① 組織メンバーが物理的に近接していること
② 組織メンバー間の同質性が高い、つまり、性や年齢、学歴、職能などの特性、興味や関心が似通っていること
③ 組織内のタスクが相互依存関係（つまり協力し合う関係）にあること
④ 同質の情報を組織内に満遍なく伝達できるコミュニケーション・ネットワークが発達していること
⑤ 研修、会社主催の行事、社是・社訓の徹底など組織文化の浸透と組織メンバーの帰属意識を高揚させる技法がとられていること

　強力な組織文化は組織的な目標に対する一体感を高めるという効果がある一方で、組織メンバーに対する同調の圧力（**斉一性への圧力**）を通じ、思考様式の均質化や組織の硬直化をもたらす場合がある。これらをただ放置するのではなく、組織文化の積極的なマネジメント、すなわち組織変革や**組織開発**が必要になってくる。
　※　組織開発とは、組織活性化の方策のひとつであり、環境変化に効果的に適応できるように、これまでの組織の信条や規範、態度などの変革を意図した複合的な教育戦略である。その方法には、教育訓練方式とコンサルティング方式の2つがある。

4 組織文化と戦略的な組織変革

補足　戦略と組織の関係性　R3 15

　戦略と組織には密接な関係がある。組織構造を決定する際には、組織原則だけでなく、拡大化、多角化といった企業の戦略も関係する。**チャンドラー**は、アメリカの大企業が多角化によって成長していく過程における組織構造の変化（事業部制組織への移行）を実証研究し、「組織構造は戦略に従う」という命題を提示している。また、**アンゾフ**は、どのような戦略を採るかは、その組織の文化や風土が影響するとし、「戦略は組織（文化、風土）に従う」という命題を提示している。

❷ ▶組織文化の類型　H29 19

　置かれている環境から求められていること（ニーズ）と、その環境に適応するための戦略によって、適応しやすい組織文化が変わることになる。具体的には以下の4つに分類される。

図表 [2-2-10]　環境および戦略と企業文化との関係

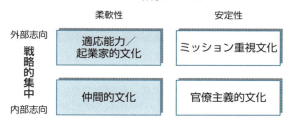

出典：Daniel R. Denison and Aneil K. Mishra, "Toward a Theory of Organizational Culture and Effectiveness," Organization Science 6, no.2 (March-April 1995): 204-23; R. Hooijberg and F. Petrock, "On Cultural Change: Using the Competing Values Framework to Help Leaders Execute a Transformational Strategy," Human Resource Management 32 (1993): 29-50; R. E. Quinn, Beyond Rational Management: Mastering the Paradoxes and Competing Demands of High Performance (San Francisco: Jossey-Bass, 1988) に基づく。

（『組織の経営学』リチャード・L・ダフト　髙木晴夫訳　ダイヤモンド社　p.197をもとに作成）

❶ 適応能力／起業家的文化（アドホクラシー文化）

　適応能力／起業家的文化（アドホクラシー文化）とは、顧客ニーズに対する柔軟な対応や変革を起こすなど、外部環境に戦略的主眼が置かれている文化である。つまり、環境変化にいち早く対応し、また、積極的に変化を生み出すものであるため、イノベーション、創造性、リスクテイキングが評価される。

2 仲間的文化（クラン文化）

仲間的文化（クラン文化）とは、組織メンバーの関与と参加が推奨される文化であり、従業員のニーズを重視するものである。

3 ミッション重視文化（マーケット文化）

ミッション重視文化（マーケット文化）とは、売上、収益、市場シェアといった目標の達成に重点が置かれている文化である。

4 官僚主義的文化（ハイアラーキー文化）

官僚主義的文化（ハイアラーキー文化）とは、組織内部の状況と、安定した環境との整合性を取ることを重視し、秩序だったタスクの遂行が推奨される文化である。

> **設 例**
>
> 創業者やその家族が支配している創業段階の組織では、組織文化を変革するためには、組織開発などの手法が効果的である。
> H27-21 ウ （**×**：創業段階では、そもそも組織文化がまだ醸成されておらず、変革するような段階ではない）

2 組織学習

組織文化は組織学習の成果として認知されるため、ここでは組織学習について考察する。**組織学習**とは、組織あるいはその構成員が新しい知識を獲得する活動、あるいはプロセスを指し、組織学習を通じて、組織のなかに情報的経営資源が蓄積されていく。組織学習の結果は、組織メンバーの個人の経験や知識、組織のなかの規則や慣行、経営理念、教育訓練プログラム、組織文化として組織内に蓄積され、伝承されていく。また、組織学習は、組織の発展プロセスに応じてその必要とされる内容が異なってくる。

❶▶組織の発展プロセス

組織の発展プロセスは、それぞれの段階における**漸次的進化過程**と、ある段階から別の段階に飛躍する**革新的変革過程**という2つのタイプの変化プロセスが交互に組み合わさって成立している。漸次的進化過程とは、おのおのの安定した段階において進行する継続的な改善の積み重ねを指す。

一方、組織は危機に直面した場合、新たな戦略、組織構造、組織プロセスを構成しなければならないことがある。この場合には、既存の組織の延長線上というよりは、それとは不連続な新しい組織の再構築を必要とする。革新的変革過程とは、こ

のような組織ライフサイクル上のある段階にある組織が危機に直面し、別の段階へと移行していく不連続な変化を指す。

❷▶低次学習と高次学習

組織学習には、**低次学習**と**高次学習**がある。低次学習とは漸進的な学習であり、主に**シングルループ学習**（既存の制約条件・枠組みのなかで行う修正・学習活動）を指す。一方、高次学習とは断続的な学習であり、組織全体に影響を与えるような学習や**ダブルループ学習**（既存の価値や目標、政策などの枠組みを超えて行う学習活動）を指す。

つまり、漸次的進化過程に対応するのが低次学習であり、革新的変革過程に対応するのが高次学習である。

図表 [2-2-11] **組織の発展プロセスと組織学習**

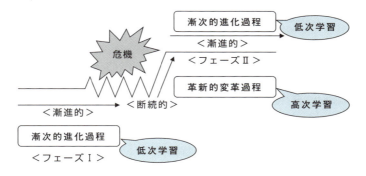

設例

　低次学習とは組織の成果にとって悪い影響を与える学習であり、高次学習とはより高い成果をあげるために不可欠であるため、組織メンバーに高次学習を意識させることが重要である。
R元-14　オ　（×：組織の発展プロセスによって必要な学習が異なるということであるため、低次学習も必要な学習である）

❸▶組織学習への制約

組織学習は図表2-2-12のようなサイクルに沿って行われる。基本的に組織学習は組織メンバーをエージェントとして行われる。まず、ある組織行動がもたらした結果を観察・分析した結果、個人レベルの信念・知識に修正が加えられる。個人が学習した成果は個人レベルの行動の変化を促し（図表2-2-12①）、それが組

織レベルでの行動の変化をもたらし（同②）、それに伴って、組織は新しい行動を展開する。その結果が環境での優れた成果に結びつけば（同③）、組織における個人の信念は強化される（同④）。一方、もし低い成果しかもたらされない場合には、その信念は棄却され、新しい信念が形成される契機となる。

図表 [2-2-12] **組織学習サイクル**

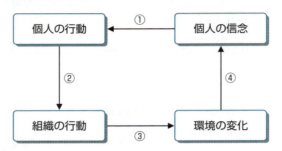

しかしながら、基本的にはこの組織学習サイクルが不完全になったり、低次学習ばかりが促進されたりする傾向が強い。これは組織が安定的な段階では、組織の学習サイクルは次の4つのパターンを示す傾向があるからである。

❶ **役割制約的学習（図表2-2-12①の断絶）**
与えられた役割規定や手続き上の制約によって、個人が具体的な行動に出ることができない状態である。

❷ **傍観者的学習（図表2-2-12②の断絶）**
個人の学習成果が組織の次の行動に活かされず、個人が傍観者と化している状態である。

❸ **迷信的学習（図表2-2-12③の断絶）**
学習は行われ、個人が組織の行動に影響を与えるが、組織の行動は環境に何ら作用しない状態である（人々は作用すると思いこんでいるが）。

❹ **曖昧さのもとでの学習（図表2-2-12④の断絶）**
個人は組織の行動に影響を与え、それが環境にも作用するが、個人には何が生じたか、なぜそれが生じたかが判然としない状態である。

これらの要因としては、組織ないし個人の認知的枠組みの固定化、組織ルーティンの存在、分業化による部門間の垣根の存在などがあげられる。なお、**（組織）ルーティン**とは、組織の行動プログラムであり、公式の文書として制度化されている諸規則・手続き、組織構造、組織文化などの形態をとる。

設例

職務を細分化し、過程別専門化を進めていくことが、シングルループ学習を阻害し、ダブルループ学習を促進する可能性を高める。
H20-19 エ （✕：職務細分化は職務間の心理的な壁を築いてしまい、ダブルループ学習は行われにくくなる）

3 戦略的組織変革

環境が不連続な変化を起こしたとき、組織は従来の組織能力や戦略を見直し、環境との新たな関係を抜本的に再構築する必要に迫られる。

❶▶戦略的組織変革への抵抗

たとえ業績が悪化して危機的な状況を迎え、革新的（戦略的）組織変革の必要性が生じても、実際には実現に至らないことがある。これには次のような理由が考えられる。

■ 変革には既存の行為を継続する場合には現れないコストが伴うから

① 革新のコストの典型は埋没コストである。こうしたコストは現在の状況にとどまる限り発生しないため、組織が現状に執着する要因となる。**埋没コスト**とは回収不能なコストであり、組織変革の状況に当てはめれば、現在のプログラムを継続している限り発生しないコストでありながら、それを捨てて新しいプログラムを採用する場合に発生するコストである。

② 組織内外の利害関係者たちは、既得権益を失うことにつながる現在の組織均衡状況を変えるような組織変革に対しては、強い抵抗を示す可能性が高く、これが組織変革への抵抗要因となる。

■ 組織は変革の必要性を認識することができない可能性があるから

① 直面する環境の多様性や不確実性を除去するために、組織は外部環境の変化に関する情報を集め処理するプロセスをさまざまなルールや手続きとしてルーティン化する。しかし、こうしたルーティンは、基本的に既存のビジネスを管理・運営するために構築されているので、それに直接関係をもたない情報やデータ、たとえば戦略的変革の必要性を示す外部シグナルは排除される傾向にある。

② 組織やその利害関係者たちが満足水準を超える利潤を得ており、とりたてて不満がないという状況においては、あえて現在のプログラムや戦略よりも優れたものを探索しようとする動機づけは失われてしまう場合がある（**有能性のわな**）。

❸ たとえ業績が悪化しても、なお既存の行為を継続しようとする強い力が作用するから

① 失敗に対する責任を認めることで心理的コストが上昇するため、経営者や管理者は新しい行為よりも従来の行為にコミットする。

② 多少の損失が発生しても、従来の行為を止めることで新たに埋没コストが発生するのを防ごうとし、今度こそは成功するだろうという期待をもって、従来の行為を追い続ける。

③ 失敗によって損失が生じ、環境から脅威がやってきた場合、組織は従来慣れ親しんできて、経験も豊富な対応のほうを選択する傾向がある。

④ もし管理者が適切なデータを入手することができても、そのデータを解釈する認知枠組は既存の組織文化に依拠しているために、それらの重要性を過小評価してしまったり、不適切な解釈をしてしまったりする可能性が高い。

※ ❸の内容は❶❷の内容と一部重複する。

> **設 例** 🖊
>
> 組織内で大きな予算を有し決定権限を持つグループは、自らの利益や権力を守ろうとする。
> H27-20 エ改題 （**○**）

> **設 例** 🖊
>
> 既存の商品の品質や性能に厳しい要求を突きつける取引相手の動向をフォローすることで、既存の技術や製品への投資を継続することへの組織慣性を小さくすることができる。
> H18-14 イ （**✕**：既存の商品に対する厳しい要求に応えようとするということは、既存の技術や製品への投資を継続することへの組織慣性が大きくなる）

---

❷▶ 戦略的組織変革の遂行

❶ 変革の必要性の認識

変革にあたっては、まず経営者もしくは経営者グループによって変革（高次学習）を創始する必要性が認識されなければならない。そのためには、組織の既存の情報処理手続きによって加工された情報ではなく、より**リッチな情報**を獲得し、経営者は自身の責任でその意味するところを解釈しなくてはならない。リッチな情報（経験）とは、いままでにないような多様な解釈（意味・教訓）を導き出せる程度が高い、すなわち潜在的多義性が高い情報（経験）のことである。リッチな情報を獲得し、また効果的な解釈を行うためには、次のようなことが要件になる。

① 現在の日常業務で使われていない、変革のために利用可能な組織的なスラッ

ク資源（余裕）を保有すること。これがないと多様な解釈をする余裕がなくなる。

② 既存の情報処理手続きによって加工されておらず、多様な解釈が成立し得る生のデータへ直接コミットすること（生のデータへのアクセス）。

③ 組織の既存の手続きや、規則では処理できない問題が発生していることを示すシグナルであるコンフリクトを多様に解釈し、根本的な原因を探索すること。

2 変革案の創造

組織の問題が認識され、特定の個人がリッチな経験を通じて革新的なアイデアを創出したら、それを組織レベルの知識創造過程にのせ、明示的な革新を生み出していく必要がある。組織における創造過程に影響を与える条件としては次のようなものがある。

① 情報の多義性を増幅してリッチな解釈をするために、関連する多様な領域、バックグラウンドをもつ人々からなる自律的組織単位を編成する。

② 革新的なアイデアは、多くの場合、暗黙知の形態をとるが、フェイス・トゥ・フェイスの対話を通じて、ある人がもつ暗黙知を組織的に共有したり、新たな形式知を創造したりするといった取り組みが求められる。また、今日ではＩＴを活用したナレッジマネジメントも活発に行われている。

③ それぞれのメンバーは、自己の専門領域をもちつつも、組織全体に関する知識や情報を共有していなければならない。このような状況は、各メンバーがつねに組織全体のことを考えつつ、専門的な意見を主張することを可能にする。このように各メンバーが重複した情報をもつことを（情報の）**冗長性**という。

※ 知識は**暗黙知**と**形式知**に分類される。暗黙知とは、文字や言葉で表現できないような主観的なノウハウや信念といった他人に伝達することが困難な知識である。形式知とは、言語化可能で文書や言葉で表現できる客観的な知識である。組織変革やイノベーションの現場では、暗黙知の移転や活用が重視される。 `H29` `20`

※ **ナレッジマネジメント**とは、ＩＴ技術などを活用して、各組織構成員が保有している各種の暗黙知を形式知化して結びつけることで、新しい価値を創造し、組織的に共有していく取り組みである。

設 例

研究開発や新製品企画など新しい知識を創造し、絶えずイノベーションが期待されている組織では、とかく情報が錯綜し、冗長性が増し能率が低下する傾向にあるので、冗長性を排除する工夫が必要である。
H15−21 ア改題 （✕：イノベーション（変革）が求められる状況においては、情報共有のために冗長性があることは有益に作用する可能性が高い）

3 変革の実施・定着

　組織変革を実施していく移行過程では、変革への抵抗や変化に際しての混乱、変化に端を発する組織内の権力抗争が生じるため、これらへ対処する必要がある。基本的な対策は、移行過程のマネジメントを専門に担当する管理者およびチームを結成し、トップマネジメントがそれを支援することである。ここでトップに求められるのは、組織に学習する価値観を埋め込むという**制度的リーダーシップ**である。

設 例

　組織は、ときに環境変化に対して抵抗することがある。組織が変化へ抵抗する理由として、<u>最も不適切なもの</u>はどれか。　　　　　　　　　〔H27-20〕

　ア　個人が変革を志向していたとしても、グループの規範がこれを抑制する
　　　慣性をもつから。
　イ　組織が有する公式化されたルールが、既存のルールに従うよう組織メン
　　　バーを社会化するから。
　ウ　組織固有の特殊スキルを持つグループが、組織の外部へと専門家ネット
　　　ワークを広げているから。
　エ　組織内で大きな予算を有し決定権限を持つグループが、自らの利益や権
　　　力を守ろうとするから。
　オ　組織を構成するサブシステムが存在するため、変化が部分的なものにと
　　　どまりがちになるから。

解 答　　**ウ**

　ア：その個人が属するグループ（集団）の規範が変革を抑制するような力
　　　（慣性）が働く。
　イ：既存のルールに従うような力学は、それを逸脱するような変革を起こ
　　　しにくくする。
　ウ：外部へと専門家ネットワークを広げているのであれば、組織変革が生
　　　じたとしても、その変化に対する対応力が高いと考えられる。
　エ：これまでに大きな予算を有し決定権限を持つグループは、その割合を
　　　減らされる可能性が生じるため、抵抗勢力になる可能性がある。
　オ：組織は規模が拡大するにつれてあらゆる形で部門化されるなど、多く
　　　のサブシステムが存在し、それぞれ異なる文化や規範が形成されるこ
　　　とから、特定のサブシステムで生じた学習活動が全社的な広がりにま
　　　で至らないことも多い。

第3章
人的資源管理

Registered Management Consultant

第3章 人的資源管理

本章の体系図

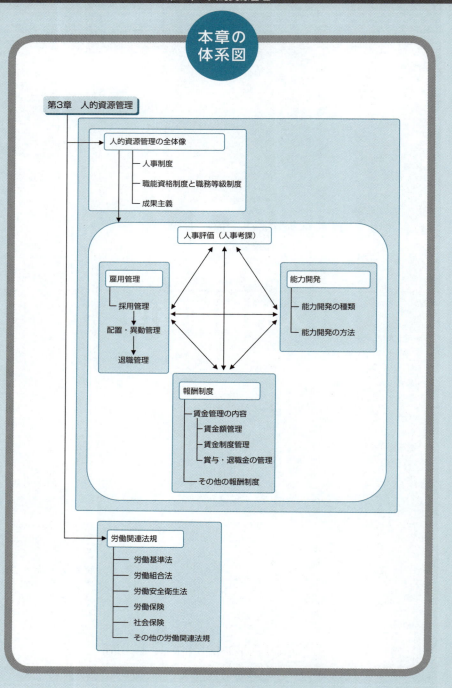

❗ 本章のポイント

◇ 人的資源管理とは何か。

◇ 人事システムはどのようなサブシステムから構成されるか。

◇ 日本型人事制度と欧米型人事制度の違いは何か。

◇ 職能資格制度とは何か。

◇ コンピテンシーモデルとは何か。

◇ 我が国における企業の採用活動の特徴は何か。

◇ 人事異動にはどのようなものがあるか。

◇ 複線型人事制度とは何か。

◇ 人事考課の目的は何か。

◇ 人事考課の課題は何か。

◇ 自己申告制度とは何か。

◇ 雇用管理はどのように行っていくのか。

◇ 目標管理制度とは何か。

◇ 年俸制の導入理由は何か。

◇ ストックオプション制度とは何か。

◇ 能力開発の方法としてはどのようなものがあるか。

◇ 労働基準法では何を定めているのか。

◇ 不当労働行為にはどのようなものがあるか。

◇ 労働者災害補償保険法では何を定めているのか。

◇ 社会保険の仕組みはどのようになっているのか。

◇ 労働者派遣法では何を定めているのか。

◇ 男女雇用機会均等法では何を定めているのか。

1 人的資源管理の全体像

　人的資源管理は大きく分けて、評価、雇用管理（採用・配置）、能力開発、報酬からなるが、ここではまず、人的資源管理の全体像を概観することにする。

1 人事制度

❶▶人事制度の意義

　人的資源管理とは、企業戦略の達成のために、現在から将来にかけて必要となる人材の資質・能力を予測し、その条件を満たす人材を確保することを目的とした採用や教育などの諸活動とされる。一般に、一定規模以上の企業が人事労務管理を行うには「制度」を媒介にすることが不可欠である。従業員にどのような基準で仕事を与えるか、能力をどのようにチェックするか、またそれに基づいて賃金をいくらにするかといった問題に対処するためには、あらかじめ一定のルールを決めておかなければ公正性を欠くことになるからである。このように**人事制度**とは、人的資源管理を行うためのルールであり、インフラストラクチャーとなるものである。

❷▶人的資源管理の基本構成

　人的資源管理は1つのシステムと考えられ、大きく評価、雇用管理（採用・配置）、能力開発、報酬の各サブシステムから構成される。そのなかでも評価が中心となり、これを含めた4つのサブシステムが連動し、「従業員をどう取り扱い、どう報い、どう動機づけていくか」という人的資源管理の基本的な観点が形成される。

図表 [2-3-1] **人事システムの体系**

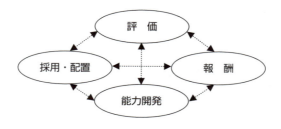

① **評価システム**　　　：「従業員をどのような観点と尺度で評価するか」
② **採用・配置システム**：「従業員にどのような仕事を与えるか」
③ **報酬システム**　　　：「成果を出した従業員に対してどう報いるか」
④ **能力開発システム**　：「従業員の能力開発に対してどのように援助するか」

1 人的資源管理の全体像

2 職能資格制度と職務等級制度

❶▶日本的経営の三種の神器

　日本企業が採用してきた人事制度と欧米企業の人事制度との違いを確認する前に、**三種の神器**といわれる日本的経営の特徴、すなわち「終身雇用制」「年功序列制」「企業別労働組合」について確認しておく。これらは、日本企業の強さの源泉とされてきたが、90年代初頭のバブル経済崩壊以来、大きく揺らいでいる。

❶　終身雇用制

　雇い入れた従業員にできるだけ長期にわたって（原則、定年まで）雇用を保障する慣行である。「従業員の生活が安定する」「企業に対する忠誠心が高まる」「長期的な人材育成が可能となる」などといったメリットがある一方で、仕事に対するマンネリ化を招いたり、景気動向に適応した雇用調整を制約したりするといったデメリットがある。我が国の労働市場が未発達であることの要因として指摘されることも多い。

❷　年功序列制　`R3 17`

　賃金、昇進、昇格などの処遇の基準を、学歴、年齢、勤続年数などにおくもので、勤続年数の長期化とともに、職位や賃金が上昇する仕組みである。従業員の生活設計が容易になるが、若い優秀な人材の士気を下げてしまったり、能力・成果と賃金とのギャップが生じたりする可能性は否定できない。

❸　企業別労働組合

　企業ごとに組織された労働組合のことである。労使協調体制の基盤を提供するものであるが、御用組合などとも揶揄され、経営に対する健全なチェック機能を果たしていないとの指摘がある。

❷▶日本型人事制度と欧米型人事制度の相違

　両者のおおまかな違いは、欧米企業は**職務（仕事）主義的人事制度**であるのに対し、日本企業は**能力主義的人事制度**であるというものである。すなわち、前者は職務の価値を基準に人事を実施していく制度であり、いわば「まず先に仕事があり、その仕事に人をつける」というものである。後者は個々の従業員が保有する職務遂行能力を基準に人事を実施していく制度であり、いわば「人に職務をつける」といった人間中心主義の人事制度である。職務主義的人事制度では**職務等級制度**が、能力主義的人事制度では**職能資格制度**が導入されるのが一般的である。　`R元 21`

　試験対策上は特に必要ないが、参考までに職能資格制度の内容を記載しておく。まず職能とは、職務を遂行するために必要な能力（職務遂行能力）であり、職務分析（職務調査）によって抽出される。職能資格制度とは、仕事の困難度・責任度などをベースとした職能資格区分を設け、各職能資格区分に該当する職務遂行能力の

167

種類や程度を明確にした職能資格の基準（図表2-3-3を参照）を設定し、この基準に基づいて人事処遇を行う制度である。

図表 [2-3-2] **職能資格制度と人的資源管理**

（『新しい人事労務管理』佐藤博樹/藤村博之/八代充史　有斐閣　p.56をもとに作成）

図表 [2-3-3] **職能資格制度のモデル例**

職能資格			職能資格の等級定義	対応役職位
層	等級	呼称		
管理専門職能	M3	参与	管理統率・高度専門業務	部長
	M2	副参与	上級管理・高度企画および上級専門業務	副部長
	M1	参事	管理指導・企画業務および専門業務	課長
指導監督職能	S3	副参事	上級指導監督・高度判断業務	課長補佐
	S2	主事	指導監督・判断業務	係長
	S1	副主事	初級指導監督・判定業務	主任
一般職能	G3	社員一級	複雑定形及び熟練業務	
	G2	社員二級	一般定形業務	
	G1	社員三級	単純定形業務	

（『人事・労務用語辞典』花見忠/日本労働研究機構編　日本経済新聞社　p.109をもとに作成）

図表 [2-3-4] 役職・資格・賃金との対応関係

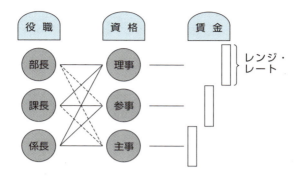

　賃金も資格との関係で決定される。職能資格制度では**職能給**(従業員の職務遂行能力を基準に決定される基本給)が基本給(本章第4節「報酬制度」で後述)となるが、同一資格同一給与ではなく、一定の幅をもったレンジ・レートである。

　ただし職能資格制度は、以下のような問題点が指摘されている。①職能要件は多くの場合、全社的に一律で設定されており、抽象性が高いものとなっている。その結果、昇格基準が曖昧となり、資格制度の運用(特に昇格面)が年功的になりがちである。②職能資格制度は下位職能から上位職能への内部昇格を前提に設計されており、人的資源管理における画一性や同質性を強め、単一管理的な人事制度に陥りやすい。したがって、従業員の価値観やキャリア志向の多様化には本来、対応できない。③昇格者に対するポスト(役職)不足が発生する可能性が高い。④企業内労働市場における人材育成(ジョブローテーションを通じたゼネラリスト育成)を主眼とする設計であるため、外部から人材を獲得(中途採用など)する際に適用できない。

3 成果主義

　職能資格制度に代表される能力主義的人事制度は、年功的な運用に陥りがちであり、従業員の中高年齢化に伴って人件費の増大を招くことも少なくなかった。ここでは、1990年代以降、能力主義に代わるものとしてクローズアップされてきた成果主義について取り上げる。

❶▶成果主義

　成果主義とは、賃金や賞与、昇格などについて、仕事の成果をもとに決定する考え方である。人件費負担の増大を回避しながら、従業員のモチベーションを高めるために、企業業績への貢献度に応じて処遇を決定しようとするものであるが、短期的な成果にこだわるあまり、中長期的な課題への取り組みがおろそかになってしまう、組織構成員の協力意識が低下してしまう、といったデメリットが生じてしまう

場合もある。可能性としての能力や潜在的な能力ではなく、実際に具現化された成果に評価の重点を置く意味で、能力主義とも区別される。

　成果主義に基づいた処遇体系の運用にあたっては、目標設定や評価における公平性や透明性を担保すること、目標設定や遂行について個人の裁量権があること、能力開発の機会があることなどが重要である。後述する目標管理制度やコンピテンシーモデル、社内公募制、多面評価などと組み合わせて実施することが望ましい。

❷ ▶ コンピテンシーモデル

　コンピテンシーは、ハーバード大学の行動心理学者マクレランドが中心となって考案した概念で、高い業務成果を生み出す顕在化された個人の行動特性のことである。高い業務成果をあげている行動特性をベンチマーク（指標）として、採用、昇格、教育訓練、評価などの人事制度に活用する。90年代より人事システムへの適用がなされ、我が国においては、成果主義の浸透や人事のグローバルスタンダード化、さらには職能資格制度に代わる新しい能力主義の観点から、大企業を中心に導入が進んでいる。人事システムとしての歴史はまだ浅いため、課題を指摘する声もある。

図表 [2-3-5] **コンピテンシーモデル**

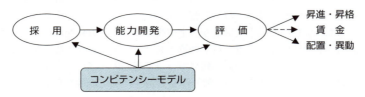

設例

　実際にあげられた顕著な個人的成果は、因果に関わりなく、コンピテンシーに含まれる。
R2-22　ア　（✕：コンピテンシーは、「行動として顕在化する職務遂行能力である。つまり、成果ではなく、行動を表す概念である）

2 雇用管理

本章第1節で4つのサブシステムからなるトータルシステムとしての人事システムを概観した。ここでは、そのうちのひとつである雇用管理について学習する。雇用管理の対象は、採用、配置・異動、退職である。すなわち、雇用管理は、人事労務管理のライフサイクルの中心となるものである。

1 採用管理

❶▶要員計画

要員計画とは、企業が経済活動を行う際に必要な適正従業員数を事前に決定し、その確保のための計画を策定することである。

また、この計画は、必要とされる従業員数と現在の従業員数のギャップを把握することで策定される。

❷▶採用活動

1 我が国の採用活動の特徴

我が国の企業（特に大企業）の採用活動では、**新規学卒春期一括採用**が一般的である。

また、企業人としての基礎的な資質が採用の際に重視されるが、これは、入社後の教育訓練や人事異動により、幅広い職務遂行能力を育成する**ゼネラリストの養成**が基礎にあるからである。

2 欧米の採用活動の特徴

欧米では、欠員時に随時募集する**通年採用**が一般的である。

3 採用活動の変化

経営環境や労働市場の変化とともに、我が国の企業の採用活動には、

- **中途採用**、**通年採用**の定着化
- **職種別採用**
- **インターンシップ制度**

といった変化が起こっている。

職種別採用とは、新規学卒者の採用手続きで、採用区分をいくつかの特定職種に分けて行い、入社後に就くべき職種がすでに決定されているものである。**インターンシップ制度**とは、学生などが在学中に自らの専攻、将来のキャリアに関連した就業体験をする制度である。

2 配置・異動管理

R元 21

❶ ▶ 人事異動の内容

企業における人事異動は、役職や資格の上昇や下降を伴う**垂直的異動**、役職や資格の変更に関係なく行われる**水平的異動**があり、さらに次のように分かれる。

1 垂直的異動

1）昇　進

現在従事している役職より上位の役職へ異動するものである。

2）降　職

現在従事している役職より下位の役職へ異動するものである。

3）昇　格

職能資格制度における上位の資格へ異動するものである。

4）降　格

職能資格制度における下位の資格へ異動するものである。

図表 [2-3-6] **昇進と昇格**

区　分	昇　進	昇　格
定　義	役職位の上昇	資格等級の上昇
考え方	組織の都合による役割付与	能力向上による公正処遇
安定性	降職あり・柔軟な運用	原則として降格なし、安定的な運用
要　件	適性を含め昇進基準を満たす	昇格基準を満たす
定　員	あり	原則なし

2 水平的異動

1）配置転換

これまでの職種と異なる職種の部署に異動する**職種転換**や、同一職種内であるが勤務場所を変更する**勤務地転換**がある。

2）出　向

企業間の契約または企業の命令に基づき、他の企業の指揮命令を受けて勤務するために企業間を異動し、他の企業へ移ることをいう。**在籍出向**（異動元の企業との雇用関係を継続したまま、異動先の指揮命令のもとで労働サービスを提供する）と**移籍（転籍）出向**（異動元の企業との雇用関係がなくなり、異動先と新たに雇用関係を結ぶ）がある。

❷ ▶ 人事異動の目的

① 多様な職務経験による教育訓練・能力開発を目的とする異動
② 人事の停滞やマンネリ化を打破し、組織を活性化させるための異動
③ 昇進・降職・昇格・降格人事に伴う異動
④ 事業の多角化、経営合理化、技術革新などによる異動

⑤　適正配置による従業員の現有能力の有効活用のための異動

❸ ▶ 適正配置・異動のための施策 ·······················

◼ ジョブ・ローテーション制度
従業員にひとつの職務だけでなく、他のいくつかの職務を定期的、計画的に経験させる方法であり、次のような特徴がある。
　① 複数の職務を経験させることによる長期的な人材育成（経営管理者としての育成）を目的に実施される。CDPの一環として行われる場合が多い。
　② 従業員の適性発見、マンネリズム打破、モラール高揚、セクショナリズム防止が図られる。
　③ 業務の専門化は図れない。

◪ 社内公募制度
新規事業・新規プロジェクトなどで要員確保が必要な場合、広く社内公募を行う制度。応募者は直属上司を経由せずに、直接応募できるのが一般的である。

◧ キャリア開発制度（CDP）
企業の人材ニーズと従業員各人のキャリア期待をつき合わせた長期的なキャリア育成計画を個別に作り、その計画に則した配置転換や昇進を見据えたローテーションと教育訓練を行う制度である。

設 例 🖍

経営戦略や事業計画は頻繁に変化するので、キャリア開発プログラムはそうした計画とは独立に長期的視点から設計しなければならない。
H23−15　エ　（✕：CDPは経営計画の遂行のために必要な人材を育成するために設計する）

---

❹ ▶ 複線型人事制度 ·······················

複線型人事制度とは、複数のキャリアやコースを企業内に設定して、社員に選択させる制度である。単一的な人的資源管理に陥りがちな職能資格制度を補完し、従業員の価値観やキャリア志向の多様化、企業に求められる人材像の変化に対応する。

◼ 管理職と専門職／専任職
これは、従業員が非管理職から管理職へと昇格する時点で、次の3つのコースからひとつを選択させようとするものである。
- **管理職コース**：従来どおりのライン上の管理者
- **専門職コース**：特定分野における専門家で、一般的にスタッフ部門を指す

● **専任職コース**：実務知識や技能を活かす上級実務家で、一般的に現場のエキスパートを指す

2 総合職と一般職

これは、企業の中心となり、将来の管理職にもなる、転勤のある**総合職コース**と、業務の負担が少なく、また、昇進や昇格も限定された、転勤のない**一般職コース**に分けて処遇する制度である。

また、仕事内容は総合職とほぼ同等であるが、転勤のない**準総合職**というコースも見受けられる。

さらに、転勤の有無により、**全国転勤型**と**勤務地限定型**という分類もある。

3 複線型人事制度導入にあたっての留意点

● 制度内容を社員に周知徹底すること
● コース選択を行う時期を的確に定めること
● コース転換の可否および転換条件を定めること

> **複線型人事制度のメリット**
> ● コース別の教育訓練の実施による教育効果の向上と教育コストの削減
> ● 社員の役割に応じた教育による適材適所の人材配置
> ● 社員の個人的事情による転勤拒否からの退職の防止
> ● 社員の能力や個人的な事情に応じた進路選択が可能

3 退職管理

❶▶「退職」の種類

雇用管理の最終段階である**退職**には、**会社都合**のものと**自己都合**のものがある。前者には定年退職や、経営上の都合による退職があり、後者には従業員の希望によるものや死亡退職などがある。

退職管理についての中心的な内容は、一定の年齢を理由とする強制的な退職慣行としての「**定年退職制度**」であり、この制度の運用の工夫が問題となる。

❷▶定年制と継続雇用制度

1 60歳定年制

高年齢者等雇用安定法においては、定年を定める場合、「60歳」を定年の下限としているが、継続雇用制度を導入していない場合は「65歳」まで下限が引き上げられる。

2 実質的な定年延長

制度改正による一律的な定年延長のほかに、実質的に定年延長を行う方式とし

●第3章　人的資源管理

て、**勤務延長制度**と**再雇用制度**がある。この2つの制度を総称して**継続雇用**という。いずれの場合も一般的には、勤務延長後、あるいは再雇用後には賃金の低下や昇給が停止する場合が多い。

❶ 勤務延長制度

勤務延長制度とは、定年年齢はそのままとし、その定年年齢に達した者を退職させることなく引き続き雇用する制度である。

❷ 再雇用制度

定年に達した者をいったん退職させ、その後改めて雇用する制度である。

❸ 早期退職優遇制度と選択定年制度

勤務延長制度や再雇用制度は、人事の停滞や人件費の増大を招き、企業経営を圧迫する重大な要因ともなるため、企業は、「**早期退職優遇制度**」や「**選択定年制度**」の導入を盛んに進めている。両者ともほぼ同様の制度で、定年前に企業の定めた条件のもとに退職する者に対して退職金の増額、再就職の斡旋、独立の資金援助などの一定の優遇措置を講じるものである。

❹ 役職定年制

定年延長に伴う旧定年年齢や別途定めた一定の年齢で、管理職にある者を、その者が保有する専門的能力を活かせる専門職などに異動させる制度を**役職定年制**という。新陳代謝の促進による組織の活性化、人材の育成、従業員の意識改革を狙いとしており、一定の年齢になったら一律に役職を解く**一律管理職定年制**や、役職別に定年年齢を設定する**役職別定年制**がある。

❺ 出　向

本章第2節第2項で先述した。

❸▶雇用調整••

雇用調整とは、景気の悪化による仕事量の減少や、リストラクチャリングなどによる不採算事業の廃止などにより、企業が過剰となった従業員数を調整することである。

雇用調整は、一般的には以下の順序で行われる。

① 残業の規制
② パートやアルバイトの削減
③ 採用活動の停止
④ 配置転換・出向
⑤ 退職者募集
⑥ 退職勧奨など

3 人事評価（人事考課）

ここでは人事評価について学習する。人事評価の結果は、従業員の配置や異動、能力開発、報酬（賃金）に反映されるため、人事システムの中核的なサブシステムと位置づけられる。なお、ここでは人事考課という用語を使用するが、これは人事評価と同じ意味でとらえてよい。

1 人事考課の概要

❶▶人事考課の意義

人事考課とは、従業員個々人の知識、性格、職務遂行能力、適性、業績などを一定の基準に基づいて評価するものであり、評価により得られた情報を、昇進・昇格、配置・異動、能力開発・教育訓練、昇給、賞与などの管理に活用し、従業員の有効活用と適切な処遇を行うための手続きである。

❷▶人事考課の目的

人事考課の目的として、次のようなことがあげられる。

① 従業員の行動、能力、業績などを公正に評価し、その評価結果を賃金（昇給・賞与など）や昇格、役職の任命などの処遇に反映させること。能力のある人材、業績に貢献した人材を高く評価することで、従業員のモラールを向上させることになる。

② 各従業員の能力や適性を診断し、適切な教育訓練の提供や適正配置に結びつけること。

③ 各従業員が、どのような仕事に適性があるか、長期的にはどのようなキャリアを進むべきかを考え、長期的な**キャリアパス**（職務経歴）を計画すること。

❸▶人事考課の体系

人事考課は大きく、**情意評価**、**能力評価**、**業績評価**に分かれる。情意評価は、仕事に対する姿勢や勤務態度などを対象にしている。能力評価は、仕事経験や教育訓練を通して「ストック」された職務遂行能力を対象にしている。以上の2つが、いわば仕事に取り組む過程の評価であるのに対し、業績評価は、業務によって実際に生み出された（顕在化した）成果を対象にしている。

●第3章 人的資源管理

図表 [2-3-7] 人事考課のしくみ

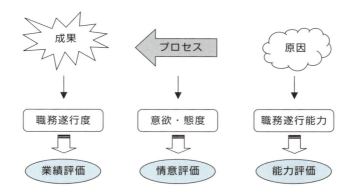

2 人事評価の基準

❶▶相対評価と絶対評価

1 相対評価

相対評価とは、評価する対象者を集団の中で比較してその優劣を決定する評価方法である。

たとえば、同一資格等級ごとに考課評定の「S」は全体の5％、「A」は15％、「B」は60％といったように決定する。

この方法は、簡単なために利用される場合が多いが、同じ業績の従業員が、所属する集団の相違により異なる評価を受けるということが発生する。

2 絶対評価

絶対評価とは、絶対的な基準を設定し、その基準をもとに評価する方法である。

たとえば、業績の達成が前年対比で120％以上ならば「S」、100％〜120％ならば「A」といったように決定する。

仮に、被考課者全員が120％以上を達成したならば、全員に「S」という優秀な評価がつくことになる。

❷▶加点主義人事考課

人事考課を実施する際に、被考課者のマイナス点を取り上げて評価するよりも、プラスの面に着目して評価していくことを**加点主義人事考課**（その逆を**減点主義人事考課**）という。

3 人事考課の課題とその対応策

R2 23

❶ ▶ 人事考課の課題（心理的誤差傾向）・・・・・・・・・・・・・・・・・・・・・・・・・・・・・・・・・・

1 人事考課を行ううえでの課題

人事考課に関しては多くの課題が指摘されているが、そのうち最大のものは「他人による評価の限界」である。これを打開するための方策には、考課者自身の能力を向上させ、心理的な誤差傾向の排除を目指す**考課者訓練**と、人事考課に被考課者を参画させる**自己申告制度**、上司以外の評価も加える**多面評価**（後述）がある。

2 考課者の心理的な誤差傾向

代表的な考課者の心理的な誤差傾向として、**ハロー効果**があげられる。ハロー効果とは、特定の要素や特徴によって全体の評価が幻惑されることをいうが、これには２つの型があるといわれている。１つは、被考課者の全体から受ける印象、あるいは先入観を重視するあまり、その全体の印象で部分的特性までも見てしまい、評価してしまうエラーである。もう１つは、何かひとつ優れた部分があると、その部分的印象だけで全体的評価をしてしまうエラーである。

ほかにも考課者が被考課者の大多数の者を標準的に評価しすぎる傾向や、考課者の評価の甘さにより評価結果が上位にシフトする傾向などがある。

❷ ▶ 自己申告制度・・

人事考課において発生する心理的誤差傾向への対応策として活用されている制度が、**自己申告制度**である。

自己申告制度とは、従業員自身に、自己の才能、能力、希望職種、希望職位などを申告させ、管理者側は、労働者の能力、欲求にできるだけ即応するように人事管理上の配慮をする制度である。

人事考課の欠点を補うとともに、従業員の適正配置や人材発掘、参加意欲やモラールを高めるという効果や、上司と部下のコミュニケーションを深める効果もある。企業が新規事業への進出などのために、社内から広く人材を募集する「**社内公募制度**」も自己申告制度のひとつといえる。

❸ ▶ 多面評価・・

多面評価とは、上司以外に、同僚や部下、関連する他部門の担当者、顧客や関係会社といった社外の人など、複数の評価者によってなされる人事考課のことである。米国ではあらゆる角度から評価するという意味で**360度評価**とよばれる。通常、評価というものは、上司から（すなわち上方から）行われるものであるが、必ずしも公正な評価がなされるとは限らない。多面評価では、複数の視点による異なる角度から評価することで、より正確な情報を得ることを目的としている。ただし、評価結果は賃金や昇進・昇格等の処遇に直接的に反映させるよりも、参考資料程度にとどめたり、被評価者の自己分析を助け、能力向上や自己啓発を促進するこ

とを狙いとすることが多い。

④▶目標管理制度···

■1 目標管理制度（MBO：Management By Objectives）

　目標管理制度とは、従業員別に毎年その年度の目標を設定し、年度末にその達成度を評価する人事評価制度であり、その基本的な手続きは次のようになる。

① 　上司は部下に次期の業務目標を提出させ、組織全体の立場から話し合い、その目標を決定する。
② 　決定された目標の達成方法は、なるべく本人の創意に任せる。
③ 　期末に部下は目標達成度を自己申告する。
④ 　上司はこれに基づいて業績評価を行い、結果を部下に面接を通じてフィードバックし、次期のための改善すべき点を示す。

　目標管理制度は、単なる査定のための道具ではなく、上司と部下とのコミュニケーションツール、また組織の目標達成や人材育成に有効なマネジメントツールでもある。

■2 面接制度

　上司と部下が、仕事の内容や年度目標、業務の進行状況や業績結果、評価結果や次年度の目標、将来のキャリアなどについて面接を行い、話し合う制度のことである。目標管理制度を導入している場合にもこの制度が導入される。

設 例

　ハロー効果とは、同じ考課者が同じ被考課者を評価しても、時間や順序が変わると異なった評価になる傾向のことをいう。
H21−20　オ　（✕：被考課者の一部の特徴によって幻惑されるといったことである）

4 報酬制度

ここでは報酬制度を学習する。報酬は大きく、金銭的報酬と非金銭的報酬の2つに分けられる。金銭的報酬としては、賃金、賞与、福利厚生、従業員持株制度、ストックオプション制度などがある。非金銭的報酬には、昇進、昇格、自己実現の場の提供、人間関係などがある。

1 賃金管理の内容

報酬制度の中心は賃金管理である。賃金管理の内容は大きく分けて賃金を適正な水準に維持する「賃金額管理」と、その賃金額を公正に配分するための「賃金制度管理」に分かれる。賃金額管理では賃金額の総額の管理や1人1人の従業員の賃金額の管理が課題となる。賃金制度管理では賃金の構成項目とその算定方法の設定(基本給と手当の構成、基本給の算定方式の設定)、賃金の計算方式の設定(時給制、日給制、月給制、年棒制等)が課題となる。またそのほかにも賞与や退職金の管理も賃金管理の対象となる。

2 賃金額管理

❶▶総額賃金管理

労働費用は、図表2-3-8に示すように、**現金賃金**と**現金以外の賃金**に分類できる。企業はこの総額労働費用を算定し、賃金総額をその一定の割合以内に収まるように管理する必要がある。

図表 [2-3-8] **総額労働費用(総額人件費)の構成(例)**

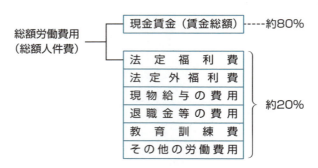

このような賃金総額を算定するもととなる総額労働費用(総額人件費)の管理に

は、労働分配率（企業が生産や販売活動によって新たに生み出した価値、つまり売上高から仕入原価や原材料費などの外部購入費用を控除した「付加価値額」に占める労働費用の割合）や人件費比率（売上高に占める人件費の割合）が基準として採用されている。これまでの自社の比率の推移を調べるとともに、同業他社や類似規模企業の比率を調査し、これらを参考にして比率を算定する。次に、経営計画などにより予定付加価値額や予定売上高を把握し、これを予定比率に乗じて予定総額を決定する。

❷▶個別賃金管理

■ 個別賃金額の決定

個別賃金額の決定は、賃金総額によるガイドラインを認識したうえで、「**モデル賃金**」（年齢、勤続年数、職務などによって標準的な労働者の賃金がどのような水準になっているかを調べたもの）を参考にしながら自社の賃金水準との賃金比較を行い、そのギャップに対する調整を図ることにより行われている。

■ 定期昇給とベースアップ

個別賃金額の調整の際には、賃金制度の仕組みに基づいた**定期昇給制度**や**ベースアップ**も考慮に入れる必要がある。

1）定期昇給

賃金表に基づいて個人別に行われ、その内容は**査定昇給**と**自動昇給**に分かれる。査定昇給とは、担当する職務の内容やそれに対する職務遂行能力などを人事考課によって査定し、その結果に基づいて決められる昇給額であり、自動昇給とは、年齢や勤続年数を経ることによって自動的に昇給する部分のことである。

2）ベースアップ

賃金表そのものの書き換えのことであり、その内容は、消費者物価の上昇や初任給の上昇に伴う調整分などによって構成されている。

❸ 賃金制度管理

❶▶賃金体系管理

■ 賃金の構成要素

現金賃金の内容を標準的な構成要素で示すと図表2−3−9のようになる。これらの賃金項目の中で、賃金体系の中心に位置づけられるのが、「**基本給**」と「**諸手当**」からなる「**所定内賃金**」である。

● 基本給：賃金の基本部分で、同一の賃金体系が適用される従業員全員に支払われるもの
● 諸手当：個々の従業員の職務と関連する勤務手当、生活補助的な意味あいをもつ生活手当、その他の手当に分かれており、それぞれ受給資格のある従業員に支給されるもの

図表 [2-3-9] 現金賃金の構成要素（例）

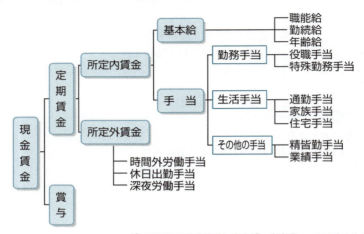

(『LECTURE労務管理』岩出博　泉文堂　p.235をもとに作成)

2 基本給の類型

基本給の類型は、**年功給**、**職務給**、**職能給**、**成果給**に分類でき、その内容は以下のとおりである。

- **年功給**：我が国で従来より一般的であったものであり、従業員の年齢、勤続年数、学歴などの属人的な要素を中心に決定される基本給
- **職務給**：職務の重要性や困難度で職務の価値づけを行い、その職務価値を基準として決定される基本給
- **職能給**：(本章第1節「人的資源管理の全体像」で先述)

また、最近では、職務の遂行の際に、どれだけその能力を発揮することができたかという観点で基本給を決定する**成果給**の導入（**成果主義的人事制度**）が進められている。

❷ 賃金形態管理

1 時間・仕事量を基準とする賃金形態の概要

賃金形態とは、賃金の計算および支払形態のことであり、賃金を支払う基準として「時間」を採用すれば、**時間給**、**日給**、**週給**、**月給**、**年俸**となり、「仕事」を採用すれば**出来高給**、**歩合給**、**業績給**となる。

一般的に、正規従業員は月給、非正規従業員は時間給や日給であることが多く、歩合給や出来高給はセールス担当者に多い。

4 報酬制度

☑ 年俸制
❶ 年俸制とは
年俸制とは、1年を単位として、年間の賃金額を決定する制度である。

賃金額の決定基準としては、前年度の業績の達成度の評価や次年度の役割や期待度などをあげることができる。したがって、この年俸制は、成果主義的な賃金制度のひとつと考えられる。

また、賃金額などの決定や業績評価においては、**目標管理制度**や**面接制度**の導入を行い、労働者と上司との話し合いを行うことが不可欠となる。

❷ 年俸制の導入理由
年俸制の導入には、以下の理由があげられる。
① 個人の業績評価を明確にする（成果主義の徹底）ため
② 目標管理制度を徹底するため
③ 経営に対する参加意識をもたせるため
④ 従業員のインセンティブの強化のため
⑤ 賃金総額の上昇を避けるため
⑥ 管理職の活性化のため
⑦ 労働者のモラール向上のため

4 賞与・退職金の管理

❶▶賞与の管理
賞与は、我が国では支給額の面では格差はあるものの、業種や規模の相違を問わず、広く支給が慣行化している。その支給目的に関しては、慣習説、功労褒賞説、生活補助説、利潤分配・成果配分説などがあるが、現実にはこれらの要素を複合した形で年2回支給されるのが一般的である。

賞与の支給金額の管理も賃金の場合と同様に「**賞与総額**」の管理と「**個別賞与額**」の管理に分けられる。

❷▶退職金の管理
退職金制度とは、さまざまな理由により労働者が企業を辞める場合に手当を支給する制度のことをいう。退職金制度が存在する意義については、企業に対する従業員の功労や勤続の報奨、賃金の報奨、賃金の後払い、退職後の生活保障、インセンティブを高めるなどさまざまな解釈がある。

5 その他の報酬制度

金銭的報酬のうち、これまで扱ってこなかった従業員持株制度、ストックオプション制度、福利厚生について取り上げる。

❶▶株式を使ったインセンティブ制度···

株式を使ったインセンティブ制度として、従業員持株制度やストックオプション制度がある。

■1 従業員持株制度

従業員が自己の勤務先の会社の株式を取得することについて、会社が何らかの便宜や経済的援助を与え、これを奨励する制度のことをいう。

■2 ストックオプション制度

ストックオプション制度とは、会社が発行する株式をあらかじめ定めた価格で取得する権利（新株予約権）を付与する制度のことをいう。

ストックオプションを有する者は、株式の買取価格よりも株価が高い場合に、ストックオプションを行使してあらかじめ定めた株価で株式を買い取り、それを第三者に売却してキャピタルゲインを得ることができるという仕組みになっている。

金銭的な報酬の原資が不足しているベンチャー企業などにおいては、ストックオプション制度の導入により、優秀な人材の確保や貢献意欲の向上を図ることが有効である。一方、ストックオプション制度の導入のデメリットとしては、ストックオプションを付与されない者のモラール低下、予想に反して株価が上昇しなかった場合のモラール低下、といったことがある。

❷▶福利厚生···

福利厚生とは、賃金など基本的労働条件とは別に、企業が従業員やその家族の福祉向上のために行うさまざまな施策のことである。福利厚生プログラムには、大きく法定福利制度と法定外福利制度がある。前者の例としては、健康保険、介護保険、厚生年金保険、雇用保険などの各種社会保険料の事業主としての負担がある。後者は企業によってさまざまであるが、住宅補助、医療・保険、社宅・寮の提供、慶弔見舞金、レクリエーションなどがその例である。福利厚生に対するニーズの多様化、雇用の流動化、コスト削減圧力などを受けて、福利厚生プログラムの見直しが迫られている。

5 能力開発

5 能力開発

ここでは、能力開発を学習する。まず、能力開発の階層別分類（個人レベルと集団レベル）について概観する。次に、能力開発の具体的な方法（OJT、Off-JT、自己啓発）について個別に学習する。最後に我が国における能力開発に関する現状の問題点について取り上げることとする。なお、「教育訓練」という呼称を使う場合もあるが、能力開発と同義と考えてよい。

1 能力開発の種類

能力開発は、階層別に個人レベルと集団レベルに分類される。

❶▶個人的教育訓練

個人的教育訓練には、大きく**階層別教育訓練**と**職種（職能）別教育訓練**がある。階層別教育訓練の例としては、新入社員教育・一般社員教育・管理者教育・経営者教育などがある。職種（職能）別教育訓練の例としては、技術者教育・セールス担当者教育・海外要員教育などがある。

❷▶集団的教育訓練

集団的教育訓練には、**ケーススタディ（事例研究）**などの**問題解決型教育訓練**、**ブレーンストーミング**などの**創造性開発型教育訓練**、**ロールプレイング（役割演技法）**などの**組織開発型教育訓練**などがある。ブレーンストーミングとは、特定の課題をグループに与え、次に示すような一定のルールのもとにさまざまなアイデアを出させる技法である。

批判厳禁（出されたアイデアを批判してはならない）、自由奔放（自由奔放なアイデアを歓迎する）、質より量（より多くのアイデアを求める）、結合改善（他人のアイデアの尻馬に乗ることを歓迎する）というルールがある。

2 能力開発の方法

教育訓練・能力開発は、その実施形態から、**OJT**、**Off-JT**、**自己啓発**の3つに分けられる。

❶▶OJT（On the Job Training）

OJTは、実際に仕事を行いながら、上司などが部下の指導を実施し、業務を行う際に必要な知識や能力を部下に獲得させる教育訓練方法であり、仕事上の実務能力を向上させるためには非常に効果が高く、能力開発の柱となるものである。

185

> **OJTのメリット・デメリット**
>
> **メリット**
> - 集団的教育訓練よりもコストが安い。
> - 従業員の個性や能力に沿ってきめ細かな教育ができる。
> - 短期間に業務上のスキルやノウハウを伝授できる。
>
> **デメリット**
> - 短期志向に陥りがちである。
> - 上司や先輩の知識や経験に教育効果が左右される。
> - 体系的な知識・技術の習得が困難である。

R元20 ❷▶**Off-JT（Off the Job Training）**

　Off-JTは、実際の業務から離れて、特別に時間と場を設けて行われる教育訓練であり、社内での集団的教育訓練や社外でのセミナーや講習会の参加などが代表的なものである。コストがかかるという難点があるが、新しい知識・技術を体系的に習得することができる。

❸▶**自己啓発**

１ 自己啓発の意義

　自己啓発とは、従業員が自分の意思で能力開発を行うものであり、個別の興味や将来必要とされる能力の開発などを自発的に実施するものである。

２ 自己啓発プログラムの例

- 通信教育講座の開設
- 公的資格や免許取得の援助
- 社外セミナーや講演会の開催、紹介
- 自主的研究会への援助
- 適切な図書・視聴覚資料の提供
- 学会参加・大学院通学

> **設　例**
>
> 　OJTは、上司や先輩が部下に対して日常的に業務上の知識や技能を指導する方法で、その成果が仕事に直接反映されやすい長所がある。
> H20－24　ウ　（**O**）

6 労働関連法規

労働関連法規とは、一般に労働者の生活・福祉の向上を目的とする法のことである。これには、労働条件・労働組合・労使関係・労働福祉・社会保険などに関する各種の法律が含まれ、労働者と使用者の関係を規律するとともにさまざまな場面での労働者の保護を図ることとなる。

ここでは、労働基準法を中心に労働者の雇用をめぐるさまざまな法律に関して解説する。

1 労働基準法（労働契約法等を含む）

❶▶労働基準法の概要

1 法の目的

労働基準法は、使用者が労働者を働かせるときに、労働条件に一定の基準を設けることで労働者を保護することを目的としている。

一般的に労働者は使用者に対して経済的に弱い立場にある。使用者が勝手に賃金や労働時間などの労働条件を決めてしまうと、労働者は不利な条件で働くことになる。

そこで労働基準法では、労働条件に一定の基準を定めて、**労働者を保護**すると同時に使用者に対してはその基準を守ることを強制している。

2 労働条件の原則

R3 24

労働基準法で定めている労働条件の基準は**最低限**のものである。

また、使用者はもちろんのこと、労働者も、この基準を理由に労働条件を低下させてはならない。

なお、労働基準法における**使用者**とは、事業主（個人事業者であれば個人事業者自身、法人であれば法人自身）または事業の経営担当者その他その事業の労働者に関する事項について、事業主のために行為をするすべての者をいい、**労働者**とは、職業の種類を問わず、事業または事務所に使用される者で、賃金を支払われる者をいう。また、**労働条件**とは、賃金、労働時間、解雇など労働者の職場におけるすべての待遇をいう。

3 労働条件の決定

労働条件は、労働者と使用者が**対等の立場**で**決定**すべきものである。

また、決定された労働条件は、**労働協約**、**就業規則**、**労働契約**といった形になるが、労働者と使用者は、それらを誠意をもって守らなければならない。

労働協約	労働組合と使用者が労働時間などについて結ぶ協定
就業規則	会社で労働者が働くうえで守るべき職場規律や賃金、労働時間などの労働条件について具体的に定めた規則
労働契約	労働者ひとりひとりが会社に入るときに使用者と取り交わす契約

❷ ▶ 労働契約

1 労働契約とは

労働契約とは、労働者が使用者に労働力を提供し、使用者がこれに対して賃金を支払うことを約束するものであるが、賃金、労働時間、休日など職場の労働条件についても、労働契約の内容として取り決められる。

労働契約は、労働者が使用者に使用されて労働し、使用者がこれに対して賃金を支払うことについて、労働者および使用者が**合意**することによって成立する。

2 契約期間

長期の労働契約による労働者の拘束という弊害をなくすため、契約期間を定める場合、一定の事業の完了に必要な期間を定めるもののほかは、最長期間は**3年**に限定されている。ただし、労働者が次のいずれかに該当する場合は**5年**の労働契約が認められる。

- 専門的な知識、技術または経験であって、高度のものとして厚生労働大臣が定める基準に該当する**専門的知識**等を有する労働者（当該高度の専門的知識等を必要とする業務に就く者に限る）
- **満60歳以上**の労働者

図表 [2-3-10] **労働契約**

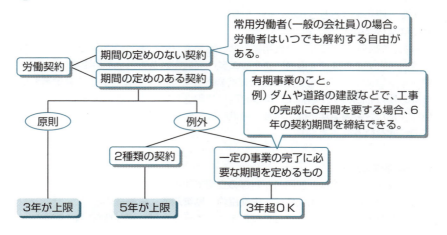

> 期間の定めのない労働契約を除き、満60歳以上の労働者との間に締結される労働契約の期間は、最長5年である。
> H30-24 ウ （〇）

❸ 有期労働契約

労働契約法等では、有期労働契約（期間を定めて締結された労働契約）に関する「雇止め（契約期間が満了し、契約が更新されないこと）」を規制するため、以下の規定を設けている。

❶ 無期労働契約への転換（無期転換申込権）

同一の使用者との間で、有期労働契約が通算で**5年**（原則）を超えて反復更新された場合は、労働者の申込みにより、無期労働契約（期間の定めのない労働契約）に転換できる（使用者は拒否できない）。

ただし、有期労働契約とその次の有期労働契約の間に、無契約期間（**クーリング期間**）が**6カ月**以上（原則）あるときは、通算期間がリセットされる。

なお、有期雇用特別措置法（専門的知識等を有する有期雇用労働者等に関する特別措置法）により、下記の者については、事業主が雇用管理措置に関する計画を作成し、**都道府県労働局長の認定**を受けた場合、無期転換申込権は発生しない（無期労働契約に転換できない）。

① 専門的知識等を有する有期雇用労働者（**高度専門職**）
　高収入で、かつ高度の専門的知識等（公認会計士・弁護士等）を有し、その高度の専門的知識等を必要とし、5年を超える一定の期間内に完了する業務（特定有期業務）に従事する者。ただし、無期転換申込権が発生しない期間の上限は、**10年**である。

② 定年に達した後引き続いて雇用される有期雇用労働者（**継続雇用の高齢者**）
　定年前の事業主（子会社や関連会社を含む）に定年後引き続いて雇用される期間は、無期転換申込権は発生しない（上限なし）。

❷ 有期労働契約の更新等（雇止め法理）

有期労働契約の反復更新により無期労働契約と実質的に異ならない状態で契約が存在している場合、または有期労働契約の期間満了後の雇用継続につき、合理的期待が認められる場合には、雇止めが客観的に合理的な理由を欠き、社会通念上相当であると認められないときは、**有期労働契約が更新**（締結）されたとみなされる。

H30 26
H30 27

❸ ▶ 就業規則 ··

■ 記載事項

常時**10人**以上の労働者を使用する使用者は、**就業規則**を作り、所轄**労働基準監督署長**に届け出なければならない。

❶ 絶対的必要記載事項：必ず記載しなければならない事項

① 　始業および終業の時刻、**休憩時間**、**休日**、**休暇**ならびに労働者を2組以上に分けて交替に就業させる場合においては就業時転換に関する事項

② 　**賃金**（臨時の賃金等を除く）の決定、計算および支払の方法、賃金の締切りおよび支払の時期ならびに昇給に関する事項

③ 　**退職**に関する事項（解雇の事由を含む）

❷ 相対的必要記載事項：定めがあるときは記載しなければならない事項

① 　**退職手当**の定めをする場合においては、適用される労働者の範囲、退職手当の決定、計算および支払の方法ならびに退職手当の支払の時期に関する事項

② 　**臨時の賃金**等（退職手当を除く）および最低賃金額の定めをする場合においては、これに関する事項

③ 　労働者に食費、作業用品その他の負担をさせる定めをする場合においては、これに関する事項

④ 　安全および衛生に関する定めをする場合においては、これに関する事項

⑤ 　職業訓練に関する定めをする場合においては、これに関する事項

⑥ 　災害補償および業務外の傷病扶助に関する定めをする場合においては、これに関する事項

⑦ 　表彰および制裁に関する定めをする場合においては、その種類および程度に関する事項

⑧ 　その他、その事業場の労働者のすべてに適用される定めをする場合においては、これに関する事項

❸ 任意的記載事項：使用者が任意に記載することができる事項

② 作成手続

使用者は、就業規則の作成または変更について、当該事業場に労働者の過半数で組織する労働組合がある場合においてはその労働組合、労働者の過半数で組織する労働組合がない場合においては労働者の過半数を代表する者**意見を聴かなければならない**。さらに、就業規則は労働者に周知させなければならない。

③ 効 力

就業規則は、法令または当該事業場について適用される労働協約に反してはならない。

[2-3-11] 法令・労働協約・就業規則・労働契約の優先順位

(優先順位)
①法令＞②労働協約＞③就業規則＞④労働契約
強 ←――――――――――――――――→ 弱

※ たとえば、労働基準法に定める基準に達しない労働条件を定める労働契約は、その**部分については無効**となる（基準に達している部分は有効である）。この場合において、無効となった部分は、労働基準法で定める基準が適用される。なお、後に触れる労使協定はどこにも該当しない。

❹▶労働時間・休憩・休日

1 労働時間

労働時間とは、労働者が使用者の指揮命令の下に置かれている時間をいい、労働時間にあたるか否かは客観的に判断され、就業規則などで労働時間とされた時間がそのまま法律上も労働時間と扱われるわけではない。

2 法定労働時間

労働基準法では、労働者の保護という観点から1日および1週間の労働時間を限定している。使用者は、定められた労働時間を超えて労働者を働かせてはならない。

- **1日の法定労働時間**の上限は、休憩時間を除いて**8時間**と定められている。
- **1週間の法定労働時間**の上限は、原則**40時間**（休憩時間を除く）と定められているが、次にあげる事業については、特例として1週間の法定労働時間は**44時間**とされている。

常時使用する労働者の数が10人未満	商業（販売、保管、理容などの事業）…コンビニ、倉庫、理髪店など
	映画・演劇業（映画の製作の事業を除く）…映画館など
	保健衛生業…病院、診療所など
	接客娯楽業…旅館、飲食店、ボウリング場など

図表 [2-3-12] 法定労働時間と所定労働時間

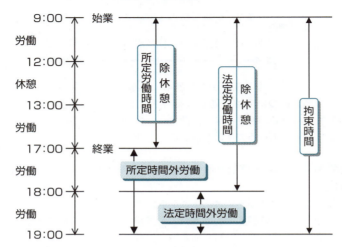

※ 所定労働時間とは、労働協約、就業規則等に定められた始業時刻から終業時刻までの時間より所定の休憩時間を差し引いた労働時間のことである。

3 変形労働時間制

仕事の性質上、特定の日または特定の週について労働時間が1日8時間1週40時間の制限内に収まらない場合には、一定の条件のもとで**変形労働時間制**をとることが認められている。

変形労働時間制は、労働時間を弾力化し、仕事の繁閑に応じた労働時間の配分を行うことによって実質的な労働時間を短縮することを目的としている。

変形労働時間制には、次の4つの種類が認められている。

❶ 1年単位の変形労働時間制

1カ月を超え、1年以内の一定期間を平均して、1週間の労働時間が40時間を超えない限り、ある日／週の労働時間が8時間／40時間を超えてもよいという制度。

❷ 1週間単位の非定型的変形労働時間制

1週間の労働時間が40時間を超えない限り、ある日の労働時間を8時間を超え、延長できる制度（常時使用している労働者が**30人未満**の**小売業**、**旅館**、**料理店**、**飲食店**に限る）。

❸ フレックスタイム制

清算期間（労働者が労働すべき時間が定められた期間）を平均して、1週間の労働時間が法定労働時間を超えないという制約のもとで、始業および終業の時刻を**労**

労働者が自主的に決定できる制度。

❹ 1カ月単位の変形労働時間制

R3 25
H29 27

1カ月以内の一定期間を平均して、1週間の労働時間が法定労働時間を超えない限り、ある日／週の労働時間が8時間／法定労働時間を超えてもよいという制度。

 [2-3-13] **変形労働時間制**

種類	1年単位	1週間単位	フレックスタイム	1カ月単位
変形期間	1カ月超 1年以内	1週間	清算期間 （「3カ月」以内）	1カ月以内
手続	労使協定 ＋ 届出	労使協定 ＋ 届出	就業規則等 ＋ 労使協定※	労使協定 ＋届出 or 就業規則等
週平均労働時間	40時間	40時間	40時間 （44時間）	40時間 （44時間）
労働時間の限度 1日	10時間	10時間	（上限なし）	（上限なし）
労働時間の限度 1週	52時間	40時間	（上限なし）	（上限なし）

※ 清算期間が1カ月超3カ月以内の場合、届出が必要となる。

> **設例**
>
> フレックスタイム制は、始業及び終業の時刻の両方を労働者の決定に委ねることを要件としておらず、始業時刻又は終業時刻の一方についてのみ労働者の決定に委ねるものも含まれる。
> H29-27 エ（✕：フレックスタイム制では、始業および終業の時刻（の両方）を労働者の決定に委ねなければならない）

> **設例**
>
> フレックスタイム制は、一定期間の総労働時間を定めておき、労働者がその範囲内で各日の始業及び終業の時刻を選択して働くことにより、労働者が仕事と生活の調和を図りながら、効率的に働くことを可能とする制度であって、当該一定期間は1か月を超えることはできない。
> R2-25 ア（✕：フレックスタイム制の清算期間は1カ月を超えてもよく、3カ月以内の期間まで認められる）

❹ 休　憩

❶　休憩時間

休憩時間は、原則、

- 労働時間が**6時間超～8時間以内**の場合：**45分**以上
- 労働時間が**8時間超**の場合　　　　　：**1時間**以上

与えなければならない。

❷　休憩の与え方（原則）

① 労働時間の途中に与えなければならない。
② 一斉に与えなければならない。
③ 自由に利用させなければならない。

設　例

　使用者は、所定労働時間が5時間である労働者に1時間の時間外労働を行わせたときは、少なくとも45分の休憩時間を労働時間の途中に与えなければならない。

H28-23　イ　（✕：1日の労働時間が6時間を超えていないため、労働基準法上の休憩時間は発生しない）

---

❺ 休　日

　使用者は、労働者に**毎週少なくとも1回**の休日を与えなければならないが、例外として、4週間を通じて4日以上の休日を与える**変形休日制**も認められている。

❻ 時間外労働・休日労働

❶　時間外労働・休日労働が可能な場合

　労働基準法は原則として、週または1日の法定労働時間を超えて労働させることや、少なくとも毎週1回（または4週に4日以上）の休日に労働させることを禁止している。

　しかし、災害の発生や業務の都合上、労働時間を延長し、または休日に労働者を働かせなければならない場合もあり得るため、次の場合には、時間外または休日に労働させることが認められている。

- 非常災害の場合（所轄労働基準監督署長の許可が原則必要）
- 公務のために臨時の必要がある場合
- **労使協定**（36協定）による場合

●第3章　人的資源管理

6　労働関連法規

❷　36協定　`R3 25` `R2 24`

　労使の間で書面の協定を結んで所轄労働基準監督署長に届け出れば、法定労働時間を超えて働かせたり、法定休日に働かせたりすることが可能である。この協定は、労働基準法第36条に定められているため、「**36協定**」といわれている。

> 第36条（時間外および休日の労働）
> 使用者は、当該事業場に、労働者の過半数で組織する労働組合がある場合においてはその労働組合、労働者の過半数で組織する労働組合がない場合においては労働者の過半数を代表するものとの書面による協定をし、それを行政官庁（所轄労働基準監督署長）に届け出た場合においては、第32条から第32条の5までもしくは第40条の労働時間または第35条の休日に関する規定にかかわらず、その協定で定めるところによって労働時間を延長し、または休日に労働させることができる。（後略）

❸　時間外労働の上限　`R2 24`

　時間外労働の上限は、新たな技術、商品または役務の研究開発に係る業務など一部の業務・事業を除き、原則として、月45時間、年360時間（いずれも休日労働時間を除く）であるが、通常予見することのできない業務量の大幅な増加等に伴い臨時的に限度時間を超えて労働させる必要がある場合には年720時間（休日労働時間を除く）、単月100時間未満（休日労働時間を含む）、複数月平均80時間（休日労働時間を含む）となる。

図表　[2-3-14]　**時間外労働の上限**

	原則	通常予見することのできない業務量の大幅な増加等に伴い臨時的に限度時間を超えて労働させる必要がある場合
1カ月	45時間（休日労働時間を除く） （※42時間　休日労働時間を除く）	100時間未満（休日労働時間を含む）
1年	360時間（休日労働時間を除く） （※320時間　休日労働時間を除く）	720時間（休日労働時間を除く）
共通の制限	単月100時間未満（休日労働時間を含む） 複数月平均80時間（休日労働時間を含む）	

※　対象期間が3カ月を超える1年単位の変形労働時間制を適用した場合

195

> **設 例**
>
> 時間外労働の限度時間は、原則として1か月について45時間及び1年について360時間（対象期間が3か月を超える1年単位の変形労働時間制にあっては、1か月について42時間及び1年について320時間）である。
>
> R2－24　イ　（**○**）

7　みなし労働時間制

みなし労働時間制には、**事業場外労働のみなし労働時間制**と、**裁量労働に関するみなし労働時間制**があり、裁量労働に関するみなし労働時間制は、**専門業務型**と**企画業務型**に分類される。

❶　事業場外労働のみなし労働時間制

労働者が労働時間の全部または一部について事業場外で業務に従事した場合において、**労働時間を算定し難い**ときは、原則として、**所定労働時間**労働したものとみなすこととなる。ただし、その業務を行うにあたり、通常所定労働時間を超えて労働することが必要である場合、当該業務の遂行に通常必要とされる時間労働したものとみなされる。

H29 27　**❷　専門業務型裁量労働制**

新商品の研究開発などその業務を行う方法や時間配分などを労働者の裁量に委ねる必要があるため、使用者が具体的な指示をすることが**困難**な業務を「**裁量労働**」という。

専門業務型裁量労働制の場合、裁量労働にたずさわる労働者の労働時間については、労使協定で定められた時間労働したものとみなされる。専門業務型裁量労働制を採用するためには**労使協定**を結ばなければならない。また、当該協定は所轄**労働基準監督署長に届け出**なければならない。次の業務などが対象となる。

① 新商品、新技術の研究開発などの業務
② 情報処理システムの分析または設計の業務
③ 新聞・出版事業の記事もしくは放送番組の制作のための取材・編集の業務
④ 衣服等の新たなデザインの考案の業務
⑤ プロデューサーまたはディレクターの業務
⑥ コピーライターの業務
⑦ 公認会計士の業務
⑧ 弁護士の業務
⑨ 建築士の業務
⑩ 中小企業診断士の業務　など

●第3章　人的資源管理

6 労働関連法規

❸ 企画業務型裁量労働制

H29 27

　企画業務型裁量労働制は、事業の運営に関する事項についての**企画、立案、調査および分析の業務**であって、当該業務の性質上これを適切に遂行するためには、その遂行方法を大幅に労働者の裁量に委ねる必要があるため、当該業務の遂行の手段および時間配分の決定などに関し、使用者が具体的な指示を**しない**こととする業務が対象となる。また、対象となる労働者は、当該業務を適切に遂行するための知識、経験などを有する労働者に限られる。

　企画業務型裁量労働制を採用するためには、事業場に**労使委員会**を設置し、その委員の**4/5以上**の多数による決議および**対象労働者の同意**を得ること等をし、その決議を所轄**労働基準監督署長に届け出る**ことが必要である。

　※　労使委員会とは、賃金、労働時間その他の当該事業における労働条件に関する事項を調査審議し、事業主に対し当該事項について意見を述べることを目的とする委員会（使用者および当該事業場の労働者を代表する者を構成員とするものに限る）をいう。

設 例

　専門業務型裁量労働制については、適用される労働者の個別の同意を得ることは要件とされていないが、企画業務型裁量労働制については、適用される労働者の個別の同意を得なければならない。
　H29-27　ウ（**○**：専門業務型裁量労働制の対象業務は、適用される労働者の対象が明確なため、労働者の個別の同意は不要とされている。それに対し、企画業務型裁量労働制は、適用される労働者の対象が曖昧なため、個別の同意が必要とされている）

---

8 年次有給休暇

R元 22

❶　年次有給休暇とは

　労働基準法では、労働者の心身の疲労を回復させ、労働力の維持を図るため、法定の休日のほかに毎年一定の日数の休暇を有給（休暇中の賃金を支払う）で与える権利を定めている。これを「**年次有給休暇**」という。

❷　年次有給休暇の発生要件

　年次有給休暇の発生要件は、
- 　雇入れの日から**6カ月間継続して勤務**していること
- 　その全労働日の**8割以上出勤**していること

の2点である。

　全労働日とは、労働契約により労働する義務のある日をいう。一般的には、6カ月（または1年）の総暦日数から所定の休日（就業規則などで定められているその

197

職場の休日）を引いたものが全労働日となる。使用者の責任で休業した日やストライキによる休業の日などは、全労働日から除かれる。また、次の場合に関しては、出勤したものとみなされる。

- 業務上の負傷または疾病による療養のための休業期間
- 育児休業または介護休業をした期間
- 産前産後の休業期間（原則として、産前6週間〔女性の請求必要〕および産後8週間）
- 年次有給休暇として休んだ期間

❸ 年次有給休暇の付与方法

原則として、**6カ月間**継続勤務し、全労働日の**8割以上**出勤した労働者には、**10日の有給休暇**を与えなければならない。以後、勤続1年経過するごとに、一定の日数を加算した有給休暇を与えなければならない。

図表 [2-3-15] **有給休暇を付与すべき日数**

勤続年数	6カ月	1年 6カ月	2年 6カ月	3年 6カ月	4年 6カ月	5年 6カ月	6年 6カ月以上
付与日数	10日	11日	12日	14日	16日	18日	20日

前年度（当初は6カ月）の出勤率が8割に満たないときは、その年度は有給休暇を新たに付与する必要はない。

❹ 年次有給休暇を与える時季

年次有給休暇は、原則として労働者の請求する時季に与えなければならない。ただし、請求された時季に休暇を与えると事業の正常な運営を妨げる場合には、使用者はその時季を変更することが認められている。

❺ 年次有給休暇の取得パターン

年次有給休暇の取得パターンは、①労働者が取得する時季を指定する方法、②労使協定による計画的付与（労使協定により、取得の時季を指定する方法。ただし、労働者が保有する年次有給休暇のうち5日を超える部分に限る（＝最低5日は①のために残す））、③使用者が取得の時季を指定する方法がある。

このうち③は、年次有給休暇の付与日数が10日以上である労働者が対象となる。この対象労働者に対して、使用者は、**年5日**について、年次有給休暇の取得の時季を指定しなければならない。ただし、上記①②によって年次有給休暇の取得時季が指定された場合は、その日数の合計を5日から差し引く。つまり、使用者は、年に最低5日間は、労働者に年次有給休暇を取得させなければならない。

6　労働関連法規

9 適用除外
R元 22

労働基準法では、次の者（「法41条該当者」という）については、労働時間、休憩、休日に関する規定は適用しないこととしている（注：年次有給休暇および深夜業の規定は適用される）。

- 農水産業従事者
- 管理監督者
- 機密の事務を取り扱う者（秘書など）
- 監視断続的労働従事者（宿日直勤務者など）であって、使用者が所轄労働基準監督署長の許可を受けたもの

ただし、**管理監督者**については、職制上の役職者がすべて該当するわけではなく、経営者と一体的な立場であるなどの実態的な基準により該当するかを判断する。

設 例

　使用者は、要件を満たした労働者に年次有給休暇を付与しなければならないが、労働基準法第41条に定められた監督若しくは管理の地位にある者又は機密の事務を取り扱う者は、この対象から除かれる。
R元-22　ウ（✕：法41条該当者であっても、深夜業および年次有給休暇の規定は適用される）

---

10 高度プロフェッショナル制度

職務の範囲が明確で一定の年収を有する労働者が、高度の専門的知識等を必要とする業務（金融商品の開発業務、金融商品のディーリング業務、アナリスト業務、コンサルタント業務、新技術・商品・役務の研究開発業務）に従事する場合に、年間104日の休日を確実に取得させること等の健康確保措置を講じること、**労働者本人の同意**および**労使委員会の決議**（4／5以上の多数による決議＋届出）等を要件として、労働時間、休憩、休日、**深夜**の割増賃金の規定を適用除外とする特定高度専門業務・成果型労働制（高度プロフェッショナル制度）が設けられている（注：年次有給休暇の規定は適用される）。

5 ▶ 解　雇
H30 24

1 解　雇
H30 27

解雇は、客観的に合理的な理由を欠き、社会通念上相当であると認められない場合は、その権利を濫用したものとして、無効となる。

2 解雇制限
R3 27

使用者は、原則として、次の期間内にある労働者を解雇することができない。
H29 25

① **業務上**の負傷、疾病により、療養のために**休業する期間**とその後**30日間**

199

② **産前産後休業期間とその後30日間**

労働者が病気などで働くことができない、あるいは体調が十分ではないときに解雇されると、生活が困難になる。そこで、労働基準法ではこのような状態にある労働者が解雇されないように保護している。

なお、以下の場合、解雇制限期間中の者であっても、例外的に解雇が認められる。

① 業務上の傷病により療養している労働者が療養開始後**3年**を経過しても傷病が治らない場合において、平均賃金の1,200日分の**打切補償**を行った場合

② 天災事変その他やむを得ない事由のために事業の継続が**不可能**となった場合で、所轄労働基準監督署長の**認定**を受けた場合

R3 27
H29 25

3 解雇の予告

労働基準法では、労働者が突然解雇されて生活不安に陥らないように、使用者が労働者を解雇しようとするときは一定の手続をとるように義務づけている。

使用者が労働者を解雇しようとするときは、原則として次のいずれかの手続（併用可）が必要になる。

① 少なくとも**30日前に解雇予告**をする。

② **30日分以上の平均賃金**（解雇予告手当）を支払う。

なお、解雇予告の規定は、一定の労働者（解雇予告の適用除外者）には適用されないが、それぞれ一定の期間を超えて引き続き使用されるに至った場合には適用される。以上をまとめると、図表2-3-16のようになる。

図表 [2-3-16] 解雇予告の適用除外者等

解雇予告の適用除外者	解雇予告が必要となる場合
日日雇い入れられる者	**1カ月**を超えて引き続き使用されるに至った場合
2カ月以内の期間を定めて使用される者	**所定の期間**を超えて引き続き使用されるに至った場合⇒たとえば、「1カ月」の期間を定めた場合は、「1カ月」を超えたら必要となる（「2カ月」ではない）
季節的業務に4カ月以内の期間を定めて使用される者	
試の使用期間（試用期間）中の者	**14日**を超えて引き続き使用されるに至った場合

また、予告なしで解雇できるのは、次の場合である（ただし、所轄労働基準監督署長の認定が必要）。

① 天災事変などによる事業の継続が**不可能**となった場合

② **労働者の責**に帰すべき事由がある場合（重大な経歴詐称、賭博・風紀紊乱_{びんらん}など）

●第3章　人的資源管理

6　労働関連法規

> ┌─ 設 例 ──────────────
> 　会社が定める試用期間中の労働者については、労働基準法第20条に定める
> 解雇予告に関する規定は適用されることはない。
> H29−25　ア（✕：「試の使用期間中の者」については解雇予告の規定は適用
> されないが、その者が14日を超えて引き続き使用されるに至った場合には、
> 解雇予告の規定が適用される）

❻▶賃　金

　賃金は労働者にとって生活の糧となるものであるから、労働基準法ではその保護
規定を設けている。なお、賃金とは、賃金、給料、手当、賞与その他名称のいかん
を問わず、労働の対償として使用者が労働者に支払うすべてのものをいう。

1 賃金の支払

　賃金が確実に労働者本人に渡るよう、賃金の支払方法について**5つの原則**が定め
られている。

R3 26
H29 26

図表　[2−3−17]　**賃金支払の5原則と例外**

	5　原　則		例　　外
①	通貨払	賃金は通貨で支払わな ければならない	通貨以外でも可 　通勤定期乗車券等の現物支給（労 　働協約必要） 　賃金、退職金を銀行などに振り込 　む方法（労働者の同意必要）
②	直接払	賃金は労働者に直接支 払わなければならない	労働者が病気で欠勤している場合に その家族等の使者に支払うことは可
③	全額払	賃金は全額支払わなけ ればならない	賃金から控除できるもの 　社会保険料など（法令に定めあり） 　社宅等の費用（労使協定必要）
④	毎月1回以上払	賃金は毎月1回以上支 払わなければならない	毎月支払われない賃金 　退職金、賞与など
⑤	一定期日払	賃金は毎月一定の期日 に支払わなければなら ない	一定の期日に支払われない賃金 　退職金、賞与など 　非常時払い

201

> **設 例** ✏

　賃金はその全額を労働者に支払わなければならないのが原則であるが、法令で定められている源泉所得税や社会保険料などは賃金からの控除が認められている。
　H27-22　イ　(**○**：法令の定めによる源泉所得税や社会保険料の賃金からの控除は、全額払の原則の例外とされている)

> **設 例** ✏

　使用者が賃金を労働者の銀行口座への振込みによって支払うためには、当該労働者の同意を得なければならない。
　H29-26　ア (**○**：賃金は通貨で支払わなければならないのが原則であるが(通貨払の原則)、労働者個人の同意を得た場合には、例外として、労働者が指定する銀行等への振込みによって支払うことが認められる)

H30 25　**2 割増賃金**

　労働者に**時間外労働**、**休日労働**、**深夜労働**をさせた使用者は、**割増賃金**を支払わなければならない。割増賃金の対象となるのは、次の場合である。

- ● **時間外労働**：**法定労働時間**を超えて労働させた場合
- ● **休 日 労 働**：**法定休日**に労働させた場合
- ● **深 夜 労 働**：**深夜**の時間帯 (原則：**午後10時から午前5時まで**) に労働させた場合

　割増賃金の額は、通常の労働時間または労働日の賃金に次の率を掛けて割り増しした額となる。

図表 [2-3-18]　**割増賃金率**

時間外労働	2割5分以上
休日労働	3割5分以上
深夜労働	2割5分以上
時間外労働+休日労働	3割5分以上 (注：「6割以上」ではない)
時間外労働+深夜労働	5割以上
休日労働　+深夜労働	6割以上

202　●第3章　人的資源管理

6 労働関連法規

　なお、1カ月に**60時間**を超える時間外労働については、超えた部分の法定割増賃金率が**5割**以上となる。ただし、この規定は中小企業では令和5年4月1日から適用される。

> **設　例**　✎
>
> 　就業規則により1日の勤務時間が午前9時から午後5時まで（休憩時間1時間）と定められている事業所で、労働者に午後5時から午後6時まで「残業」をさせた場合、労働基準法第37条の定めにより、この1時間についての割増賃金を支払わなければならない。
> H27-22　ア　（✕：1日の法定労働時間（8時間）を超えていないため、労働基準法上の時間外労働に対する割増賃金は発生しない）

🔳 平均賃金

H30 27

　平均賃金とは、原則として、「算定すべき事由の発生した日以前3箇月間にその労働者に対し支払われた賃金の総額」を、「その期間の総日数（総暦日数）で除した金額」のことをいう（ただし、業務上の傷病による休業期間や産前産後の休業期間等については、その期間およびその期間中の賃金は控除する）。

　平均賃金は、前述の解雇予告手当のほか、**休業手当**（使用者の責めに帰すべき事由によって休業する場合、休業中の労働者に支払わなければならない平均賃金の100分の60以上の手当のこと）などでも用いられる。

❼▶時　効

　従来、労働基準法では、退職手当の請求権は5年間、その他の請求権（退職手当以外の賃金、年次有給休暇の取得等）は2年間という消滅時効期間を定めていた。

　これが、令和2年4月1日施行の改正労働基準法により、**退職手当以外の賃金の請求権**の消滅時効期間は、従来の2年間から、当分の間**3年間**に延長された。なお、退職手当の請求権の消滅時効期間は改正されておらず、賃金の請求権以外の請求権（年次有給休暇の取得等）の消滅時効期間も改正されていない。

〈令和2年4月1日以降における労働基準法の消滅時効期間のまとめ〉
・退職手当の請求権：5年間
・退職手当以外の賃金の請求権：3年間（当分の間）
・その他の請求権（年次有給休暇の取得等）：2年間

2 労働組合法

❶▶法の目的

労働組合法は憲法で保障されている**労働三権**を具体的に規定した法律であり、労働組合法の目的や定義、団体交渉の権限、不当労働行為の禁止、正当な労働争議行為に関する損害賠償義務の免除、労働協約、労働委員会について規定している。

なお、労働三権とは、団結権、団体交渉権、団体行動権（争議権）のことをいう。

❷▶労働組合

労働組合とは**労働者が主体**となって、**自主的**に労働条件の維持・改善その他経済的地位の向上を図ることを主な目的とする団体のことである。

❸▶不当労働行為

不当労働行為とは、労働組合運動に対する使用者の妨害行為のことで、労働者または労働組合の救済申立てによって**労働委員会**（労使間の紛争について、適切な調整や救済を行う行政機関で、公益、労働者、使用者の3者で構成される）の審査が開始されることになっている。

使用者が、次にあげる行為をした場合には、不当労働行為となる。

1 不利益な取扱い

労働者が、

- 労働組合の組合員であること
- 労働組合に加入し、または結成しようとしたこと
- 労働組合の正当な行為をしたこと
- 労働委員会に対し使用者の不当労働行為救済の申立てをしたこと
- 中央労働委員会に対し救済命令に対する再審査の申立てをしたこと
- 労働委員会の調査・審問などに対し証拠を提示し、または発言したこと

を理由として、労働者を解雇または不利益な取扱い(減俸、昇給停止など)をすること。

2 黄犬契約の締結

労働者が労働組合に加入しないこと、または労働組合から脱退することを雇用条件とすること。

3 団体交渉拒否

使用者が雇用する労働者の代表者と団体交渉をすることを正当な理由がなく拒むこと。

4 支配介入

労働者が労働組合を結成し、運営することを支配し、介入すること。

6　労働関連法規

5 経理上の援助

労働組合の運営のための経費の支払につき、経理上の援助を与えること。ただし、**最小限**の広さの事務所の供与などについては不当労働行為とならない。

❹▶労使協定と労働協約

労使協定と労働協約は、図表2−3−19のような違いがある。

図表 [2−3−19]　**労使協定と労働協約**

	労使協定	労働協約
定義	労働者と使用者の間における、労働条件に関する協定	労働組合と使用者の間における、労働組合の組合員たる労働者の労働条件に関する協定（協約）
当事者	労働者の過半数で組織する労働組合、もしくは労働者の過半数を代表する者と使用者	労働組合と使用者
義務	一定の労働条件については、労働基準法（等）で締結や届出が義務	労働組合法では義務とされない

※　労働基準法上の労使協定は、その協定に定めるところによって労働させても労働基準法に違反しないという「免罰効果」（のみ）をもつものであって、それ以上の効力があるわけではない。したがって、労使協定は法令や労働協約、就業規則などと性格が異なるため、これらと優先順位を争うものではない。

3 労働安全衛生法

❶▶法の目的

労働安全衛生法の目的は、労働災害を防止し、労働者の安全と健康の確保や快適な職場環境の形成を促進することにある。

事業者などは労働災害を防止するための最低基準を守るだけでなく、快適な職場環境の実現・労働条件の改善を通じて職場での労働者の安全と健康を確保し、国が行う労働災害防止の施策に協力する義務がある。

❷▶安全衛生管理等

1 安全衛生管理体制

労働災害を防止し安全衛生を管理する責任は本来事業者にあるが、事業者の管理だけでは必ずしも十分でないため、一定規模以上の事業場では、労働者などに一定の役割を分担させて安全衛生の管理を行わせることにしている。

図表 [2-3-20] **安全衛生管理体制**

```
総括安全衛生管理者 ─────────────── 産 業 医
・安全管理者、衛生管理者を指揮              ・事業場の労働者の健康を管理
・事業場の安全衛生に関する業務を統括管理      ・業種を問わず、常時50人以上
・一定規模以上の事業場で選任される安全衛       を使用している事業場で選任
 生の最高責任者                              が義務づけられている
    │
    ├─ 安全管理者 ・安全衛生に関する業務のうち、安全に
    │              かかわる技術的事項を管理
    │            ・建設業・製造業などで常時50人以上の
    │              事業場では選任の必要あり
    │
    └─ 衛生管理者 ・安全衛生に関する業務のうち、衛生に
                   かかわる技術的事項を管理
                 ・業種を問わず、常時50人以上の事業場
                   では選任の必要あり
```

2 健康診断

事業者は、作業環境測定を行って仕事場の衛生状態を管理するだけでなく、労働者の健康を保持増進するために**健康診断**を行って労働者個々人の健康状態を管理する義務があり、労働者も自己管理に努めるため、健康診断を受ける義務がある。

事業者は、法定の健康診断の結果に基づき、健康診断個人票を作成し、**5年間**保存しなければならない。

図表 [2-3-21] **労働者の健康管理と安全衛生の措置（一般健康診断[1]）のまとめ**

種類	対象となる労働者	実施時期
雇入時の健康診断	常時使用する労働者	雇入れの際[2]
定期健康診断	常時使用する労働者（特定業務従事者を除く）	1年以内ごとに1回
特定業務従事者の健康診断	多量の高熱物体を取り扱う業務等の特定業務に従事する労働者	配置替えの際、および6カ月以内ごとに1回
海外派遣労働者の健康診断	海外に6カ月以上派遣する労働者	海外に6カ月以上派遣する際、および帰国後国内業務に就かせる際
給食従業員の検便	事業に附属する食堂または炊事場における給食の業務に従事する労働者	雇入れの際、または配置替えの際

※1 ほかにも「特殊健康診断」などがあるが、ここでは割愛する。
※2 医師による健康診断を受けてから**3カ月**を経過しない者が当該診断結果を証明する書面を提出したときは、当該健康診断で実施された項目については省略可能。

6　労働関連法規

> ## 設例
>
> 　事業場の常時使用労働者数にかかわらず、事業者は、常時使用する労働者を雇い入れた際に健康診断を実施しなければならない。ただし、雇い入れ日以前３カ月以内に医師による健康診断を受けた労働者が、その診断結果の証明書類を提出した場合には実施を省略できる。
> H28-25　ア　(○：雇入時の健康診断は、医師による健康診断を受けてから３カ月を経過しない者が当該診断結果を証明する書面を提出したときは、当該健康診断で実施された項目については省略することができる)

3 医師による面接指導　　　　　　　　　　　　　　　　　　　　　　　R元 23

　労働安全衛生法により、事業者には、過重労働による健康障害を防止するため、長時間労働者に対する面接指導を実施する義務が課せられている。
　具体的には、原則として、①休憩時間を除き一週間当たり40時間を超えて労働させた場合におけるその超えた時間が１月当たり**80時間**を超え、かつ、②疲労の蓄積が認められる労働者が**申し出た**場合、医師による面接指導を行わなければならない。なお、研究開発業務従事者および高度プロフェッショナル制度適用者については、一定の要件を満たした場合、労働者の申出がなくても、医師による面接指導を行わなければならない。
　また、事業者は、当該面接指導の結果の記録を作成し、**5年間**保存しなければならない。

> ## 設例
>
> 　事業者は、その使用する労働者について、週40時間を超えて労働させた時間が１月当たり45時間を超え、かつ疲労の蓄積が認められる者であって、当該労働者が申し出た場合、医師による面接指導を行わなければならない。
> R元-23　エ　(✕：医師による面接指導の対象となる労働者は、原則として、①休憩時間を除き一週間当たり40時間を超えて労働させた場合におけるその超えた時間が１月当たり「80時間」を超え、かつ、②疲労の蓄積が認められる者である)

207

4 労働保険

❶▶労働者災害補償保険法

1 法の目的
労働者災害補償保険法の目的は、
① **業務災害等（業務災害、複数業務要因災害）** の補償（保険給付）
② **通勤災害**の補償（保険給付）
③ 社会復帰促進等事業の実施

である。なお、ほかに**二次健康診断等給付**という保険給付がある。

2 労災保険制度の仕組み
労災保険は、労働者が業務上または通勤により負傷などをした場合に、その治療費や休業補償をカバーするためのものであり、図表2－3－22のような関係になっている。
- 保険者（労災保険管掌者）：政府
- 保険加入者：企業（原則として、労働者を1人でも使用する事業は、事業主の意思にかかわらず適用事業となる）。なお、労災保険では労働者は被保険者とならない。
- 受給権者：けがなどをした労働者（死亡の場合は遺族）

[2－3－22] **労災保険の関係**

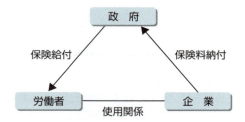

3 業務災害等と通勤災害
1）業務災害等
労災保険は業務上の負傷・疾病等を対象とする。業務外の負傷・疾病等については健康保険の対象となる。なお、令和2年9月1日より、複数事業労働者（事業主が同一人でない二以上の事業に使用される労働者）の二以上の事業の業務を要因とする負傷、疾病、障害または死亡（複数業務要因災害）に関する保険給付が労災保険の対象となっている。

2）通勤災害
労災保険では、通常利用している経路や交通手段により通勤している途中で災害にあった場合にも保険給付を行う。

労災保険における通勤とは、就業に関し住居と就業の場所との間を合理的な経路および方法により往復すること等をいう。ただし、**業務の性質を有するものは業務災害として取り扱われる**（事業主の提供する通勤バスを利用中の事故等）。

4 二次健康診断等給付

二次健康診断等給付は、労働安全衛生法の規定による一般健康診断等（「一次健康診断」という）において、①血圧検査（測定）、②血中脂質検査、③血糖検査、④腹囲の検査またはBMI（肥満度）の測定の**すべての項目**について「異常の所見」があると診断された**労働者の請求**に基づいて行われる。当該労働者は、脳血管・心臓の状態を把握するための二次健康診断を1年につき1回、脳・心臓疾患の発症の予防を図るための特定保健指導（医師または保健師による保健指導）を二次健康診断ごとに1回、保険給付として（無料で）受診することができる。

❷▶雇用保険法

1 法の目的

雇用保険は失業中の生活の安定や再就職の促進のみならず、失業の予防や雇用機会の増大、その他労働者の能力の開発・向上などを行い、**労働者の雇用や生活の安定**を図っていくことを目的としている。なお、雇用保険は政府が管掌する。

2 雇用保険制度の仕組み

1）適用事業

雇用保険では、原則として、1人でも労働者を雇っている事業は、事業主および労働者の意思にかかわらず適用事業となる。

2）被保険者

雇用保険の給付を受けるためには、適用事業において被保険者として雇用されていた期間がなくてはならず、また給付を受けることができる期間は被保険者であった期間の長さや年齢によって異なることとなる。

図表 [2-3-23] 雇用保険の全体像

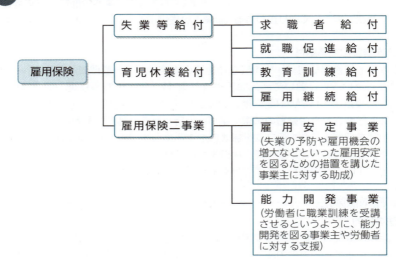

5 社会保険
❶ ▶ 健康保険法
1 法の目的
　健康保険の目的は、労働者（被保険者）やその被扶養者（扶養家族）の労災保険に規定する**業務災害以外**の疾病・負傷・死亡または**出産**に関して保険給付を行うことにある。

2 保険者
　保険料を徴収して保険給付を行うものを保険者といい、健康保険については全国健康保険協会または健康保険組合が保険者となる。

> 設例
>
> 　健康保険は、労働者の疾病、負傷、死亡に関して保険給付を行い、国民の生活の安定と福祉の向上に寄与することを目的とするが、出産は保険給付の対象とならない。
> H27-25 ア （✕：健康保険は、疾病、負傷、死亡だけでなく、出産についても保険給付を行っている）

❷ ▶ 厚生年金保険法

1 法の目的
厚生年金保険の目的は、労働者（被保険者）の**老齢**、**障害**または**死亡**について保険給付を行うこと等である。

2 保険者
厚生年金保険の保険者は政府である。

> **参考**
> 雇用保険・健康保険・厚生年金保険の保険料は、原則として、事業主と被保険者（労働者）双方が負担する。ただし、労災保険の保険料は、事業主のみが負担する（労働者は負担しない）。

6 その他の労働関連法規

❶ ▶ 労働者派遣法

1 法の目的と労働者派遣制度の仕組み
労働者派遣法は、労働力の需給の適正な調整を図るために労働者派遣事業の適正な運営を確保するとともに、派遣労働者の保護等を図ることを目的としている。

労働者派遣とは、自己の雇用する労働者を、その雇用関係のもとにかつ他人の指揮命令を受けて、当該他人のために労働に従事させることをいう。

図表 [2-3-24] **労働者派遣事業の仕組み**

2 主なポイント
❶ 労働者派遣の禁止業務等
次に該当する業務等については、原則として労働者派遣を行ってはならない。
- 港湾運送業務
- 建設業務
- 警備業務
- 医業、歯科医業等の業務
- 日々、または30日以内の期間を定めて雇用する労働者の派遣（日雇派遣）

❷ 許可制

労働者派遣事業を行う場合、厚生労働大臣の**許可**が必要である。なお、許可の有効期間（注：最初の有効期間）は3年であるが、更新の場合の有効期間は5年となる。

❸ 派遣期間

1）事業所単位の期間制限

派遣先の同一の事業所における派遣労働者の派遣可能期間は3年が上限である。この期間を超えて受け入れるためには、過半数労働組合等からの意見聴取が必要となる。

企業（事業所）は、過半数労働組合等（過半数労働組合または労働者の過半数を代表する者）の意見聴取は必要ではあるが、派遣労働者を交代させれば、同じ業務で3年を超えて派遣可能期間を延長することができる。

2）個人単位の期間制限

派遣先の同一の組織単位（課、グループなど）における同一の派遣労働者の受入れは3年が上限となる。

組織単位を変えれば、同一の事業所に、引き続き同一の派遣労働者を（3年を限度として）派遣することができるが、この場合には、事業所単位の期間制限による派遣可能期間が延長されていること（上記1）のこと）が前提となる。

6　労働関連法規

図表[2-3-25]　期間制限のイメージ

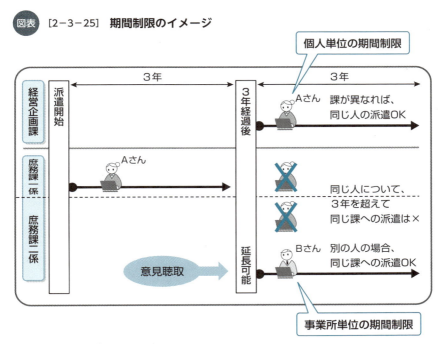

（厚生労働省・都道府県労働局『平成27年労働者派遣法改正法の概要』p.5をもとに作成）

> **参考**
> 例外的に、無期雇用派遣労働者や、60歳以上の者に係る労働者派遣等については、上記「3年」という期間制限はない。

❷▶職業安定法

1 法の目的

　公共職業安定所を中心とする職業安定のための諸機関が、労働者の能力に適合した職業に就く機会を提供することによって、雇用の安定を図り、経済および社会の発展に寄与することを目的としている。

　かつて見られた人身売買的な紹介機関から労働者を保護し、またその機関による中間搾取を防止することが狙いである。

図表 [2-3-26] 職業紹介の仕組み

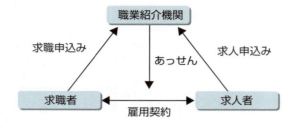

2 主なポイント
❶ 有料職業紹介事業の許可等
　有料職業紹介事業は、厚生労働大臣の**許可**を受けて行うことができる。ただし、**港湾運送業務**および**建設業務**は有料職業紹介事業が禁止されている。

❷ 許可の有効期間
　新規許可については**3年**、更新許可については**5年**である。

❸▶高年齢者等雇用安定法
1 法の目的
　高年齢者の雇用の確保と就業機会の確保などを図ることを目的としている。

2 主なポイント
　定年の定めをする場合、「60歳」を下回ることができない。なお、この定年年齢は、**継続雇用制度を導入していない場合**、「65歳」まで引き上げられる。
　継続雇用制度には、対象となる高年齢者が、定年後に子会社や関連会社など特殊な関係にある事業主（特殊関係事業主という）に引き続き雇用される場合も含まれる。
　なお、同法の改正（令和3年4月1日施行）によって、65歳から70歳までの就業機会を確保するため、事業主に対して、**高年齢者就業確保措置**として、①70歳までの定年引上げ、②70歳までの継続雇用制度の導入（特殊関係事業主や他の事業主によるものを含む）、③定年廃止、④高年齢者が希望するときは、70歳まで継続的に業務委託契約を締結する制度（高年齢者が創業した際、元の事業主が当該高年齢者と業務委託契約を結ぶ制度）の導入、⑤高年齢者が希望するときは、70歳まで継続的にa）事業主が自ら実施する社会貢献事業、またはb）事業主が委託、出資（資金提供）等する団体が行う社会貢献事業に従事できる制度の導入、のいずれかの措置を講ずる**努力義務**が創設された。
　このうち④と⑤を**創業支援等措置**といい、導入する場合には過半数労働組合等の同意が必要となる。

6　労働関連法規

❹ ▶ 男女雇用機会均等法 ···························· R元 24

■ 法の目的

男女雇用機会均等法は、雇用の分野における男女の均等な機会および待遇確保などを目的としている。

■ 主なポイント

❶　募集、採用

事業主は、労働者の募集および採用について性別とかかわりなく均等な機会を与えなければならない。

❷　募集、採用以外の事項

事業主は、次に掲げる事項について、労働者の性別を理由とした、差別的取扱いをしてはならない。
① 配置、昇進、降格、教育訓練
② 住宅資金の貸付け、その他これに準ずる福利厚生の措置
③ 職種および雇用形態の変更
④ 退職の勧奨、定年、解雇、労働契約の更新

> **参考**
>
> 賃金に対する差別的取扱いは、男女雇用機会均等法ではなく労働基準法で禁止されている。　R3 24

❸　間接差別の禁止

間接差別とは、性別以外の要件で、他の性の構成員と比較して、一方の性の構成員に相当程度の不利益を与えるもので、合理的理由がないものをいう。具体的には、労働者の募集または採用等について、「**身長・体重・体力**要件」「**転勤**要件」「**転勤経験**要件」を合理的な理由なく講じることは、間接差別として禁止されている。

❹　ポジティブアクション

均等法は、女性の優遇措置についても禁止しているが、男女の均等な機会・待遇の支障となっているような事情を改善するための措置については認められる。

❺　公　表

厚生労働大臣は、一定の規定に違反している事業者に対して勧告することができ、その勧告に従わなかった場合は企業名等を**公表**することができる。なお、この厚生労働大臣による企業名の公表は、労働者派遣法や高年齢者等雇用安定法など多くの法律で同じ規定が設けられている。

215

❺▶雇用形態にかかわらない公正な待遇の確保・・・・・・・・・・・・・・・・・・・・・・・・・・・・・

　令和2年4月1日（中小企業は令和3年4月1日）より、パートタイム・有期雇用労働法（正式名称：短時間労働者及び有期雇用労働者の雇用管理の改善等に関する法律、旧短時間労働者の雇用管理の改善等に関する法律）、労働契約法、労働者派遣法が改正され、雇用形態にかかわらない公正な待遇の確保に関する規定が整備された。具体的な内容は以下のとおりである。いわゆる**同一労働同一賃金**に関する規定である。

1 不合理な待遇差を解消するための規定の整備
❶　同一企業内において、正社員（無期雇用フルタイム労働者）と非正規社員（パートタイム労働者、有期雇用労働者）の間で、基本給や賞与などあらゆる待遇について不合理な待遇差を設けることが禁止される。
❷　派遣労働者については、①派遣先の労働者との均等・均衡待遇（派遣先均等・均衡方式）、②一定の要件（同種業務の一般の労働者の平均的な賃金と同等以上の賃金であること等）を満たす労使協定による待遇（労使協定方式）のいずれかを確保することが義務化される。

2 労働者に対する待遇に関する説明義務の強化
　短時間労働者・有期雇用労働者・派遣労働者は、正社員との待遇差の内容や理由などについて、事業主に対して説明を求めることができる。

3 行政による履行確保措置および裁判外紛争解決手続（行政ADR）の整備
　1の義務や**2**の説明義務について、行政による事業主への助言・指導等および行政による裁判外紛争解決手続（行政ADR。事業主と労働者との間の紛争を、裁判をせずに解決する手続のこと）が整備される。

マーケティング 第3編

第1章
マーケティングの基礎概念

Registered Management Consultant

第1章　マーケティングの基礎概念

本章の体系図

第1章　マーケティングの基礎概念
- マーケティングのコンセプト
- マーケティングの定義

❗ 本章のポイント

◇ マーケティングとは何か。
◇ フィリップ・コトラーらのマーケティングコンセプトはどのようなものか。
◇ AMAのマーケティングの定義はどのようなものか。

1 マーケティングのコンセプト

1　マーケティングのコンセプト

R2 28

　マーケティングという言葉がアメリカで誕生してから約1世紀が経過している。では、マーケティングとは何か。一般には、販売活動やプロモーション活動などのモノを販売するための具体的な活動のことであると考えられることも多い。しかしながら、本来のマーケティングは、より広い意味をもった概念的なものである。本節ではまず、マーケティングとは何かという点について概念的にとらえていくことにする。

1 マーケティングコンセプト（マーケティング概念）

　マーケティングコンセプトとは、「企業の市場に対する考え方」と表現することができる。もう少し具体的に言えば、「企業経営にあたって必要とされる、企業の市場に対する考え方、あるいは接近法」ととらえることができる。これでもかなり抽象的であるが、さらに具体化を図ろうとした場合には、その答えは時代とともに異なることになる。なぜなら、企業が市場に対してどのように考えて働きかけるべきであるかは、100年前や50年前と現在ではまったく異なるからである。

2 フィリップ・コトラーらのマーケティングコンセプト

H29 28

　経営学者（マーケティング論）であるフィリップ・コトラーは、マーケティングコンセプトは、これまでにマーケティング1.0〜4.0という4段階の進化を遂げてきたことを提唱している。

❶▶マーケティング1.0

　マーケティング1.0は、「製品中心」のマーケティングである。はるか昔の工業化時代には、生産した製品をすべての潜在的消費者に売り込むことがマーケティングであった。当時の製品はかなり基本的なものであり、マス市場のために設計されていた。そのため、規格化と規模の拡大によって生産コストを低減し、低価格でより多くの消費者に買ってもらうことを目指すものであった。

❷▶マーケティング2.0

　マーケティング2.0は、「消費者志向」のマーケティングである。消費者は十分な情報を有しており、類似の製品との比較も容易に行うことができる。製品の価値は消費者によって決められ、その消費者の選好は多様である。そのため、標的市場を設定し、他社よりも優れた製品を開発する必要がある。消費者の暮らしは豊かになっており、幅広い選択肢の中から購入する製品を選択することができる。

219

❸ ▶ マーケティング3.0

マーケティング3.0は、「価値主導」のマーケティングである。消費者を単に消費者として見なすのではなく、グローバル化した世界をよりよい場所にしたいという想いを有した存在であるととらえる。そのため、自らの中にある社会的、経済的、環境的公正さに対する欲求に対し、ミッションやビジョンや価値で対応しようとしている企業の製品を選好することになる。つまり、選択する製品やサービスに対し、機能的、感情的な充足だけでなく、精神の充足をも求めている。

図表 [3-1-1] **マーケティング1.0、2.0、3.0の比較**

	マーケティング1.0 製品中心の マーケティング	マーケティング2.0 消費者志向の マーケティング	マーケティング3.0 価値主導の マーケティング
目的	製品を販売すること	消費者を満足させ、 つなぎとめること	世界をよりよい場所に すること
可能にした力	産業革命	情報技術	ニューウェーブの技術
市場に対する 企業の見方	物質的ニーズを持つ マス購買者	マインドとハートを持つ より洗練された消費者	マインドとハートと精神 を持つ全人的存在
主なマーケティン グ・コンセプト	製品開発	差別化	価値
企業のマーケティン グ・ガイドライン	製品の説明	企業と製品のポジショニ ング	企業のミッション、ビジ ョン、価値
価値提案	機能的価値	機能的・感情的価値	機能的・感情的・精神的 価値
消費者との交流	1対多数の取引	1対1の取引	多数対多数の協働

（『コトラーのマーケティング3.0』フィリップ・コトラー／ヘルワマン・カルタジャヤ／
イワン・セティアワン著／恩藏直人監訳／藤井清美訳　朝日新聞出版　p.19をもとに作成）

❹ ▶ マーケティング4.0

マーケティング4.0は、フィリップ・コトラーらが2010年に発表したマーケティング3.0が発表されてから約7年という短い期間を経て発表されたものであり、マーケティング3.0の発展形ともいえる概念である。

マーケティング4.0は、この数年の技術の飛躍的進歩や、技術同士の融合により、マーケティングの慣行に変化を及ぼしていることをふまえたものである。より具体的には、ソーシャルメディアの爆発的な普及による横のつながりの強化が、マーケティングが企業と消費者の縦の関係だけで考えられるものではなくなっているということである。その一方で、デジタルの交流だけでは不十分であり、オンライン化が進む昨今においては、オフラインの触れ合いも重要な要素となる。

よって、**マーケティング4.0**を端的に表現すれば、企業と顧客のオンライン交流とオフライン交流を一体化させるマーケティング・アプローチ、と考えることができる。

●第1章　マーケティングの基礎概念

1 マーケティングのコンセプト

> **参 考**
>
> 　マーケティング1.0は、企業側のニーズにまずは焦点を当てていると考える
> こともでき、このような「内から外へ」という志向を**「プロダクトアウト」**と
> いう。また、この場合、消費者が真に求めているものが見えなくなるという**近**
> **視眼的マーケティング（マーケティングマイオピア）**に陥ってしまわないよう
> に留意する必要がある。
> 　また、マーケティング2.0は、消費者側のニーズに焦点を当てていると考える
> ことができ、このような「外から内へ」という志向を**「マーケットイン」**という。

3 ソーシャルマーケティング　　　　　　　　　　　　　H30 33

　マーケティング3.0以降で提唱されているように、昨今は、マーケティングは営利目的だけで実施するのではなく、社会とのかかわりをふまえて実施するものである。このような、マーケティングと社会とのかかわりを扱うものが、広義のソーシャルマーケティングである。具体的には以下のようなものがある。

■ 非営利組織のマーケティング　　　　　　　　　　　　　R2 35　H30 33

　従来のマーケティングは、その対象として営利組織を主体としていた。**非営利組織のマーケティング**とは、非営利組織（政府組織、学校、病院、美術館など）の事業目的の達成の際に、マーケティングの手法を適用していこうとするものである。

■ アイデア・社会的主張を対象とするマーケティング

　経済財ではなく、アイデアや社会的主張を扱うマーケティングである。環境保護運動やエイズ予防などの社会変革キャンペーンがこれに該当する。

■ ソサイエタルマーケティング　　　　　　　　　　　　　R2 35　H30 33

　企業が行うマーケティング活動によって、地球環境や社会に対して悪い影響が生じてしまわないようにするという、社会的利益を考慮したマーケティング活動のことである。
　具体的なもののひとつとして、特定の製品の売上の一部を社会貢献事業に対して寄付するマーケティング活動のことである、**コーズリレーテッド・マーケティング**　R2 35　がある。通常の寄付行為とは異なり、事業収益と関連づけるのが特徴である。

設 例

　近年では様々なソーシャルメディアが普及しており、とくにSNSを活用した顧客関係性の構築に基づくマーケティングのあり方は、ソーシャル・マーケティングと呼ばれている。

H30−33　ア　（✕：ソーシャル・マーケティングとは、営利目的だけでなく、社会との良好なかかわり方をふまえてマーケティング活動を実施するという概念である）

2 マーケティングの定義

　マーケティングについては、AMA（アメリカ・マーケティング協会）が社会情勢やビジネス環境の変化に合わせて、定義を提示している。ここではその定義について見ていく。

1 AMA（アメリカ・マーケティング協会）の定義

　マーケティングという概念が意味するところは、ビジネス環境の変化とともに変遷を遂げてきている。そのため、アメリカ・マーケティング協会（AMA）において提示している定義も、改訂を重ねてきている。この数十年においては、1985年、2004年、2007年といったタイミングであるが、最新の改訂である2007年は、従来の定義変更の歴史から見れば非常に短い間隔での改訂となった。これは、前回の定義に対する批判や議論が多くあったことが理由としてあげられる。

　おもな変更としては、2004年の定義に含まれていた、顧客関係や利害関係者（ステークホルダー）といった言葉がなくなった。さらに1985年の定義に含まれていた**交換**という表現が2004年の定義ではなくなったが、これを2007年の定義では再度採用するとともに、**社会**に働きかけるという点を強調している。これは、2004年の定義で色濃かったマーケティング・マネジメントいう要素が除かれ、マーケティングの役割という、より大きな概念としてとらえ直したことが見て取れる。

◆2004年の定義

　「マーケティングとは、顧客価値を創造・伝達・提供し、組織とその利害関係者の双方を利する形で顧客との関係性を管理するための組織機能と一連のプロセスのことを指す」

※　顧客関係やステークホルダーへ価値を提供することを意識している。

◆2007年の定義

　「マーケティングとは、顧客やクライアント、パートナー、さらには広く社会一般にとって価値のあるオファリングスを創造・伝達・提供・交換するための活動とそれにかかわる組織・機関、および一連のプロセスのことを指す」

※　営利を見据えるだけでなく、社会へ価値を提供することを意識している。

> **補足　マーケティング・マネジメント**
>
> 　マーケティング活動を合理的、効率的に遂行するために、計画、統制することである。具体的には、ターゲットを選定し、どんな製品を、どのくらいの価格で、どんな流通ルートで、どんな販売促進策で販売していくのかといった活動を、それぞれの活動の適合性をふまえて行っていくことである。

設例

次の文章を読んで、下記の設問に答えよ。

　マーケティングについての共通認識であるマーケティング・パラダイムは時代とともに変化している。1990年代には、それまでの　A　パラダイムに変わって、　B　パラダイムに注目が集まるようになった。その主要な背景として、　C　によって新規顧客獲得のためのコストが非常に大きくなったことが挙げられる。

　さらに最近では、P.コトラーらが、製品中心の「マーケティング1.0」、消費者志向の「マーケティング2.0」に代わる新たなマーケティングとして「マーケティング3.0」を提唱して大きな注目を集めている。　　　　　〔H24−25〕

（設問1）

　文中の空欄A〜Cにあてはまる語句の組み合わせとして最も適切なものはどれか。

ア　A：関係性　　B：交換　　　C：ICTの進展
イ　A：関係性　　B：交換　　　C：市場の成熟
ウ　A：交換　　　B：関係性　　C：ICTの進展
エ　A：交換　　　B：関係性　　C：市場の成熟

（設問2）

　文中の下線部の「マーケティング3.0」固有の特徴として、最も不適切なものはどれか。

ア　企業理念の重視
イ　協働志向・価値共創の重視
ウ　顧客満足の重視
エ　社会貢献・社会価値の重視

●第1章　マーケティングの基礎概念

オ　精神的価値の重視

解　答　（設問1）**エ**、（設問2）**ウ**

（設問1）

　　1990年代を挟む時代である1985年と2004年の定義の変化をふまえて解答する。それぞれの重要なキーワードは、1985年が「交換」、2004年が「関係性」である。ICTとは、情報通信技術のことであり、これはむしろ新規顧客獲得のためのコストを小さくする要因である。

（設問2）

　　「顧客満足の重視」は、マーケティング3.0以前から想定されていた。

第2章
マーケティングマネジメント戦略の展開

Registered Management Consultant

第2章 マーケティングマネジメント戦略の展開

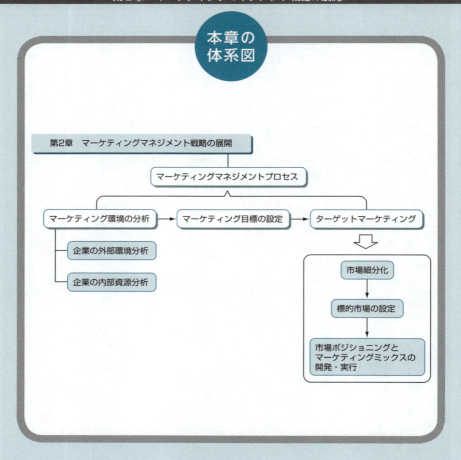

❗ 本章のポイント

◇ マーケティングマネジメントプロセスとは何か。
◇ ターゲットマーケティングとは何か。
◇ 市場細分化の要件にはどのようなものがあるか。
◇ 市場細分化の基準にはどのようなものがあるか。
◇ 市場細分化のメリットは何か。
◇ コトラーによる標的市場の設定パターンにはどのようなものがあるか。
◇ エーベルによる標的市場の設定パターンにはどのようなものがあるか。
◇ 市場ポジショニングとは何か。
◇ ブルーオーシャン戦略とはどのようなものか。
◇ マーケティングミックスとは何か。

1 マーケティングマネジメントプロセス

マーケティングマネジメント戦略は、マーケティングマネジメントプロセスのもとで、4P（Product、Price、Place、Promotion）を統一的に展開させていくものである。

1 マーケティングマネジメントプロセス

P.コトラーは、マーケティングマネジメントプロセスを、①市場機会を分析し、②標的市場を選定し、③マーケティングミックス戦略を開発し、④マーケティング活動を管理していく、という流れであると定義している。本書ではこの定義を参考に、マーケティングマネジメントプロセスについて下図の体系に基づいて理解していくことにする。

図表 [3-2-1] **マーケティングマネジメントプロセスの一例**

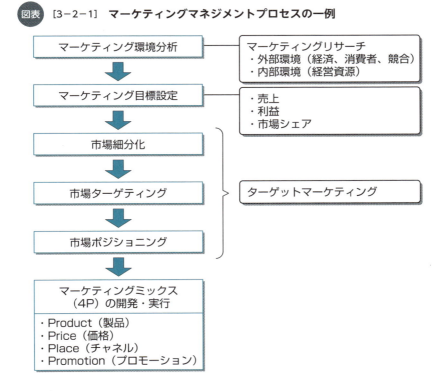

2 マーケティング環境の分析と目標設定

マーケティング環境の分析では、企業の外部環境に対してその機会
（Opportunity）と脅威（Threat）の分析を、また企業の内部資源に対してはその
H29 31 強み（Strength）と弱み（Weakness）の分析を行う。これがSWOT分析である。

1 外部環境分析

企業の外部環境は、マクロ的外部環境とミクロ的外部環境に大別される。

❶▶マクロ的外部環境

1 経済的環境

国内総生産、経済成長率、景気動向、失業率、可処分所得など

2 人口動態的環境

出生率、人口規模、高齢化と少子化、世帯構成など

3 社会文化的環境

文化、国籍、宗教、人種、地域、イデオロギーなど

4 技術的環境

情報通信技術、産業に影響を与える加工技術など

5 政治・法律的環境

法律、政府機関の意思決定、規制緩和など

6 自然的環境

天然資源、環境など

H29 31 なお、外部環境をとらえるための方法としてPEST分析がある。**PEST分析**とは、
「Political/Legal（政治的、法律的）」「Economical（経済的）」「Social/Cultural
（社会的、文化的）」「Technological（技術的）」という4つの側面から外部環境を
把握するものである。

❷▶ミクロ的外部環境

1 消費者

消費者市場、消費者購買行動など

230 ●第2章　マーケティングマネジメント戦略の展開

2 マーケティング環境の分析と目標設定

2 競争企業
競争構造など

3 利害関係集団
供給業者、仲介業者、金融機関、マスメディアなど

4 産業状況
産業の規模や魅力度、供給構造、流通構造など

❸▶機会と脅威の分析
　新規事業の開発や既存事業の拡大の要因となる可能性のある事象と、逆に、既存事業の継続に対して脅威となるであろう事象を識別することである。

2 内部資源分析

❶▶内部資源
企業内部の経営資源は以下のようなものがある。

1 人的資源
経営陣、営業担当者、研究開発担当者など

2 財務資源
収益獲得能力、経営安定性、資金調達構造、キャッシュフローなど

3 物的資源
保有資産の価値など

4 その他
各種情報、経営ノウハウ、技術力、社風、ブランド、知的財産権など

❷▶強みと弱みの分析
　自社の内部資源を、競争企業や業界の平均値などと比較して、その強みと弱みを明確に把握することである。

図表 [3-2-2] マーケティング環境

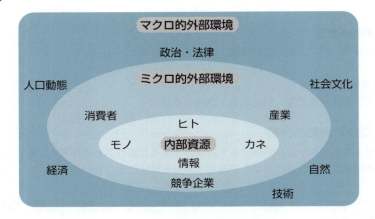

3 マーケティング目標の設定

経営目的は経営目標と経営理念から構成されるが、ここでのマーケティング目標は、経営目標としての企業全体の数値目標から導き出されてくると考えてよい。

❶▶売上高目標

企業の経営目標のなかで、最も普遍的なものは**売上高**である。したがって、マーケティング目標として最も重要で、かつ一般的な目標はこの売上高目標である。

❷▶利益額、利益率目標

マーケティング目標としての売上高を達成することは重要であるが、それだけでは不十分である。すなわち、売上高を獲得するために犠牲となった費用を考慮し、結果としての**利益の額**もその目標に設定しないと、マーケティング目標としては十分とはいえない。

また、利益の絶対額に加えて、**利益率**を目標に設定することも重要になる。利益率目標には、売上高に対する利益の割合を表す**売上高利益率**や、企業が調達した資金からどのくらい利益が発生しているかを示す**資本利益率**（ROI）がある。

❸▶市場占有率（マーケットシェア）目標

市場占有率とは、目標とした市場の全需要のなかでの、自社製品の売上高が占める割合のことである。

多くの成熟市場においては、市場占有率の向上なくして売上高の増加を図ることは難しい状況にあるといえるが、そのためには、競合他社との競争関係を考慮しなければならない。

すなわち、競争戦略のどのタイプ（差別化戦略、低コスト戦略など）を採用するのか、あるいは自社の競争上の地位がどこにあるのか（リーダー、チャレンジャーなど）を明確にすることが重要であり、それに応じて市場占有率目標が設定されることになる。

❹▶企業・製品イメージ目標

この目標は、市場のリーダー企業が設定することが多く、企業の名声や製品の好イメージを市場で確立するものである。ただし、イメージを数値目標として把握することは、これまでの目標に比べて難しい点に注意する必要がある。

3 ターゲットマーケティング

マーケティング目標が設定された後は、その目標を達成するための市場の選定が行われる。市場を選定する際には、まずその市場を同じニーズをもつ消費者グループに細分化することが必要になる。

1 ターゲットマーケティング

消費者の価値観や嗜好が多様化している昨今では、市場の消費者のニーズを単一なものと考えて、同じ製品を大量に投入していくマーケティング手法（**マスマーケティング**）では、消費者の個々のニーズに製品を適合させることが困難になっている。

したがって、市場を細分化し、その細分化された市場の中で最も適切な市場を**標的（ターゲット）**とし、その標的に対して最も効果的なマーケティング手段を投入していく方法（**ターゲットマーケティング**）が広く採用されている。「市場細分化」「標的市場の設定（市場ターゲティング）」「市場ポジショニング」が、ターゲットマーケティングの内容となる。

● ターゲットマーケティングの各段階における留意点

市場細分化	市場ターゲティング	市場ポジショニング
1. 市場細分化の基準を明らかにする。 2. 市場セグメントの輪郭を明らかにする。	1. 市場セグメントの魅力度を測定する方法を開発する。 2. 標的セグメントを選択する。	1. 各標的セグメントにおけるポジショニングを行う。 2. 各標的セグメントのマーケティングミックス戦略を策定する。

R2 29
R元 27

2 市場細分化

市場細分化（マーケットセグメンテーション）とは、市場を一定の規模に保ちながら、かつ同質的なニーズをもつ消費者の集合に区分していく手法である。

❶▶市場細分化の基準・・・

市場を細分化する際に使用される基準としては、次のようなものがある。

1 ジオグラフィック基準（地理的基準）

ジオグラフィック基準とは、地理的な基準を用いるものであり、地域や気候、人

●**第2章** マーケティングマネジメント戦略の展開

3　ターゲットマーケティング

□密度などにより市場を細分化する。

❷ デモグラフィック基準（人口統計的基準）

　デモグラフィック基準とは、人口統計的な基準を用いるものであり、年齢、性別、所得、職業、学歴、宗教、国籍などにより市場を細分化する。

　※　ジオグラフィック基準とデモグラフィック基準をまとめてデモグラフィック基準とする場合もある。

❸ サイコグラフィック基準（心理的基準）

　サイコグラフィック基準とは、デモグラフィック基準では区分できない、消費者の心理的な側面に焦点をあてるものであり、消費者の価値観やライフスタイルなどにより市場を細分化する。

❹ 行動変数基準

　行動変数基準とは、消費者の製品に対する知識、態度、使用、反応などに焦点をあてて細分化する方法であり、ベネフィット、使用率、ロイヤルティなどにより市場を細分化する。

　※　サイコグラフィック基準と行動変数基準をまとめてサイコグラフィック基準とする場合もある。

図表　[3-2-3]　**市場細分化例**

変数（切り口）	セグメントの例	該当する商品例
【地理的基準】 地方	関東、関西など	地域限定商品：東京ウォーカー（KADOKAWA）
気候	寒暖、季節など	季節限定商品：メルティーキッス（明治）
人口密度	都市部、郊外、地方など	
【人口統計的基準】 年齢	少年、ヤング、中年、高齢者など	少年誌：週刊少年ジャンプ（集英社）
性別	男性、女性	女性向けタバコ：バージニア・エス（フィリップ・モリス）
家族構成	既婚、未婚など	
所得	3,000万円以上など	高級車：レクサス（トヨタ自動車）
職業	ブルーカラー、ホワイトカラーなど	健康ドリンク：リゲイン（第一三共ヘルスケア）

235

【心理的基準】 ライフスタイル パーソナリティ	スポーツ好き、アウトドア志向など 新しいもの好き、保守的など	RV車
【行動変数基準】 求めるベネフィット 使用率	経済性、機能性、プレステージなど ノンユーザー、ライトユーザー、ヘビーユーザーなど	機能性飲料

設 例

　サイコグラフィック変数は、刊行データによって入手することができる。
H20-38　イ　（**×**：マーケティングリサーチが必要になる）

---

❷▶市場細分化の要件

　細分化された市場が有用であるためには、次の要件を満たす必要がある。

■ 測定可能性

　細分化された市場の規模と購買力を容易に測定できること。これがわからなければ、対象として効果的な市場であるかがわからない。

■ 到達可能性

　細分化された市場に効果的に到達し、マーケティング活動が行えること。たとえば、ターゲットがどこに住んでいて、どこで買物し、どんなメディアで情報収集をしているかがわからなければ、そのターゲットにマーケティング活動を届けることができない。

■ 維持可能性

　細分化された市場が十分な規模をもち、対象とするに足る十分な利益が得られること。仮にターゲットからの支持を獲得できたとしても、十分な利益を獲得することができないのであれば、継続することができない。

■ 差別化可能性

　セグメントが概念的に区別でき、マーケティングミックス要素とプログラムが異なれば、それに対する反応も異なること。たとえば既婚女性と未婚女性が香水販売に同様の反応を示すようなら、この両者は別々のセグメントを構成することにはならない。

●第2章　マーケティングマネジメント戦略の展開

3 ターゲットマーケティング

5 実行可能性
細分化された市場を引きつけられる効果的なプログラムが実行可能であること。ノウハウや人員など、必要な経営資源を有している必要がある。

市場細分化のメリット
● 消費者の多様なニーズに適合した製品の提供が可能になる。
● マーケティング資源が有効に活用される。
● 市場環境の変化に柔軟に対応できる。

設 例

BtoB マーケティングで企業規模に基づき市場細分化を行った場合、各セグメント内の企業は企業規模以外の基準においても均一となる。
R元－27　ア　（✕：企業規模以外は考慮していないため、均一とはならない）

3 標的市場の設定

R元 27

市場を細分化したら、市場セグメントの魅力度を測定する方法を開発し、標的セグメントを選択する。

❶▶コトラーによる標的市場の設定パターン

P.コトラーは、標的市場の設定パターンとして、**無差別型**、**差別型**、**集中型**の3つをあげている。

❶　無差別型
細分化された市場間の差異を考慮に入れずに、単一の製品（マーケティングミックス）をすべての市場に投入していく方法である。すなわち、消費者ニーズの相違点ではなく共通点に着目した設定方法である。

❷　差別型
細分化された市場ごとのニーズに適合した製品（マーケティングミックス）を複数の市場に対して投入していく方法である。

❸　集中型
細分化された市場の中から特定の市場に限定し、そこに最適な製品（マーケティングミックス）を投入していく方法である。

237

図表 [3-2-4] 標的市場の設定パターン（コトラー）

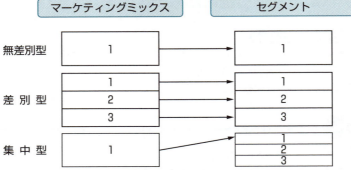

（『新版マーケティング原理』フィリップ・コトラー/ゲイリー・アームストロング 和田充夫/青井倫一訳　ダイヤモンド社　p.300をもとに作成）

無差別型、差別型、集中型のメリット・デメリット

無差別型
　メリット
　● 製造コスト、マーケティングコストなどが低減する。
　デメリット
　● 単一製品ですべての消費者を満足させることは困難である。

差別型
　メリット
　● 個々の市場のニーズに対応するため、全体の売上が向上する。
　デメリット
　● 個別にマーケティングミックスを構築するため、コスト増となる。

集中型
　メリット
　● 経営資源の有効活用が図れる。
　デメリット
　● 市場に対するリスクを分散させることができない。

H29 30　❷▶**エーベルによる標的市場の設定パターン**……………………

　エーベル（Abell, D. F.）は、標的市場のとらえ方を、全市場を対象とする「**全市場浸透型**」と、絞り込んだ市場を対象とする「**単一セグメント集中型**」「**製品専門型**」「**市場専門型**」「**選択的専門型**」という5つに分類している。

[3-2-5] 製品－市場細分化戦略

P＝製品　M＝市場

(『例解マーケティングの管理と診断』徳永豊/森博隆/井上崇通編　同友館　p.79をもとに作成)

設例

製パン・メーカーのZ社は、同一の製品を、スーパーマーケットやコンビニエンスストア、総合スーパーに加え、学校や病院、企業の食堂や大手レストラン・チェーンに販売している。こうしたアプローチを選択的専門化という。
H21-23（設問2）　ウ　（✕：製品専門型である）

4 市場ポジショニング

市場ポジショニング（分析）とは、競争上の位置づけを意味し、製品間における競争のなかで、いかにして自社製品が競合製品と差異を図って優位に立つかを検討することである。市場細分化の最終段階としてポジショニングを行い、競争市場で自社の占めたい位置を決定する。

ポジショニング分析では、消費者が意識する製品の知覚上の位置づけを表す図表3-2-6のような**知覚マップ（ポジショニングマップ）**を作成し、当該製品の相対的な知覚上の位置づけを分析・評価する。知覚マップを作成することで、新製品ならば目標をどこのポジションに置くのか、既存製品ならばリポジショニングする必要があるのかを検討する。

R元 32

図表 [3-2-6] アメリカにおける自動車のポジショニングの例

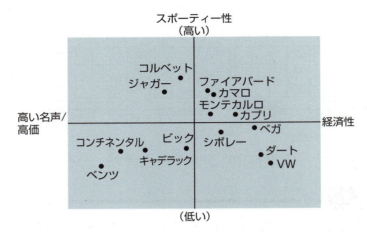

(『例解マーケティングの管理と診断』徳永豊/森博隆/井上崇通編　同友館　p.168をもとに作成)

　ポジショニングには、競合製品との対比による位置づけと、自社の製品ラインでの位置づけという2つの意味合いがある。自社の製品ラインにおける新製品のポジショニングを検討する際には、自社内での**カニバリゼーション（共食い）**を起こさないように注意する。カニバリゼーションとは、同一企業内の類似製品間で同一市場を奪い合う現象のことである。

　多くの企業がすでに製品を展開している市場は競争も激しいが、消費者が確実に存在する。一方、まだ企業が製品を展開していない市場は競争がないが、消費者のニーズが存在するかは未知である。よって、どのようなポジショニングを行うのが好ましいかはさまざまな考え方があるが、すでに多くの企業が製品を展開している既存市場を**レッドオーシャン**（血で血を洗う競争の激しい領域）、未開拓の市場を**ブルーオーシャン**（競合相手のいない領域）という。

4 マーケティングミックスの開発・実行

4 マーケティングミックスの開発・実行

環境の分析、目標の設定、そしてターゲットの設定をふまえ、具体的なマーケティングミックスを開発し、実行していく。

1 マーケティングの4P

H30 33

マーケティングの4Pとは、製品（Product）、価格（Price）、チャネル・物流（Place）、プロモーション（Promotion）のことを指す。マーケティングミックスの開発と実行では、企業がマーケティング目標を達成するために、標的市場に対して投入するマーケティング要素（4P）を開発し、実際に市場に投入していくことになる。

2 各マーケティング要素に関する意思決定事項

企業は、その市場においてどのような競争的地位を得ることを望むかを決定し、マーケティングミックスを決定する。マーケティングミックスは、企業が標的市場において求める競争的地位を規定し支援するための手段である。それぞれのマーケティング要素について決定する事項は、以下のとおりである。

図表 [3-2-7] **各マーケティング要素に関する意思決定（検討）事項**

	主な意思決定（検討）事項
製　品 **(Product)**	製品の物的性質・特徴、品質、ブランド、保証、パッケージ、アフターサービス、製造・販売する製品の種類
価　格 **(Price)**	価格政策、価格設定法、価格変更の理由と時期、値入れ、値下げ、割引
チャネル・物流 **(Place)**	流通経路、流通業者の選定、流通業者の評価、倉庫の数・立地、倉庫の設備、輸送手段、運送頻度、適正な在庫量
プロモーション **(Promotion)**	広告目的、広告予算、広告媒体、広告表現、広告効果測定、販売員の人数、販売員の教育訓練、販売員の業績評価、販売促進の種類・展開方法、パブリシティの目的・対象・実施方法

なお、各マーケティング要素の詳しい内容については、第5章「製品戦略」、第6章「価格戦略」、第7章「チャネル・物流戦略」、第8章「プロモーション戦略」で学習する。

設 例 ✏

　地方銀行のＡ銀行は、リテール・バンキングの顧客基盤を全国規模に拡大するために、インターネット・バンキングのシステム整備を他行に先駆けて完了した。次に、製品・ブランド開発やプロモーション計画に着手しなければならない。Ａ銀行の今後の市場細分化（セグメンテーション）と標的市場設定（ターゲティング）に関する記述として、<u>最も不適切なものはどれか</u>。

〔H22－23〕

ア　銀行の製品・サービスに対する需要の異質性は確実に存在するので、それらをうまく見いだして対応することができればブランド化の実現は十分可能である。
イ　行動による細分化変数のひとつに購買決定に関する役割がある。それは、「発案者」、「影響者」、「決定者」、「購買者」、「使用者」の５つに類型化される。
ウ　市場細分化（セグメンテーション）と製品差別化はブランド化シナリオの中核にある考え方で、両者はしばしば代替的な関係に置かれる。
エ　市場細分化（セグメンテーション）を通じた競争は、競争相手に対して正面から挑戦していく性格をもつ。
オ　デモグラフィクスによる細分化変数には、年齢、ライフステージ、性別、所得、社会階層などが含まれる。

解 答　エ

ア：ブランド化につながるのかの判断は難しいかもしれないが、少なくとも否定はできない内容である。
イ：知らなければ正確な判断は難しいが、おおむね正しそうな内容だとは判断したい。
ウ：市場細分化が顧客視点で、製品差別化が製品視点ととらえることができ、また、ともに競合他社との直接的な競争を回避するアプローチということができる。
エ：ウでも述べたとおり、市場細分化およびターゲットマーケティングは、基本的には他社との直接的な競争を回避していくアプローチである。
オ：市場細分化変数の知識を整備しておけば判断は可能である。

第3章
マーケティングリサーチ

Registered Management Consultant

第3章　マーケティングリサーチ

本章の体系図

```
┌─────────────────────────┐
│  マーケティング環境の分析  │
└─────────────────────────┘
            │
            ▼
┌─────────────────────────────┐
│ 第3章　マーケティングリサーチ │
└─────────────────────────────┘
     │
     ├─┤ マーケティングにおけるデータ │
     │
     ├─┤ 標本の抽出方法 │
     │
     └─┤ データの収集方法 │
```

❗ 本章のポイント

◇　1次データと2次データはそれぞれどのようなものか。

◇　標本の抽出方法にはどのようなものがあるか。

◇　データの収集方法にはどのようなものがあるか。

1 マーケティングリサーチ

1 マーケティングリサーチ

マーケティングリサーチとは、マーケティングの対象領域で発生する問題を発見したり、解決のための戦略を策定したりするうえで必要な情報を体系的に収集、分析、評価するための諸活動のことである。

1 マーケティングにおけるデータ

マーケティングにおけるデータは、大きく1次データと2次データに分かれる。通常は、2次データを収集し、必要に応じて1次データを収集する。

❶▶ 1次データ·· R2 32

ある目的のために、実験や調査などを行うことによって新規に収集されたデータ。

❷▶ 2次データ·· R2 32 H30 30

他の目的のためにすでに収集されているデータであり、組織内に蓄積されている内部データと、図書館、業界団体といった組織外に存在している外部データがある。

設 例 🖊

マーケティング計画の初期段階においては二次データが用いられる場合が多いが、二次データは内的データと外的データに分類される。小売業者にとっては、POSデータなどの販売データは外的データである。
H30-30　ウ　（✖：POSデータは社内で蓄積するものなので内的データである）

---

2 標本の抽出方法　　H30 30

マーケティングリサーチには、**母集団**（調査対象の集団）すべてを調査する**全数調査**と、母集団から**標本**（サンプル）を抽出して調査する**標本調査（サンプル調査）**がある。標本の抽出方法には以下がある。

❶▶有意抽出法（有意サンプリング）·······························

選択者が設定したいくつかの条件に基づいて標本を抽出する方法をいう。

245

❷▶無作為抽出法（ランダムサンプリング）‥‥‥‥‥‥‥‥‥‥‥‥‥‥‥

乱数表などを用いて、統計的に一定の確率で標本を抽出する方法をいう。

R3 37

3 データの収集方法

1次データの収集方法には、**質問法**、**観察法**、**実験（計画）法**がある。

R2 32

❶▶質問法‥‥‥‥‥‥‥‥‥‥‥‥‥‥‥‥‥‥‥‥‥‥‥‥‥‥‥‥‥‥‥‥‥‥

質問法は、調査対象者に対し質問を提示することによりデータを収集するものであり、**面接法**、**電話法**、**郵送法**、**留置法**、**インターネット調査**などがある。

1）面接法

R2 32
R元 32

面接法とは、調査者が調査対象者に対面で質問して情報を得る方法である。調査者と調査対象者が1対1で面接する個別面接と、1対多で行うグループインタビューがある。また、とくに多くの時間をかけて個別面接を行い、深層心

R元 32

理を探る調査方法を**デプス・インタビュー**という。

2）電話法

電話法とは、電話で調査対象者に質問に回答してもらう方法である。

3）郵送法

郵送法とは、事前に調査票を調査対象者に送付し、回答を記入のうえ返送してもらう方法である。

4）留置法（とめおき）

留置法とは、事前に調査票を調査対象者に送付し、後日担当者が対象者を直接訪問して調査票を回収する方法である。

5）インターネット調査

インターネット調査とは、Webページ上に用意した質問の答えを回答欄に記入して送信してもらったり、電子メールやSNSを活用したりして情報収集する方法である。

図表 ［3-3-1］ **面接法、電話法、郵送法、留置法、インターネット調査の比較**

	面接法	電話法	郵送法	留置法	インターネット調査
データ量	多い	中	中	多い	中
複雑な質問	可能	難しい	一部可能	一部可能	一部可能
視覚的な用具の利用	可能	不可能	一部可能	一部可能	可能
回答率	中	中	低い	中	中
データの回収時間	中	短い	長い	長い	短い
インタビュアーのバイアス	高い	中	なし	低い	なし
回答におけるバイアス	高い	中	低い	低い	低い
コスト	非常に高い	中	非常に低い	高い	非常に低い

●**第3章** マーケティングリサーチ

1 マーケティングリサーチ

※　バイアスとは、「バラツキ・偏り」という意味である。「インタビュアーのバイアス」とは、回答内容がインタビュアーの質によって左右されるということである。「回答におけるバイアス」とは、回答者が実際とは異なる回答をする（収入を多めに答えてしまうなど）傾向があるということである。

（『マーケティング・ベーシックス』（社）日本マーケティング協会編　同文舘出版　p.96 をもとに作成）

面接法、電話法、郵送法、留置法のメリット・デメリット

面接法

メリット
- 視覚的なツールを用いたり、相手の反応に応じた機動的な質問をしたりすることが可能である。

デメリット
- 地理的に広い範囲からサンプルを収集する場合に多大なコストがかかる。

電話法

メリット
- 広い地域に対して短時間で調査を行うことが可能である。

デメリット
- 調査時間が短いため、調査の主旨などの説明が不足し、回答者に不信感が生じる場合がある。

郵送法

メリット
- 比較的少ないコストで多くの被験者に到達可能である。

デメリット
- 調査の主旨に合致した郵送リストを入手することが困難である。

留置法

メリット
- 調査員が記入漏れや無回答を点検でき、また、回答内容の信頼性が高い。

デメリット
- 調査対象者とは異なる者が記入する可能性がある。

❷▶観察法

観察法とは、調査対象者の行動や反応を直接調査者が観察することによって情報収集する方法である。たとえば、小売業で行われる**動線調査**や**他店調査（競合店調査）**、商店街での**通行量調査**がこれにあたる。また、グループインタビューの様子を観察するということも可能である。

また、調査員が生活者の家庭に入り込み、家族と生活を共にしながらライフスタイルなどを記録・研究するものを**エスノグラフィーによる調査**という。定性調査の

R2 32
R元 32

R3 37
R2 32

247

一種であり、元来は人類学者が先住民族や少数民族と生活を共にすることで風習や
ライフスタイルを研究するといったことであった。

❸▶実験（計画）法

　実験法とは、ある変数（マーケティングの要素）を操作することによる、別の変
数への影響度を調査する方法である。たとえば、広告を実施した地域と実施してい
ない地域の売上高の変化を比較し、広告の効果を測定するといったことである。

設 例

　インターネットによるサーベイ調査※は低コストで短期間にデータを回収で
きるが、面接法や電話法ほど正直な回答が得られない。
H23－28　ア　（✕：他の回答者やインタビュアーが同じ場所にいないインタ
ーネット調査のほうが、正直な回答を得やすい）　　　　　　　※　実態調査

参 考

モチベーション・リサーチ
　消費者の購買行動における潜在的欲求を明らかにするための調査技法であ
り、精神分析学を拠り所としている。しかし、調査者の能力によって成果が左
右されてしまうこと、サンプルの確保が困難であることなどの問題点があった。

第**4**章

消費者購買行動と
組織購買行動

Registered Management Consultant

第4章 消費者購買行動と組織購買行動

本章の体系図

```
第4章　消費者購買行動と組織購買行動
├── 消費者購買行動
│   ├── 消費者行動分析モデル
│   └── 購買意思決定プロセスの諸段階
└── 組織購買行動
```

❗ 本章のポイント

◇ 消費者行動分析モデルにはどのようなものがあるか。
◇ 購買の意思決定はどのようなプロセスをふむか。
◇ 内部探索と外部探索とは何か。
◇ 関与と知識とは何か。
◇ 準拠集団からはどのような影響を受けるか。
◇ 消費者の購買決定行動はどのように分類されるか。
◇ ブランド・カテゴライゼーションとはどのようなものか。
◇ アサエルの購買行動類型にはどのようなものがあるか。
◇ 組織購買行動にはどのような特徴があるか。

1 消費者購買行動

マーケティングミックスの投入は、消費者の集合体である市場に対して実施するものである。よって、その各マーケティング要素に対して消費者がどのように反応し、行動していくのかという消費者の購買行動を十分に理解しておく必要がある。

1 消費者行動分析モデル

代表的な消費者行動の分析モデルについて見ていく。

❶ ▶刺激-反応モデル（S－Rモデル）

刺激-反応モデルは、消費者がマーケティングの刺激に対してどのように反応するかに焦点をあてたものであり、刺激（stimulus）と反応（response）の間のプロセスは、ブラックボックスとして解明していないモデルである。

図表 [3-4-1] **刺激-反応モデル**

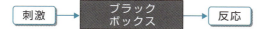

❷ ▶S－O－Rモデル

S－O－Rモデルとは、消費者の行動を刺激（stimulus）、生体（organization）、反応（response）という図式のなかでとらえようとするモデルである。刺激反応モデルでは考慮されなかった消費者の心的プロセス（知覚、態度、購買意図など）を理解しようとするものである。

❸ ▶情報処理モデル

情報処理モデルとは、消費者を受動的に行動するものであるととらえた刺激-反応モデルと異なり、自ら情報収集を行う**能動的な消費者**を前提にして構築された消費者行動のモデルである。消費者は、経験の蓄積である**内部情報**を用いて、**外部情報**を**主観**によって解釈する。

❹ ▶精緻化見込みモデル

精緻化見込みモデルとは、消費者の購買行動は必ずしも論理的な判断によるものばかりではなく、感情や感覚的な判断によるものもあるとするモデルであり、論理的な判断で購買決定する心理過程を**中心的ルート**、感情的な判断で購買決定する心理過程を**周辺的ルート**という。

2 購買意思決定プロセスの諸段階

P.コトラーは、消費者が製品を購買する際には、次の5つの段階を通過するとしている。

図表 [3-4-2] 購買意思決定プロセス

（『新版マーケティング原理』フィリップ・コトラー/ゲイリー・アームストロング
和田充夫/青井倫一訳　ダイヤモンド社　p.194をもとに作成）

❶▶問題認知

購買意思決定のプロセスは、消費者がニーズを認知するところから始まる。ニーズとは、人間が感じる欠乏状態であるが、たとえば空腹感は、自らの体の内部から発生して感じる場合もあれば、おいしそうな匂いなどの外部の刺激から発生する場合もある。

❷▶情報探索

ニーズを感じた消費者は、それを満たすための情報探索を開始する。

1 内部探索と外部探索

情報探索には**内部探索**（自らの知識や記憶から情報を探索すること）と**外部探索**（パンフレット、インターネット、知人などから情報探索すること）がある。通常は、まず内部探索を行い、それで不十分だと感じれば外部探索を行う。

2 関与と知識

❶　関与

消費者の中心的価値と財・サービスなどの対象との結びつきである。製品に対する関与が高いということはその製品に対してこだわりがあるととらえることができ、この場合には積極的に情報探索を行う。また、製品に対する関与が高まる要因としては、①価格が高い、②購買頻度が低い、③所有することによって社会的評価に影響を与える、などがあげられる。

❷　知識

消費者が過去に使用（体験）した経験によって保持している、製品やサービスについての知識。

1 消費者購買行動

> ⟨設 例⟩ 🖊
>
> 　消費者がある製品に対して高い製品関与水準を持つとき、この消費者は自ら
> が蓄積した豊かな製品知識を容易に参照できるため、購買意思決定プロセスは
> 単純化する。これは精緻化見込みモデルによる見解である。
> H25-25（設問2）　ウ　（✕：関与が高いことと知識が豊富であることは別
> である。精緻化見込みモデルは、購買においては感情や感覚的な判断もあると
> するモデルである）

❸ 口コミと準拠集団

❶ 口コミ

　商品などについて消費者同士で情報の交換や共有をすることである。関与が高い
製品やサービスほど、口コミ情報を探索する傾向が強い。また、口コミ情報の影響
は意思決定の後半の段階になるほど大きくなる。

`R3 34`
`R元 30`

> ⟨設 例⟩ 🖊
>
> 　苦情処理に満足した人は、苦情処理に不満を抱いた人に比べ、その経験を多
> 数の人に口コミで伝える。
> H18-22　ア　（✕：口コミは、不満を抱いた人のほうが活発に行われる）

❷ 準拠集団

`R2 33`
`H29 35`

　消費者の態度や行動に影響を与える集団（あるいは個人）のことである。準拠集
団は、**願望集団**、**所属集団**、**拒否集団**の大きく3つに分類される。願望集団は、自
らが所属したいと思う集団（芸能人、スポーツ選手など）であり、所属集団は、自
らが所属している集団（家族、職場の同僚など）、拒否集団は、自らが所属したく
ないと考える集団である。
　また、これら準拠集団からの影響は製品の特性によって異なる。以下のように、
「高級品／必需品」と「公的（public）／私的（private）」という2つの軸で製品
を4つに分類すると、カテゴリー採択（その製品を購入するか否か）は、「高級な
製品」の場合に準拠集団の影響を受けることになり、ブランド選択（購入すること
に決めた状況においてどのブランドを購入するか）は、「公的な製品」の場合に準
拠集団の影響を受けることになる。

253

[3-4-3]　準拠集団の影響と商品カテゴリー

ブランド選択への影響

	強い（公的）	弱い（私的）
カテゴリー採択への影響：強い（高級）	**公的な高級品** ゴルフクラブ スキー ヨット 準拠集団の影響 　カテゴリー採択：強い影響 　ブランド選択：強い影響	**私的な高級品** テレビゲーム ごみ圧縮機 製氷機 準拠集団の影響 　カテゴリー採択：強い影響 　ブランド選択：弱い影響
カテゴリー採択への影響：弱い（必需）	**公的な必需品** 腕時計 自転車 背広 準拠集団の影響 　カテゴリー採択：弱い影響 　ブランド選択：強い影響	**私的な必需品** マットレス 電灯 冷蔵庫 準拠集団の影響 　カテゴリー採択：弱い影響 　ブランド選択：弱い影響

（出所）Bearden, W. O. and M. J. Etzel [1982], "Reference Group Influence on Product and Brand Purchase Decisions," Journal of Consumer Research, 9, Sept.

（『消費者・コミュニケーション戦略』田中洋・清水聰編　有斐閣アルマp.60をもとに作成）

> **設例**
>
> プライベートな場面で使用される製品よりも、パブリックな場面で使用される製品の方がそのブランド選択において準拠集団の影響は大きくなる。
> H24-27　エ　（○）

4 消費者の購買決定行動のタイプ

消費者の購買決定行動は、購入する製品や消費者の特性によって、3つのタイプに分類できる。

❶ 定型的問題解決（日常的反応行動）

価格が安く、購買頻度が高い製品などを購買するときの最も単純な購買行動である。消費者は製品についてよく知っており、どのようなブランドが流通しているかも知っている。そのため、特にこだわりがあるわけではないが、いつも同じブランドを購入する（定型的）ことが多いなど、購買決定のために労力や時間を費やさな

いタイプである。

❷ **限定的問題解決**
　消費者が、製品そのものについてはよく知っているが、どのようなブランドが流通しているのかを知っているわけではないため、購買決定のためにある程度の（限定的に）労力や時間を費やすタイプである。

❸ **拡大的問題解決（包括的問題解決、発展的問題解決）**
　価格が高く、購買頻度が低い製品などを購買するときの複雑な購買行動である。消費者は製品についても、流通しているブランドについてもよく知らないため、情報収集を行ってブランド間の比較を行うなど、購買決定のために多くの（拡大的に）労力や時間を費やすタイプである。

図表 [3-4-4] **購買決定行動のタイプ**

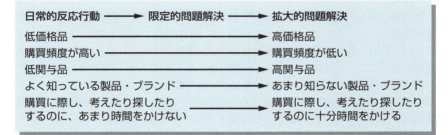

（『新版マーケティング原理』フィリップ・コトラー/ゲイリー・アームストロング
和田充夫/青井倫一訳　ダイヤモンド社　p.191をもとに作成）

設　例

　特定の製品カテゴリーに対する関与が高い場合、知識が少ない人より多い人のほうが、満足の最大化を目指して、限定的な意思決定プロセスをとりやすい。
H28-33　ウ　（〇：関与が高いという時点で、定型的問題解決ではない）

❸ ▶代替品評価

　情報探索により収集した複数の代替可能なもの（代替品）の情報を比較検討し、その評価を行う。評価によって購買するブランドを絞り込んでいくことになるが、このことに関連して、各ブランドが消費者の頭の中でどのように位置づけられているのかを理解するための考え方として、**ブランド・カテゴライゼーション**がある。

[3-4-5] ブランド・カテゴライゼーション

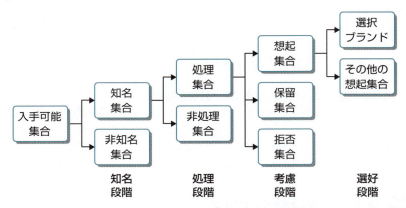

(『現代マーケティング論』武井寿ほか著　実教出版　p.141をもとに作成)

　消費者にとって購買が可能なすべてのブランドを「入手可能集合」という。「入手可能集合」は、消費者が存在を知っている「知名集合」とそうでない「非知名集合」に分類される。さらに「知名集合」は、消費者がブランド名だけでなく具体的な特徴などについても知っている「処理集合」と、単にブランド名を知っているだけの「非処理集合」とに分かれる。そして「処理集合」は、購入を検討する「想起集合」、品質の割に価格が高いなどの何らかの理由で購入を控える「保留集合」、購買候補から除外する「拒否集合」に分類される。そして、最終的には「想起集合」の中から購買するブランドが選択される。

❹▶購買決定

　購買行動の分類の仕方として、**アサエルの購買行動類型**がある。アサエルの購買行動類型とは、「製品や購買に対する関与の度合い（製品関与・購買関与）」と「消費者がブランドに関して認識している違い（ブランド間知覚差異）」という2つの要素によって、消費者がどのような購買行動をとるかを分類するものである。

[3-4-6] **アサエルの購買行動類型**

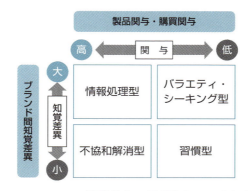

（出所）H. Assael [1987], *Consumer Behavior and Marketing Action*, Kent Publishing, p.87を修正。

（『価格・プロモーション戦略』 上田隆穂・守口剛編 有斐閣アルマ p.89をもとに作成）

■1 情報処理型

製品や購買行動に対する関心が高く、こだわりがあり、ブランド間の差が大きく感じられる際の購買行動である。この場合、消費者はブランド選択に時間を割き、熟考して購買する。また、購買後にロイヤルティの高い顧客になることが多い。

■2 バラエティ・シーキング型

製品や購買行動に対する関心は高くないが、ブランド間の差が大きいと感じるため、色々なブランドを買って試す行動を起こす。ペットボトルやスナック菓子など、反復的に購買されるが、味などに違いがあると認識している場合に生じる。

■3 不協和解消型

製品や購買行動に対する関心は高いが、どのブランドも同じように見え、購買後に自らの選択が正しかったのかに不安を感じることになる。このような、人間が自己の内部で矛盾が生じた際に生じる心理的な緊張状態を**認知的不協和**という。そのため、あらためて自らが購入したブランドや購入しなかったブランドの広告などを見て、その認知的不協和を解消しようとする。よって、このような購買行動になることが多い製品の場合には、広告に不安を解消させるような要素を入れておくことが重要になる。

■4 習慣型

製品や購買行動に対する関心が低く、どのブランドも大差ないと考えるため、いつも購買しているブランドか最も低価格なブランドを選択する。

> **設例**
>
> 　原材料や味に特徴がある多様なドレッシングが販売されている。アサエルの購買行動類型によれば、商品間の差を理解しやすく、低価格で特にこだわりもなく購入できる商品に対して、消費者は多くを検討することなく、慣習的な購買行動をとりやすい。
> H29-33　ア　（**✗**：慣習的ではなく、バラエティ・シーキング型の購買行動をとる）

`R3 38`
`R元 26`
❺ ▶ 購買後の行動 ··

　消費者は、購買したものの内容などが期待に合致したものであれば満足を、期待に沿わなければ不満足を感じる。よって、**消費者の主観として事前の期待が高すぎる場合には、客観的には十分な水準を有した製品やサービスであっても、不満足（不協和）を感じる**ことになる。

> **設例**
>
> 　購買後の満足度を高めるために、広告などを活用して事前の期待を大きく高めておく必要がある。
> H19-27　エ　（**✗**：高い期待と実際が乖離した場合、消費者は大きな不満を感じてしまう）

> **設例**
>
> 　「クチコミ」に関する記述として、最も不適切なものはどれか。
> 〔H24-33（設問2）改題〕
>
> ア　インターネット上のクチコミは対面でのクチコミよりも、広く速く情報が伝播する。
> イ　クチコミをマーケティング・コミュニケーションのツールとして利用する場合、倫理ガイドラインを整備・遵守する必要がある。
> ウ　購買意思決定においてクチコミが重視される原因のひとつに、消費者の情報過負荷がある。
> エ　コメント書き込みやトラックバックといった強力なリンク機能によってブログは情報伝播を促進した。
> オ　消費者の購買意思決定段階の後半になるほどクチコミの影響は小さくなる。

1 消費者購買行動

> **解　答**　オ

ア：インターネットのほうが、当然に広く速い。

イ：自信をもって正しいと判断するのは難しいかもしれないが、否定はできない内容である。

ウ：自分ひとりで商品について調べるのは労力がかかるため、クチコミ情報を頼りにするといった状況はよく見られる。

エ：これによって、書き手と読み手の双方向性が生まれた。

オ：クチコミの影響は、意思決定の後半になるほど影響が大きくなる（製品について情報収集し、最後の決め手としてクチコミ情報をチェックするというイメージである）。

R2 30
R元 26
R元 27
R元 29
H30 35

2 組織購買行動

　組織購買行動は、消費者購買行動と比較していくつかの点で異なっている。組織購買行動の特徴としては、次のようなものがある。なお、組織購買の対象となる財を産業財（生産財）という。

1 組織購買行動の特徴

❶ ▶ 集団による意思決定プロセス

　消費者行動は個人の意思決定をその分析の基礎におくが、組織行動はその行動単位を一定の集団ととらえることができ、その集団としての組織的な意思決定が行われる（多くの人物がかかわるため、意思決定が複雑になる）。

❷ ▶ 長期的な取引関係

　一般に組織間の取引は、少数の取引先を対象に長期的な取引が行われることが多い。よって、販売者は購買者と密接なリレーションシップを築くことが重要である。

❸ ▶ 取引の専門性

　組織間の取引では、その取引内容が技術的に複雑なものとなる場合が多く、取引担当者にも専門性が要求される。

❹ ▶ 低い価格弾力性

　（需要の）価格弾力性とは、価格変化による需要の反応度のことであり、これが低いということは、価格を下げても需要があまり増えないということになる。産業財の総需要の多くは、特に短期的には価格変化の影響をさほど受けない傾向がある。

❺ ▶ 合理的な意思決定

　組織における購買は、消費者の購買と比較して、感情的な要因が少なく、合理的な要因によって意思決定がなされる。

●第4章　消費者購買行動と組織購買行動

第5章

製品戦略

Registered Management Consultant

第5章 製品戦略

本章の体系図

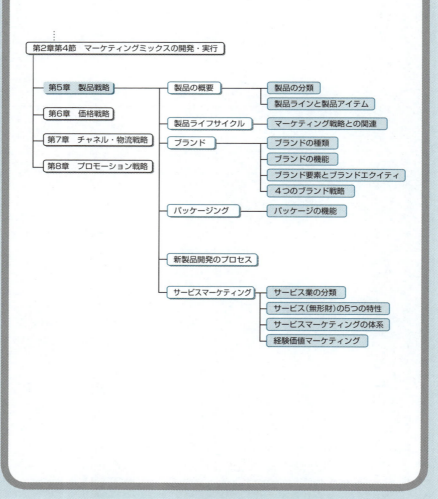

❗ 本章のポイント

◇ 製品は一般的にどのように分類されるのか。
◇ 消費財と産業財にはどのような違いがあるか。
◇ 消費財は財の評価の仕方によってどのように分類できるか。
◇ プロダクトミックスとは何か。
◇ ブランドの種類としてはどのようなものがあるか。
◇ ブランドはどのような機能をもつか。
◇ ブランド採用戦略とは何か。
◇ ４つのブランド戦略とは何か。
◇ パッケージにはどのような機能があるか。
◇ 新製品開発はどのようなプロセスで行われるか。
◇ サービス財の特性にはどのようなものがあるか。
◇ 経験価値マーケティングとは何か。

1 製品の概要

　製品とは、特定のニーズや欲求を充足する興味・所有・使用・消費のために市場に提供され得るすべてのものを指す。それは、物理的財・サービス・人間・場所・組織・アイデアを含んでいる。

1 製品の分類

❶▶経済的な財の分類

　企業が提供する経済的な財には**有形財**と**無形財**とがあり、有形財を製品あるいは商品といい、無形財をサービスという。またその使用目的によって、有形財、無形財ともに**消費財**と**産業財（生産財）**に分類される。
　これらをまとめると、図表3−5−1のようになる。

図表 [3−5−1] **財の分類**

❷▶有形財（製品）の特徴

　有形財には消費財と産業財がある。
　消費財は、消費者用品ともよばれ、最終消費者や家庭で使用される製品の総称であり、原則として再加工されたり、再販売されたりしない製品である。
　これに対して**産業財**は、業務者用品、生産財ともよばれ、産業用資材として生産者に提供される製品である。消費財と産業財の特徴は図表3−5−2のようになる。

[3-5-2] **消費財と産業財の特徴**

	消費財	産業財
購買者	最終消費者	業者、会社、工場、商店、官公庁、公共団体など
1回の購買量	少量	一般に大量
購買動機	衝動的、慣習的であることが多い	計画的、合理的であることが多い
購買態度	個人的、嗜好的、趣味的、感情的であることが多い	製品、原価構成への影響を考慮した採算的基準が重視されることが多い
購買目的	個人的消費満足充足	使用による組織的利益達成

❸ ▶ 消費財の分類

消費財は、消費者の購買特性の違いによって、**最寄品**、**買回品**、**専門品**に分類することができる。

1 最寄品

最寄品とは、消費者の購買頻度が高く、購買に関する意思決定時間が短い消費財であり、たばこ、石鹸、新聞、ファーストフードなどがこれに該当する。

2 買回品

買回品とは、消費者が購買に際して、品質・価格などの比較に時間をかける消費財であり、衣類、家電製品、ホテルのサービスなどがこれに該当する。

3 専門品

専門品とは、高額品であり、買回品より購買頻度が低く、品質、デザイン、性能などの多様な観点について強い関心をもって購買を行うが、特定のブランドに対して強いロイヤルティを有している消費者も多く、その場合には他のブランドとの比較は行わない消費財であり、高級自動車、高級腕時計、医師や弁護士のサービスなどがこれに該当する。

[3-5-3] 消費財の特徴

マーケティング要因	消費財の種類		
	最寄品	買回品	専門品
消費者の購買行動	購買頻度は高い、計画性は少ない、比較や購買に対しての努力は小さい、顧客の関与は小さい	購買頻度は低い、計画性と購買の努力は大きい、価格、品質、スタイルに基づきブランドを比較	強力なブランド選好とロイヤルティ、特別な購買の努力、ブランドの比較に対して小さな努力、価格感応度は低い
価　　格	低価格	価格は高め	高価格
販 売 方 法	幅広く販売、便利な立地	少数の店舗で選択的に販売	商圏ごとに1店ないし少数の店舗で独占販売
プロモーション	生産者によるマス・プロモーション	生産者と小売業者による広告と人的販売	生産者と小売業者とによる、慎重にターゲットを絞ったプロモーション
例	歯磨、雑誌、洗濯用洗剤	大型家電、テレビ、家具、衣類	ロレックスの時計、良質のクリスタル製品などの贅沢品

(『マーケティング原理　第9版』フィリップ・コトラー/ゲイリー・アームストロング 和田充夫監訳　ダイヤモンド社　p.351をもとに作成)

> **設　例**
>
> 　専門品の購買行動では、消費者が買い物の途中で選好を明確にするが、買回品の場合、買い物出向に先駆けて選好が確立している。
> H21-25　イ　(✕：専門品は選好するブランドが確定しているケースも多く、買回品は買い物の途中で選好が明確になることが多い)

❹▶財の評価による分類

❶ 探索財

　探索財とは、購入する前に顧客が製品について調べ、評価が可能な財である。購入前と購入後で認識のギャップが生じにくいため、認知的不協和が生じにくい。

❷ 経験財

　経験財とは、購入後や使用中に評価が可能な財である。購入後に購買した製品の欠点に気がつくことによって認知的不協和が生じることが考えられる。

❸ 信用財（信頼財）

　信用財とは、購入・使用後も評価が困難な財である。購入・使用後でさえ、その購買行動が良かったのか否かの判断が困難であるため、他のブランドの長所を認識

1 製品の概要

した場合に認知的不協和が生じやすい。

設 例

　認知的不協和は、信頼財よりも探索財や経験財において生じやすい。
H27−31（設問2）　エ改題　（✗：信頼財は、購入・使用後でさえ、適切な
購買行動だったのかの判断が困難であり、認知的不協和が生じやすい）

---

2 製品ラインと製品アイテム

R2 32
H29 31

❶▶製品ライン

　製品ラインとは、製品の種類、属性、品質、価格、顧客層などについて、同一の
あるいは類似しているグループのことである。1つの製品ラインは複数のサブライ
ンをもつ場合が多い。企業が採用する製品ラインの広がりを**製品ラインの幅**という。

❷▶製品アイテム

　製品アイテムとは、特定の製品ラインを構成している製品群の最小分類であり、
カラー、サイズなどにより区分されるものである。製品ラインにおける製品アイテ
ムの豊富さを**製品アイテムの深さ**という。

　なお、企業がラインアップしている製品の組み合わせの集合のことを**プロダクト
ミックス**という。

267

2 製品ライフサイクル

製品ライフサイクル（PLC）については、第1編第3章第6節「PPM」ですでに確認済みだが、ここでは製品ライフサイクルとマーケティング戦略との関連性を見ていく。

R元 28 ## 1 マーケティング戦略との関連

製品ライフサイクルの各段階の特徴と、各マーケティング要素における具体的なポイントは、およそ次のようになる。

図表 [3-5-4] **製品ライフサイクル各段階の特徴とマーケティングのポイント**

特徴	発売段階	成長段階	成熟段階	衰退段階
売上	低水準	急増	ピーク	減少
コスト	顧客一人当たりのコストは高い	顧客一人当たりのコストは平均的	顧客一人当たりのコストは低い	顧客一人当たりのコストは低い
利益	マイナス	増加	高水準	減少
顧客	革新者	早期採用者	平均的な多数採用者	遅滞者
競合他社	ほとんどない	増加	安定、そして減少へ	減少
マーケティング目標				
	製造、認知、試用	市場シェアの最大化	市場シェアを維持しつつ、利益を最大化	コスト削減し、ブランド名で売る
戦略				
製品	基本的な製品を提供する	製品の種類を増やし、サービス、保証を提供	ブランドやモデルを多様化する	弱いアイテムは引きあげていく
価格	コストプラス方式の採用	市場に浸透できる価格設定	競合他社と競うことができる、あるいはそれを打ち負かす価格設定にする	値下げする
流通	選択的流通チャネルを確保する	拡大的流通チャネルを確保	拡大化をさらに進める	選択する。利益の出ない販路から撤退する
広告	早期採用者、ディーラーに新製品を認知してもらう	大衆消費市場で新製品の知名度を高め、関心をもってもらう	ブランドの違いとベネフィットを強調する	固定客を維持するために必要な水準まで減らす
販売促進	試用してもらうために大規模な販売促進活動を展開する	需要が高まったところで販売促進活動は控える	ブランドを変えるよう、販売促進活動に力を入れる	最低水準まで減らす

出典：Philip Kotler, *Marketing Management: Analysis, Planning, Implementation, and Control,* 10th ed. (Upper Saddle River, NJ: Prentice Hall, 2000), P.316.

（『マーケティング原理　第9版』フィリップ・コトラー/ゲイリー・アームストロング
和田充夫監訳　ダイヤモンド社　p.431をもとに作成）

●第5章　製品戦略

3 ブランド

多くの製品にはブランドが付されている。ブランドとは、企業および企業の製品・サービスを他の企業（製品・サービス）と識別し、差別化するために、企業が独自に使用する名称やマークのことである。

1 ブランドの種類

ブランドはいくつかの観点により、次のように分類可能である。

❶▶ブランド使用者による分類

1 ナショナルブランド（製造業者ブランド） H30 37

メーカーが、自社が製造・販売する製品に使用するブランドのことである。

2 プライベートブランド（販売業者ブランド） H30 37

卸売業者もしくは小売業者が、自ら企画・開発した製品について使用するブランドのことであり、流通業者ブランド（ストアブランド）ともよばれる。

> **設 例**
>
> ブランドには、メーカー名がつけられる場合や独自の商品名がつけられる場合がある。前者をプライベート・ブランドと呼ぶ。
> H30-37　エ　（✖：メーカー名をつけるのは、ナショナルブランドかつファミリーブランドである）

❷▶ブランドの採用戦略（ブランドの冠し方による分類）

企業は通常、複数の製品を取り扱っているが、その製品が類似しているか否かによって、ブランドの冠し方を異なるものにするケースが多い。具体的には、取り扱っている製品群を、「標的市場の相対的類似性」「製品ライン間のイメージや競争地位の相対的類似性」という2つの次元で見比べた際の状況によって、ブランドの採用戦略（ブランドの冠し方）は5つのパターンに区分することができる。

図表 [3−5−5] ブランド採用戦略

製品ライン間のイメージや競争地位の類似性

標的市場の類似性		同質	異質
	同質	ファミリーブランド	ダブルブランド
		分割ファミリーブランド	
	異質	ブランド・プラス・グレード	個別ブランド

H30 37 **1 ファミリーブランド（統一ブランド）**

標的市場も製品ライン間のイメージ・競争地位も同質的である場合、個々の製品ラインをバラバラに広告・販促するよりも、統一されたイメージで訴求するほうが新製品を導入する際に受け入れられやすいため、すべての製品ラインに同一ブランドをつける。社名や社名の一部が利用されることが多く、「コーポレートブランド」ともよばれる。

H30 37 **2 ダブルブランド**

標的市場は同質だが、製品ライン間の競争地位やイメージが異質的である場合には、統一的なブランドと個々のブランドを組み合わせる。統一的なブランドの認知度を利用しつつ、個々の製品ラインの特徴をもうひとつのブランドで表現する。

補足　ダブルチョップとダブルブランド

H30 37

ダブルブランドは、共通のブランド（多くは社名）と個々のブランド名を組み合わせたブランドの付け方である。

ダブルチョップとは、1つの商品に対して2つの異なる企業のブランドを併記することをいう。多くの場合、ナショナルブランドとプライベートブランドの両方を併記する形になる。なお、このように2つの異なる企業のブランドを併記するのは、「コ・ブランディング」ともいう。

第5章　製品戦略

3 ブランド

> **設 例**
>
> 　ターゲットとする性別・年代、価格帯やイメージが異なる複数の製品ライン
> を展開する場合、メーカー名などを冠した統一的なブランドと個々のブランド
> を組み合わせた「ダブルチョップ戦略」が適切である。
> H30-37　イ　(✗：ダブルチョップは、2つの異なる企業のブランドを併記
> するものである。「メーカー名などを冠した統一的なブランドと個々のブラン
> ドを組み合わせる」のはダブルブランドである)

❸ ブランド・プラス・グレード

　標的市場は異質だが、製品ライン間のイメージ・競争地位は同質的である場合に
は、統一的なブランドを採用しつつ各製品ラインにグレードの違いを打ち出してい
く。消費者が製品から受けるイメージは同質的なため、ブランドには共通部分があ
ることが望ましい一方、標的市場は異なるため、違いをグレードによって表現す
る。

❹ 個別ブランド

　標的市場に加えて、製品ライン間のイメージや競争地位も異なる場合に、製品ラ
イン別に異なったブランドをつける。統一的なプロモーションを展開する根拠がな
いので、個々のブランドごとに特徴を訴求していく。結果的に評判の良くない製品
の悪影響が他の製品群に及ぶことを防止できたり、企業内の複数ブランドの競争が
企業全体の業績向上につながったりするといった効果がある。

❺ 分割ファミリーブランド

　2つの次元のいずれもが中程度である場合、製品ライン群を何らかの共通性に応
じていくつかに分け、それぞれ異なったブランドをつける。

〈各ブランド戦略の例〉
ファミリーブランド：マクドナルド、キッコーマン
ダブルブランド：キリンビール（キリンラガー、キリン一番搾り）
ブランド・プラス・グレード：BMW（7シリーズ、5シリーズ、3シリーズ）
個別ブランド：マース社（ペディグリーチャム、カルカン、スニッカーズ）
分割ファミリーブランド：旧松下電器産業（ナショナル、パナソニック、テクニク
　　　　　　　　　　　　　ス）

271

2 ブランドの機能

❶▶出所表示機能

ブランド名により、そのブランドが付されている製品のメーカーや流通業者が識別できる機能である。この機能により、消費者は特定製品の選択が容易になり、反復購買が促進される。

❷▶品質表示機能

ブランド名により、そのブランドが付されている製品の品質、価値などが判断できる機能である。この機能により、消費者の品質判定基準が確立される。

❸▶宣伝広告機能

ブランド名が、メーカーや流通業者に対するイメージや評判を向上させる機能である。この機能を有効活用することにより、顧客からの認知度や好感度を向上させることができ、また、ブランドが消費者のステイタスシンボルにもなり得る。

❹▶資産価値機能

ブランド名がそれ自体資産価値をもち、企業の収益の向上に貢献するという機能である。ブランドのもつ資産価値のことを**ブランドエクイティ**という。

3 ブランド要素とブランドエクイティ

❶▶ブランド要素（ブランドエレメント）

ブランド要素とは、ブランド化の手段としての言語的・視覚的な情報コードである。具体的には、ブランドネーム、ロゴ、キャラクター、スローガン、ジングル（コマーシャルなどで用いられる音楽によるスローガン）、パッケージなどである。

❷▶ブランドエクイティ

ブランドエクイティを高める要素には、ブランド知名度、ブランドロイヤルティ、知覚品質、ブランド連想、特許や商標などがある。

■ ブランド知名度
ある特定のブランドを尋ねたとき、その名称を知っているかどうかという指標。

■ ブランドロイヤルティ
ある特定ブランドに対する消費者の忠誠心のことであり、特定ブランドに強い愛顧をもち、そのブランドに執着している状態である。

なお、ロイヤルティについては以下のように分類される。

[3-5-6] **顧客ロイヤルティ分類**

		心理的（態度的）ロイヤルティ	
		高い	低い
行動的ロイヤルティ	高い	真のロイヤルティ	見せかけのロイヤルティ
	低い	潜在的ロイヤルティ	ロイヤルティなし

（Dick and Basu　1994をもとに作成）

　行動的ロイヤルティとは、繰り返し購買している（再購買率で測定）など、文字どおりロイヤルティの高さが行動に表れているということであり、心理的ロイヤルティとは、消費者の心理として高いロイヤルティを有しているということである。そして、行動的ロイヤルティが高い場合であっても、その企業やブランドに対して感情的にコミットしているとは限らず、関与が低い、他のブランドにスイッチするのが面倒といったことにより、惰性で同じブランドを購入していることもある（**見せかけのロイヤルティ**）。一方、心理的ロイヤルティが高い場合であっても、実際に購買にはあまりつながっていない場合もある。その企業やブランドに対して好意的な認識を有しているが、たとえば価格帯が高いなどによってなかなか購買ができていないといったことである（**潜在的ロイヤルティ**）。

> **設　例**
>
> 　顧客が企業に対して持つロイヤルティには、再購買率で測定される行動的ロイヤルティと態度に関わる心理的ロイヤルティがある。これらのうち前者が高ければ後者も高いが、前者が低くても後者は高いこともある。
> R元-26　ア　（✕：前者が高ければ後者も高いとは限らない）

3 知覚品質

　個人によって異なる優先順位や選好が織り込まれた、顧客の知覚に基づく総合的な品質のこと。

4 ブランド連想

　あるブランドが提示されたときに消費者は何らかの事柄（製品カテゴリー、製品便益、製品属性、利用状況、音、地域など）を思い浮かべるだろう（たとえばリーバイスときたら、ジーンズ、アメリカ、501などといった具合である）。ブランド連想とは、ブランド名とある事柄との結びつきのことであり、連想される事柄が好ましくて、ユニークであり、結びつきが強いほうがブランド価値は高くなる。

4 4つのブランド戦略

企業が新たな製品を市場に投入する際に、既存製品で使用しているブランド名を用いるのか否か（新しいブランド名を用いるのか）、また、その製品が既存製品と同一のカテゴリーなのか否かによってブランド戦略は4つに分類される。

図表 [3-5-7] **4つのブランド戦略**

	製品カテゴリー 既存製品	製品カテゴリー 新製品
既存のブランド名	ライン拡張	ブランド拡張
新たなブランド名	マルチブランド	新ブランド

（『マーケティング原理 第9版』フィリップ・コトラー/ゲイリー・アームストロング 和田充夫監訳　ダイヤモンド社　p.367をもとに作成）

1）ライン拡張
すでに成功したブランド名を使って、既存製品と同一のカテゴリーに、風味、形、色、原材料、容器のサイズなどを変えた新商品を導入すること。

2）ブランド拡張
すでに成功したブランド名を使って、新製品や改良製品を新しいカテゴリーに投入すること。

3）マルチブランド
新しいブランド名を既存製品と同一カテゴリーの新製品に付すこと。①メーカーが小売店の店頭の陳列スペースを確保することができる、②ブランドスイッチする消費者を自社内にとどめることが可能になる、といった効果が期待できる。主力ブランドを守るために、脇を固めるブランドとして展開したい場合や地域別・国別にブランドを区別したい場合にも用いられる。

4）新ブランド
既存のブランド名がふさわしくない新しい製品カテゴリーに参入する場合、新しいブランド名を創出すること。また、買収によって新しいカテゴリーの新しいブランド名を獲得することも含まれる。

〈各ブランド戦略の例〉
ライン拡張：マクドナルド、メリット（花王）
ブランド拡張：ホンダ（自動車、オートバイ、船舶エンジン）
マルチブランド：ネスレ日本（ペリエ、ヴィッテル）、LVMH（ルイ・ヴィトン、セリーヌ、クリスチャン・ディオール）
新ブランド：マース社（ペディグリーチャム、カルカン、スニッカーズ）

3 ブランド

設 例

　ブランド・エクステンション（ブランド拡張）とは、ある製品カテゴリーに
おいて確立されたブランド名を同種の製品カテゴリー内の新しい製品に活用す
ることである。
H26−32　ウ　（✕：既存ブランドを他の製品カテゴリーで活用することであ
る）

4 パッケージング

パッケージングは製品の包装や容器のデザイン／制作などの活動のことであり、製品戦略の一要素と考えることができる。

1 パッケージの機能

パッケージには、運搬や取扱いの際に内容物を保護する機能や、利便性を提供する機能がある。

また、使用方法や内容物の表示、商標や規格の表示など、情報を提供する機能や、パッケージのデザインや色彩などを工夫すれば、販売促進に役立つ機能もある。ブランド要素のうちのひとつでもあり、視覚や触覚への訴求によってブランド価値を向上させる機能も有している。

また、パッケージデザインの変更は、ブランド鮮度を訴求する有効な手段となるが、すでに流通し、認知されている商品のパッケージを変更することは、消費者にそのブランドそのものが変わったと勘違いされるリスクもあることには留意する必要がある。

> **設 例**
>
> パッケージデザインの変更はブランド鮮度を訴求する有効な手段であるため、イメージを一新するパッケージ変更を積極的に行うべきである。
> H27-32 イ （✕：パッケージ変更は有効な手段であるが、リスクもあるため、積極的に行うべきであるとまでは言えない）

5　新製品開発のプロセス

　新製品の開発は、多角化戦略や新製品開発戦略などの経営戦略を策定する際にも重要な役割を果たしている。また、マーケティングの要素としての製品戦略においても、その中心的な課題に位置づけられる。

1 新製品開発の全体像

　新製品開発は、一般的には以下のようなステップで実施される。

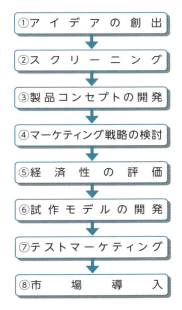

2 新製品開発の各ステップ

❶▶アイデアの創出

　新製品のアイデアの創出は、自社の強みを何かに利用できないかという「**シーズ発想**」と、こんなニーズがあるが、何か解決できる方法はないものかという「**ニーズ発想**」の2つに分けられる。

❷▶スクリーニング

　創出したアイデアを、経営理念や事業戦略、経営資源などの多様な観点を踏まえて絞り込む。潜在性の高いアイデアを棄却してしまう**ドロップエラー**や潜在性の低

いアイデアを採用して開発を進めてしまう**ゴーエラー**が発生しないよう留意する。

❸ ▶製品コンセプトの開発 `H29` `31`

製品コンセプト自体が顧客の購買理由や市場価値であり、これを明確化する必要がある。これが不明確だと、各部門の行動に統一性がなくなってしまう。

この過程と並行して、「ポジショニング」と「標的市場」も明らかにする。

> **参考**
>
> **ユニバーサルデザイン**
>
> 　多様なユーザー層の身体的な特性を深く理解し、幅広いユーザーが使いやすいように生成されたデザイン（あるいはデザイン思想）のこと。高齢者や子供、障害者等、多様な特性をもつユーザーを設計段階であらかじめ想定し、できるだけ幅広い層に使いやすい製品ないし空間を開発していこうというデザイン思想をいう。

❹ ▶マーケティング戦略の検討

この段階ではコンセプトをもとに、マーケティング戦略の基本骨格を固める。

❺ ▶経済性の評価

大まかなマーケティング戦略を策定した後、その製品事業に関する経済性を分析する。具体的には、製品の予想売上高、利益、原価などをいくつかのパターン（ベストケース、ワーストケース）でシミュレーションを行い、採算性を検討する。

❻ ▶試作モデルの開発

マーケティング部門と開発部門の議論により、具体的な製品への落とし込みが始まり、試作品を物理的側面と心理的側面の両面から比較検討する。

製品化が決定した場合、必要であれば特許の申請などを行う。

❼ ▶テストマーケティング

この段階では地域を限定した実験販売を行い、最終的にデザインなどさまざまな製品仕様を決定する。この決定は、その後行う生産数量の決定、広告、販売促進、流通経路の決定などのマーケティング活動を効率よく行うための最終調整の場である。テストマーケティングは、競合他社に新製品を見せるというリスクも伴う。

❽ ▶市場導入

スムーズに市場導入し、一気に事業基盤を築くための戦術づくりに力を注ぐ。経営資源を大量投入する新製品の導入は重大な意思決定であり、仮に新たな問題点が発見されたらフィードバックを行い、戦略の再検討を行う。

6 サービスマーケティング

H30 32

サービスマーケティングとは、無形財であるサービスを対象とするマーケティングである。原則的な考え方は有形財のマーケティングと同じだが、サービス財ならではの特性をふまえたマーケティング対応が必要になる。

1 サービス業の分類

サービスも有形財と同じように、その購買対象者によって**消費者向けサービス**と**事業所向けサービス**に分類される。具体的には次のようなものがある。

[3-5-8] **消費者向けサービス、事業所向けサービスの例**

消費者向けサービス	家事代行 余暇・レクリエーション・教養・娯楽 金融・保険・不動産
事業所向けサービス	人材派遣 警備・設備メンテナンス 調査企画・コンサルティング 情報処理・通信 輸送・保管 金融・経理・税務

2 サービス（無形財）の5つの特性

R元 33

無形財には、有形財とは異なる特性がある。そのため、マーケティングの各要素を考える際にもその特性をふまえた対応が必要になる。

❶ ▶ 無形性（非有形性）

1 特性
形がなく、目で見たり触ったりすることができない。

2 対応
サービスの有形性（可視化）を高める。

❷ ▶ 品質の変動性（非均一性）

1 特性
誰がそれを提供するか、いつそれが提供されるかによって、その質が異なる可能性が大きく、質の均一性を保ちにくい。

❷ 対応

接客マニュアルの整備、顧客アンケートや教育訓練の実施、業務の機械化により迅速性や正確性を高める。

❸ ▶ 不可分性 ··

❶ 特性

提供する側とされる側が必ずその場にいなければならない。つまり生産と消費が同時に行われる。

❷ 対応

一度に多数の消費者にサービスを提供できる仕組みや、サービスを記録・保存する方法を構築する。

設 例

美容室のように人が顧客に提供するサービスは、「無形性」「不可分性」を有するため、在庫を持つことや生産場所から他の場所に移動させることが困難である。

R元－33（設問1） エ （**○**）

---

❹ ▶ 消滅性（非貯蔵性）··

❶ 特性

生産と消費が同時に行われるため、在庫をもつことができない。

❷ 対応

大きく需要管理と供給管理に分かれる。

❶ 需要管理の例
① 時間割引や季節料金を導入し、ピーク時の需要を非ピーク時へと移動させる。
② 非ピーク時の需要を活性化させる。
③ 待ち時間を快適に過ごせるなど、補完的なサービスを開発する。
④ 予約システムを導入し、ピーク時の需要を事前に他の時間帯へ移動する。

❷ 供給管理の例
① パートタイムの従業員を活用し、ピーク時の供給力を高める。
② 供給効率を高める。
③ セルフサービスを導入するなど消費者のサービスへの参加度合いを高める。
④ 共同購入により供給設備を共有する。
⑤ 拡張を狙って投資をする（ただし、需要が見込まれる場合）。ホテルや遊園地の周辺地域の買収がこれにあたる。

> **設 例**
>
> ドリンクバーのように顧客自身にサービス提供者が行う活動を代替してもらうことはコスト削減につながるなどメリットもあるが、顧客満足の視点からは避けたほうがよい。
> H27-35 イ （✕：顧客参加は顧客満足向上に寄与する）

❺ 需要の変動性

1 特性
需要量が季節、週、一日の時間帯などによってかなり変動する。観光業や、朝夕に利用が集中する交通機関を想起すればイメージがつくであろう。

2 対応
消滅性（非貯蔵性）への対応と同様。

3 サービスマーケティングの体系

R2 37
R元 33

サービスマーケティングには、有形財のマーケティングとは違う仕組みがある。

図表 [3-5-9] **サービスマーケティングの仕組み**

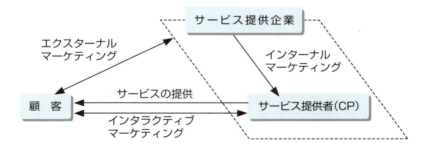

❶ インターナルマーケティング

R2 37

対社内のマーケティング。従業員を組織の内部にいる顧客ととらえ、ターゲットである従業員のニーズをふまえて、あたかも組織内部で仕事をマーケティングするかのように仕事を提供すること。これにより従業員の組織へのコミットメントの向上や離職率の低下を図りながら、組織の成果を高めることを目指す。

❷▶インタラクティブマーケティング

サービス提供者が顧客に対して行うマーケティング。サービスマーケティングは、顧客と販売者の相互作用の質に影響される。また、サービス提供者を**コンタクトパーソナル（CP）**といい、CPの質、能力でサービスの満足度は変わる。

❸▶エクスターナルマーケティング

企業と顧客の間で行われる活動であり、企業が顧客に対して行う4Pを中心とするマーケティング活動のこと。伝統的なマーケティング手法である。

4 経験価値マーケティング

経験価値マーケティングとは、消費者の経験を刺激するマーケティングのことである。五感、喜怒哀楽、考える、行動する、他人と交流する、という5つの消費者の経験領域に対し、広告・製品・ウェブサイトなどによって、新たな経験価値を提供する。従来の4Pを中心とした伝統的マーケティングが合理的・客観的な方法に依拠していたのに対し、情緒的・主観的な方法を主張するものである。経験価値マーケティングに沿ったものとしては、テーマパーク、高級アパレルブランドや高級自動車をイメージしてみるとよいだろう。これらは必ずしも機能的・経済的価値によって購買されるわけではない。

設 例

次の文章を読んで、下記の設問に答えよ。

多くの製品がコモディティ化している今日の成熟市場では、消費者にとって価値ある①ブランドを創造・提供することが重要である。顧客ベースのブランド・エクイティという概念によれば、ブランドの強さは消費者の　A　によって決まる。
　A　は、　B　と　C　という2つの次元から構成される。強いブランドを構築するためには、②ブランド要素の選択、支援的マーケティング・プログラムの開発、二次的な連想の活用によって、深く広い　B　と、強く、好ましく、ユニークな　C　を獲得する必要がある。　〔H23-27（設問1、3）〕

（設問1）
　　文中の空欄A～Cにあてはまる語句の組み合わせとして最も適切なものはどれか。

ア　A：ブランド・アイデンティティ　　B：ブランド知識
　　C：ブランド・イメージ

282　●第5章　製品戦略

6　サービスマーケティング

イ　A：ブランド・イメージ　　　　B：ブランド知識
　　C：ブランド・ロイヤルティ
ウ　A：ブランド・ロイヤルティ　　B：ブランド認知
　　C：ブランド知識
エ　A：ブランド知識　　　　　　　B：ブランド認知
　　C：ブランド・イメージ
オ　A：ブランド認知　　　　　　　B：ブランド・アイデンティティ
　　C：ブランド・ロイヤルティ

（設問3）
　　文中の下線部②に関する以下の文章の空欄A～Cにあてはまる語句の組み合わせとして最も適切なものを下記の解答群から選べ。

　　ブランドは様々な要素から構成され、それらによって消費者はブランドを知覚する。
　　　A　は視覚と聴覚に訴求することができるとともに、言語的な意味性も備えることができる。　B　は聴覚のみへの訴求だが、言語的な意味性は高い。
　　　C　は、視覚だけでなく触覚にも訴求できる点に特徴がある。

〔解答群〕
ア　A：キャラクター　　　　B：パッケージ　　　　C：スローガン
イ　A：ジングル　　　　　　B：キャラクター　　　C：ロゴ
ウ　A：パッケージ　　　　　B：スローガン　　　　C：ジングル
エ　A：ブランド・ネーム　　B：ジングル　　　　　C：スローガン
オ　A：ブランド・ネーム　　B：スローガン　　　　C：パッケージ

解　答　（設問1）**エ**、（設問3）**オ**

（設問1）
　　ブランド知識（消費者の頭の中に形成された当該ブランドに関する知識）、ブランド認知（どのようなブランドであるかが潜在顧客に知られている度合）、ブランド・イメージ（あるブランドについて考えたときに消費者の頭に浮かぶ連想の集まり）などの知識が整備されていれば、判断は可能である。
（設問3）
　　ブランド要素には多様なものがあるが、それぞれの特徴をふまえておけば判断は可能である。

283

第6章
価格戦略

Registered Management Consultant

第6章 価格戦略

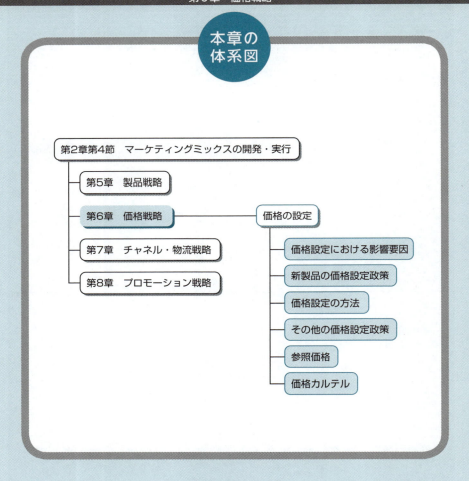

❗ 本章のポイント

◇ 価格設定の影響要因にはどのようなものがあるか。
◇ 初期低価格政策と初期高価格政策にはどのようなメリット、デメリットがあるか。
◇ 初期低価格政策と初期高価格政策の成立条件は何か。
◇ テクノロジーライフサイクルの各層の特徴はどのようなものか。
◇ キャズムとは何か。
◇ 心理的価格政策にはどのようなものがあるか。
◇ 販売促進的価格政策にはどのようなものがあるか。
◇ 価格カルテルとはどのようなものか。

1 価格の設定

価格は、企業内外の影響要因について考慮したうえで、一定のプロセスを経て設定される。また、企業目標や戦略によって価格政策や設定法も異なってくる。

1 価格設定における影響要因

[3-6-1] **価格設定における影響要因**

1 企業・マーケティング目標
売上高や市場シェアといった目標により、価格設定は影響を受けることになる。

2 価格以外のマーケティング要素
マーケティング要素はそれぞれ独立の変数ではない。したがって、ブランド戦略やチャネル戦略、プロモーション戦略が価格設定に影響をおよぼすことになる。

3 コスト
製品の製造コストやマーケティングコストは、価格設定に影響をおよぼすことになる。

4 競争戦略
競争戦略を構築する際に、コストリーダーシップ戦略を採用するのか、もしくは差別化戦略を採用するのかにより、製品価格の設定は異なってくる。

5 競争地位別戦略
リーダー、チャレンジャー、フォロワー、ニッチャーのいずれの地位に位置しているかにより、価格戦略は異なってくる。たとえば、リーダーは非価格対応戦略をとるが、フォロワーは低価格の戦略を採用することが多い。

6 需要の価格弾力性
需要の価格弾力性とは、価格が1％変化した際に需要量が何％変化するかという指標である。この弾力性の程度により、価格設定の意思決定も異なったものになる。

7 マクロ経済状況

景気変動などの経済状況も価格設定に大きな影響を与える。すなわち不況期と好況期では価格設定の基準も変動する。

8 法規制

独占禁止法では、再販売価格の拘束や不当対価、差別価格などの不公正な取引方法が規制されている（詳しくは弊社テキスト「⑥経営法務」を参照のこと）。

2 新製品の価格設定政策

新製品の価格設定政策には、**初期低価格政策**と**初期高価格政策**がある。

❶ ▶ 初期低価格政策

初期低価格政策とは、新製品の価格を低価格に設定して大量の顧客に製品購入を促し、圧倒的な市場シェアを早期に獲得する、という政策である。

市場シェアを獲得した企業は、累積生産量も多くなっていることから、コストダウンによってさらなる低価格を設定することができる（初期低価格政策は、**市場浸透価格政策**、**ペネトレーションプライス政策**ともよばれる）。

❷ ▶ 初期高価格政策

初期高価格政策とは、新製品の導入時に高い価格を設定しておき、成長期に移行するとともに価格を徐々に低下させる政策である。新製品の開発費の早期回収も可能である。新製品の発売当初は、高価格でもその製品を購入する革新的な消費者（市場における上澄み）に網を掛け、その後価格を下げて保守的な消費者を取り込んでいくという政策である（初期高価格政策は、**上澄吸収価格政策**、**スキミングプライス政策**ともよばれる）。

以下は、それぞれの価格政策がどのような場合に有効であるか（成立要件）を記したものである。

初期低価格政策	・市場の価格弾力性が高く、価格を下げることで市場が成長すること
	・生産コストと流通コストが販売量の増加とともに低下すること
	・低価格設定することで競合他社を締め出すことができること
初期高価格政策	・優れた品質やイメージが高価格を支援し得ること
	・高価格でも十分な数の購買者が実際に強い需要をもっていること
	・少量生産によるコストが、高い価格を請求できる優位性を打ち消してしまうほど高くないこと
	・競合他社が簡単に市場参入を果たしたり、簡単に安い価格で参入できないこと

（『新版マーケティング原理』フィリップ・コトラー/ゲイリー・アームストロング 和田充夫/青井倫一訳　ダイヤモンド社　p.432〜433をもとに作成）

1　価格の設定

❸ ▶ テクノロジーライフサイクル

新製品や新サービスが市場に登場してからのライフサイクルは、図表3-6-2のベル型（釣鐘型）の標準偏差のグラフであるテクノロジーライフサイクル（新たな製品が市場でどのように受け入れられていくかを理解するためのモデル）によって示される。

[3-6-2]　テクノロジーライフサイクル

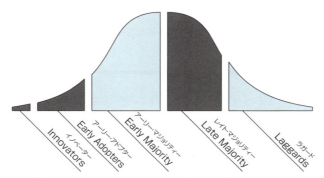

（『キャズム』　ジェフリー・ムーア著　川又政治訳　翔泳社　p.24をもとに作成）

❶ イノベーター（革新者）

新しもの好きの層であり、価格に無頓着で新製品を真っ先に購入する消費者である。

❷ アーリー・アドプター（早期採用者）

目利きの層であり、新製品を早い段階で手にする消費者である。そして、新しいものについて他の人々の購買に影響を与える人であるオピニオンリーダーが多くいる層とされている。

❸ アーリー・マジョリティー（前期多数採用者）

流行に敏感な層であり、新製品に対して若干慎重な消費者である。

❹ レイト・マジョリティー（後期多数採用者）

流行を後追いする層であり、新製品に対して懐疑的な消費者である。

❺ ラガード（採用遅滞者）

無関心の層であり、伝統的な考えをもっている消費者である。

これらの顧客セグメントごとに異なるマーケティング施策を行いながら、徐々に

顧客層を広げていくことになる。しかし、アメリカのマーケティング・コンサルタントであるジェフリー・ムーアは、イノベーターとアーリー・アドプターで構成される初期市場と、アーリー・マジョリティーやレイト・マジョリティーによって構成されるメジャー市場のあいだには、容易には越えがたい「**キャズム（深いミゾ）**」があるとしている。これは、アーリー・アドプターは、既存の製品とは革新的に異なるものを求めるが、アーリー・マジョリティーは既存の製品の延長上で進化したものを求める。よって、イノベーターとアーリー・アドプターで構成される初期市場に受け入れられる新製品や新サービスは、アーリー・マジョリティーやレイト・マジョリティーによって構成されるメジャー市場にはすぐには受け入れられがたく、企業努力や多くの時間を要することが多くなるという考えを提唱している。

> **設 例**
>
> 「市場の断層（キャズム）」を乗り越えるためには、新しいモノ好きの層（イノベーター）や流行に敏感な層（アーリー・マジョリティー）には受け入れられても、いかに無関心の層（ラガード）に受け入れられるかが課題である。
> H26-10 イ改題　（✕：流行に敏感な層（アーリー・マジョリティー）に受け入れられるかが課題である）

3 価格設定の方法

❶▶コスト志向的価格設定法

コスト志向的価格設定法は、製造原価に、一定のマージン（粗利益）を加算することにより、販売価格を設定する方法である。

この方法は**コストプラス法**とよばれているが、流通業では**マークアップ法**（値入法）とよぶことがあり、その場合には製造原価ではなく、仕入原価に値入額が加算されていく。いずれにしても、その他の経費がマージンや値入額でカバーできれば、必ず利益を得ることが可能である。しかしながら、インターネットの普及などによって企業と消費者の間の情報格差が縮小し、**価格の品質バロメーター機能**が作用しにくくなっている。そのため、単純なコストプラス法では販売が困難である。価格の品質バロメーター機能とは、価格が品質を判断するための機能を果たすというものであり、これが作用しやすい場合には、消費者は価格が高ければ品質が良いのであろう、低ければ品質が悪いのであろう、といった具合に判断するということである。

また、逆に目標価格を出発点とし、そこから必要とする目標利益を算出することで、目標（ターゲット）とするコストを設定していくものを、**ターゲット・コスティング**という。

❷ ▶ 需要志向的価格設定法 ································

　需要志向的価格設定法とは、コストよりもむしろ需要に重点をおいて価格を設定する方法であり、消費者が知覚する商品価値を基準に価格を設定したり、価格に対して抱く心理を活用して価格を設定したりする方法である。該当する価格設定法としては知覚価値法、差別価格法などがある。なお、後述する心理的価格政策も需要志向的価格設定法の一種ととらえることができる。

❶ 知覚価値法

　知覚価値法とは、消費者が当該商品にどれだけの価値を知覚するかに基づいて価格を設定する方法である。類似商品や代替商品の価格帯から推計する方法や、市場調査によって直接消費者の知覚価値を測定するなどの方法がある。

❷ 差別価格法

　差別価格法とは、市場をいくつかのセグメントに分けることが可能であり、セグメントごとに需要の強度が異なっている場合に、同一商品もしくは原価がほとんど変わらないほぼ同一な商品に異なった価格を設定する方法である。

`R3 32`
`R元 30`

　具体的には、運賃や料金に大人・子供料金を設定する（あるいは学割）などの対象顧客別や、製品の仕上げなどの製品形態別、劇場の座席などの場所別、季節や曜日、時間帯など、時期別に価格を変えていく方法がある。

❸ ▶ 競争志向的価格設定法 ································

❶ 実勢価格設定法

　競合他社や業界のプライスリーダーの価格を念頭において自社の価格設定を行う方法であり、消費者が価格差に敏感に反応する製品に採用される場合が多い。

❷ 入札による価格設定

　請負契約による受注を入札で決定する際に、入札参加企業が採用する価格設定である。この場合も入札する競合他社の動向を想定して、入札価格を決定する。

> ✎ **設　例**
>
> 　伝統的な価格設定方法のひとつにコスト・プラス法がある。この手法は、消費者の価格感度や製品市場での競争状況を価格設定に反映させている。
> H22−24　エ　（✖：コストプラス法は、コストをベースに（利益が確保できるように）価格設定する手法である。また、消費者の価格感度を反映させるのは需要志向的価格設定法であり、競争状況を反映させるのは競争志向的価格設定法である）

4 その他の価格設定政策

❶▶心理的価格政策

心理的価格政策とは、消費者の心理に働きかけて購入を促進させる政策であり、主に小売業で採用される場合が多い。

1 端数価格

端数価格とは、298円、3,999円などの端数が設定された価格のことであるが、消費税の総額表示により見かけることが少なくなった。

2 慣習価格

消費者が慣習的にその価格水準を認めており、その価格水準を上回る価格設定を行うと需要が激減するものである。たとえば、自動販売機の缶コーヒーなどがこれに相当すると考えられる。

3 名声価格（威光価格）

ブランド品などの高級品に対し、そのステータスを保つためにつける価格である。
高い社会的評価や価値づけを示す価格設定であるため、通常は高価格に設定するということになる。このような企業や製品の社会的評価の高さを表す要素を**プレステージ性**という。

図表 [3-6-3] 心理的価格政策

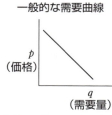
一般的な需要曲線
p（価格）
q（需要量）

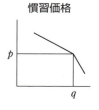
慣習価格
p
q

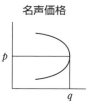
名声価格
p
q

（『マーケティング・ベーシックス 第2版』（社）日本マーケティング協会編　同文舘出版　p.151をもとに作成）

4 プライスライニング

消費者が一定の価格の範囲内では、価格の小さな相違を気にせず購入するような商品に対して、10,000円、15,000円、20,000円などキリのよいいくつかの価格ラインに整理すること。

1　価格の設定

設 例

　価格には、品質のバロメーターとしての役割や、プレステージ性を顕示する機能も含まれている。後者に関しては威光価格の考え方があるが、これは消費者の価格感度を高め、需要の価格弾力性を低下させるうえで重要な手法である。
H29-28　ア　（**✕**：価格感度が高いとは、価格に対してシビアということである。威光価格が成立するような状況では高価格であることがむしろ好ましいため、価格感度が低くなる）

❷▶製品ミックス価格設定戦略
　ある製品が製品ミックスの一部を構成している場合などに取られる戦略である。

■ キャプティブ価格
R元 31

　製品本体と、その本体を使用するために必要な消耗品から構成される製品の場合に、本体を比較的低価格に設定し、消耗品を比較的高価格に設定することで、トータルで利益を獲得していく価格設定戦略である。ゲーム機とソフト、プリンターとインクなどの例がこれに相当すると考えられる。

■ 価格バンドリング
　互いに補完的、または無関連な複数の製品やサービスを組み合わせて価格設定を行い（同時購入）、個々の製品を別々に購入した場合の合計金額よりも低い価格設定にすることである。なお、互いに代替的な製品の場合には当てはまらない。

❸▶流通業者の販売促進的価格政策
　プロモーション（販売促進）の視点により価格を設定するものである。

■ ロスリーダー政策（おとり価格政策）
　ロスリーダー政策とは、小売店で特売用の目玉商品を選んで、その商品に商品原価を下回るほどの安値を設定し、それをチラシなどで大きく打ち出すことにより、顧客を誘引するものである。商品の数は限定されているのが一般的であり、目玉商品以外の通常の商品を同時に購入させることを目的としている。

■ ハイ・ロープライシング
　特売など、通常価格よりも安い価格で提供したり、特売を中止することで通常価格に戻したりといった、店頭で最も一般的に見られる価格政策である。ただし、値崩れを引き起こし、通常価格で売れにくくなるなどのマイナス面もある。

🔢 エブリデーロープライス（EDLP）政策

つねに徹底した低価格で販売する政策である。

5 参照価格

参照価格とは、消費者が価格を判断する際に基準とする価格のことであり、内的参照価格と外的参照価格がある。

R2 29 **❶▶内的参照価格**・・

過去の購買経験から形成された消費者の記憶内にある価格水準である。特定のブランドについて、頻繁な価格プロモーションや大幅な値引きに接すると、そのブランドについての消費者の内的参照価格は低下することになる。

❷▶外的参照価格・・・

店頭の販売価格や他の同クラスの製品の価格など、消費者が購買時に参照できる外的な指標である。

> **設 例** 🖊
>
> Ｙ氏は顧客ひとりあたりの購買単価を上げるための施策として、キャンペーン期間中に一定数量（点数）以上の買い物を行った顧客に対して、次回以降に使用可能なバンドル販売型買い物クーポンを配布した。この種のバンドル販売の欠点は、消費者の内的参照価格が下がることである。
> H26－28（設問1）エ（✗：バンドル販売は、個別の製品やサービスの価格がわからないため、内的参照価格は下がりにくい）

6 価格カルテル

H29 28 **❶▶価格カルテル**・・・

価格カルテルとは、同一のチャネル段階にある競争業者が、お互いに共同して販売価格を協定することである。これは**独占禁止法違反行為**である。競争業者間において、話し合いによって、あるいは共同し、共謀して価格を決定する行為は、その業界内における公正な競争、自由な競争を阻害するためである。

1 価格の設定

設 例

　高い市場占有率をもつ企業は、しばしば同種製品市場での競争相手となる他の上位企業と相談し、それぞれの製品の価格に関する意思決定を行うことがある。これによって市場における競争の公正性が担保され、非価格競争が促される。
H29－28　ウ　（×：需要と供給のメカニズムによって価格が決定されなくなるため、市場における競争の公正性が担保できなくなる）

295

第7章

チャネル・物流戦略

Registered Management Consultant

第7章　チャネル・物流戦略

本章の体系図

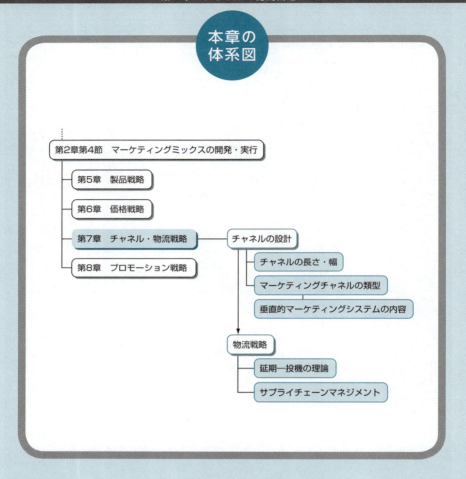

❗ 本章のポイント

◇ チャネルの長さや幅とは何か。
◇ チャネルの幅を決定する政策にはどのようなものがあるか。また、各政策にはどのようなメリット、デメリットがあるか。
◇ 伝統的マーケティングシステムと垂直的マーケティングシステムにはどのような違いがあるか。
◇ 垂直的マーケティングシステムにはどのようなものがあるか。
◇ フランチャイズチェーンとは何か。
◇ フランチャイザーとフランチャイジーのメリット、デメリットは何か。
◇ 延期と投機とは何か。
◇ サプライチェーンマネジメントとは何か。

1 チャネルの設計

チャネルのもつ機能を十分に引き出し、マーケティング目標を達成できるようなチャネルを設計するには、標的市場、購買者の購買行動、既存のチャネルの特徴、他のマーケティングミックス要素などを考慮しながら、チャネルの長さと幅についての検討を進めなければならない。

1 チャネルの長さ・幅

❶ ▶ チャネルの長さ

チャネルの長さ、すなわちチャネルの段階数は、介在する卸売業、小売業の数によって決まる。介在する企業の数が多い状況を、チャネルが長い、と表現する。チャネルの典型的な段階構造は図表3−7−1のとおりである。

図表 [3−7−1] チャネルの段階構造

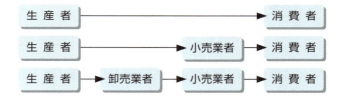

❷ ▶ チャネルの幅

チャネルの幅とは、チャネルがその市場の流通をどの程度網羅しているか、という観点で把握するものである。企業は取り扱っている製品の特性に応じてチャネルの幅を設定することになり、具体的には次のように分類されている。

■1 開放的チャネル政策

メーカーができるだけ幅広くチャネルを網羅することにより、広く最終消費者に製品を供給していこうとする際に採用される政策である。したがって、販売先の限定をせずに、取引を希望する販売店には信用の許す限り製品を販売する。

この政策は、日用品や食料品などの最寄品の流通に多く見られる。

■2 選択的チャネル政策

メーカーがチャネルの幅をある程度限定し、その限定した範囲の流通業者に対して優先的に製品を販売していくという政策である。

この政策は、化粧品や家電製品などの流通において見られる。

❸ 専属的（排他的）チャネル政策

メーカーがチャネルの幅を極端に限定し、その限られた流通業者に対して一定地域の専売権を付与していく政策である。

この政策は、自動車のディーラーやガソリンスタンドなどにおいて見られる。

開放的・選択的・専属的チャネル政策のメリット・デメリット

開放的チャネル政策

メリット
- 販売先を指定しないので、販売窓口が広くなり量販に有利になる。

デメリット
- 得意先管理が複雑になり、また、販売店の協力度が小さくなる。

選択的チャネル政策

メリット
- 販売努力の集中が容易であり、得意先管理も効率的になる。

デメリット
- 選定した販売店の協力が必ずしも十分でない場合がある。

専属的チャネル政策

メリット
- ブランドイメージの維持ができ、アフターサービスの充実も可能になる。

デメリット
- 製品の市場での露出度が低くなり、消費者の認知度が低下するおそれがある。

設 例

選択的チャネル政策は、市場カバレッジは広いが、チャネルコントロール力が低い。

H17-38　ウ改題　（✕：開放的チャネル政策についての内容である）

---

2 マーケティングチャネルの類型

チャネルは、構成するメンバーの結びつきの強さにより、伝統的マーケティングチャネルと垂直的マーケティングシステムに分類される。

❶▶伝統的マーケティングチャネル……………………………………………

伝統的マーケティングチャネルとは、チャネル構成メンバーであるメーカー、卸

売業者、小売業者の結びつきが緩やかであり、メンバーそれぞれが自律的にチャネル内で活動しているものである。

　自律的に活動するということは、それを統制するメンバーが確立していないということであるから、このタイプのチャネルでは、チャネルメンバーの間でコンフリクト（衝突）が生じることが多くなる。

❷▶垂直的マーケティングシステム（VMS）

　垂直的マーケティングシステム（VMS：Vertical Marketing System） とは、チャネルメンバーの収益目的の達成と、チャネル運営の効率性を追求するために、あるチャネルメンバーが主体となって計画的に構築され管理された、メーカーから小売業者に至る流通システムのことであり、現代においては、多くの製品がこのVMSを通して販売されている。なお、VMSにおいてチャネル構築の主体となり、チャネル全体のリーダーシップを発揮する企業を**チャネルキャプテン**という。

❸▶VMSと伝統的マーケティングチャネルとの相違点

　VMSと伝統的マーケティングチャネルの相違点は図表3-7-2のようになる。

[3-7-2] **伝統的マーケティングチャネルと垂直的マーケティングシステムの特徴の比較**

属性	タイプ	伝統的マーケティングチャネル	垂直的マーケティングシステム
構成員の特徴および相互関係	構成員の自律性 構成員の結び付きの強さ 連結の安定性 構成員間の調整手段 リーダー（チャネルキャプテン）の存在	高い 弱い 不安定 交渉／協議 多くは存在しない	低い 強い 安定 計画性・包括的プログラム 必ず存在する
構成員の心理状態	システム全体への帰属意識（忠誠心） コンフリクトの水準	弱い 高い	強い 低い
システムの境界	参入の容易性 境界の明確性	容易 あいまい／流動的	困難 明確／固定的
意思決定	意思決定のための情報量 意思決定の目標 意思決定者の分散状態 意思決定者の数 意思決定のプロセス	少ない 構成員別／個別的目標 分散的 多数 主観的	多い 共通／全体的目標 集権的 限定的 科学的
対市場インパクト		相対的に弱い	相対的に強い

出典：B.C.McCammon,Jr.,"Perspectives for Distribution Programming",in L.P.Bucklin ed., *Vertical Marketing Systems*, Scott Foresman and Company,1970,p.44. および稲川和男「流通組織化の選択理論（そのⅡ）」『明大商学論叢』，第63巻，第5・6号，1981年，64ページを参考にして作成。

（『マーケティング戦略と診断』井上崇通　同友館　p.256をもとに作成）

3 垂直的マーケティングシステムの内容

❶▶垂直的マーケティングシステムの体系

VMSは、大きく３つのタイプに分類されている。

図表 [3-7-3] 垂直的マーケティングシステム

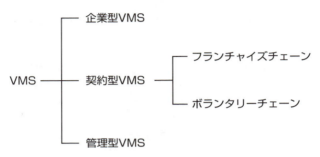

❷▶企業型VMS

企業型VMSとは、メーカー、卸、小売の流通の各段階が１つの資本により所有されているものであり、たとえばメーカーが独自の販売店網を直接構築し、管理し、所有するものである。

❸▶契約型VMS

契約型VMSとは、チャネルの各段階の資本の異なる企業同士が契約により構築する流通システムであり、次の２つのチェーンがその代表例である。

1 フランチャイズチェーン

フランチャイズチェーンの特徴は、次のとおりである。
① **フランチャイザー**（**本部**）と**フランチャイジー**（**加盟店**）とが共同で事業を運営する契約を締結する。
② フランチャイザーは、自らの商標などをフランチャイジーに使用させ、同一イメージの事業を実施する権利を付与する。
③ フランチャイザーは、フランチャイジーに事業活動についての経営指導を行う。
④ フランチャイジーは対価として、**加盟料**や**ロイヤリティー**（本部への定期的納入金）などを支払う。

1　チャネルの設計

 図表 [3-7-4]　フランチャイズ・システムの概要

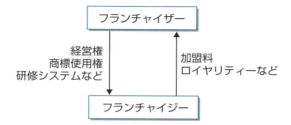

フランチャイザー、フランチャイジーのメリット・デメリット

フランチャイザー

　メリット
- 直営店（レギュラーチェーン）による事業や店舗の拡大よりも、少ない経営資源で多店舗展開が可能になる。

　デメリット
- 加盟店の品質の均一性が保持できない場合がある。

フランチャイジー

　メリット
- 未経験でも事業ノウハウを取得することができ、即座に事業の実施が可能となる。

　デメリット
- 事業活動に対する制約が多く、独自の工夫ができない場合が多い。

---

❷ ボランタリーチェーン

ボランタリーチェーンとは、多数の同業者がそれぞれの独立性は保ったまま連携し、仕入れ、在庫管理、販売促進といった活動を共同で行うことである。これによって規模の経済性を発揮し、大規模な小売業に対する競争力を確保することなどを目的としている。なお、ボランタリーチェーンには、卸売業者主宰のものと小売業者主宰のものがある。

設　例

　フランチャイズチェーンとは、小規模の独立の加盟店が、所有上の独立性を有したまま、共同仕入れなどの運営上の共同作業を行うものである。
H20-32　エ改題　（✕：ボランタリーチェーンについての内容である）

303

❹▶管理型VMS

このシステムは、チャネルメンバーは企業型や契約型のように所有や契約という形態をとらないが、チャネルキャプテンが積極的にチャネル全体におけるリーダーとなり、その緩やかな統合を図っていくというものである。

※ チャネルリーダーのコントロール力は企業型VMSが最も強く、管理型VMSが最も弱いとされる。

❺▶リテールサポート

メーカーや卸売業者が、小売業に対して商品（売れ筋）情報の提供や販売戦略の提案などの各種支援を行うことである。小売業者にとっては販売促進につながり、メーカーや卸売業者にとっても自社の取扱商品の販売が促進されるとともに、小売店からの情報のフィードバックが得られる。また、小売業者における自社のポジションの維持・向上が期待できる。

2 物流戦略

2 物流戦略

　物流とは、メーカーから消費者に製品を流通させるために必要な、受注、保管、配送などの一連の活動のことである。
　ここでは、「延期－投機の理論」「サプライチェーンマネジメント」について見ていく。

1 延期－投機の理論

　延期－投機の理論とは、バックリン（L.P.Bucklin）によって体系化された理論である。**延期**とは、製品の生産から消費に至る流れにおける製品形態の確定と在庫形成を、消費現場に近い点まで引き延ばすものであり、実需が把握されるまでできるだけ製品の生産を引き延ばすことで消費者のニーズに適応することを志向するものである。それに対して、**投機**とは、製品の生産から消費に至る流れにおける製品形態の確定と在庫形成を、消費現場から遠い点で前倒しして行うものであり、需要予測などに基づいて生産し、規模の経済を得ることを志向するものである。

図表 [3-7-5] **延期と投機の理論による生産・流通システムの決定**

	生　産			流　通	
	様　式	拠　点	中間在庫	配　送	店頭在庫
延　期	受注生産化	分散化	分散化	短サイクル・小ロット化	少量化
投　機	見込生産化	集中化	集中化	長サイクル・大ロット化	大量化

設　例

　製品形態と生産数量についての意思決定をできるだけ実需の発生時点まで延期し、原料・素材から迅速・柔軟な生産を行う方式は、生産段階における規模の優位性を生み出す。
H27-29（設問2）　イ　（**✕**：規模の経済を生み出せるのは投機である）

---

2 サプライチェーンマネジメント

　サプライチェーンマネジメント（SCM） とは、原材料の調達から輸送、さらに最終消費者への販売に至るまでの一連のプロセス（**サプライチェーン**）を、企業の

枠を超えて総合的にマネジメントするシステムである。このシステムでは、原材料や製品の流通情報と顧客への現場での販売情報などを戦略的に管理することにより、過剰在庫や機会損失の削減、付加価値の増大やコストダウン、顧客満足の向上などを実現していく。

図表 [3-7-6] 製造業におけるSCMの概念

設 例

　ある地方都市の小規模菓子メーカーＡ社（資本金3,000万円）は、クッキー、ビスケットを中心に安心、安全な菓子作りに取り組んできた。低カロリーのクッキーは同社の主力商品であるが、健康志向の高まりによって大手メーカーも同様のクッキーを製造・販売するようになっており、売上は伸び悩んでいた。また、低カロリーのクッキーは、カロリーを抑えるために砂糖を使わず、乳脂肪分も控えているため、従来のクッキーに比べてどうしても甘みや口当たりに劣っており、その購買者は限られていた。
　しかし最近Ａ社は長年の努力の結果、低カロリーながら従来のクッキーに勝るとも劣らない味を実現する新技術の開発に成功した。同社ではこの画期的な技術による新製品を今後の存続・成長の柱として育てるために、慎重にその市場導入の方法を検討している。この新製品の「低カロリーでおいしい」というベネフィットは、十分に消費者に知覚されるものであることが調査によって確認されていたので、価格は１箱380円（20枚、80グラム）と従来製品よりも150円ほど高い価格を設定し、これを堅持したいと考えていた。
　この新製品の流通経路政策として、最も不適切なものはどれか。
　なお、現時点での同社の売上は９割が地元スーパーチェーン、１割が自社のホームページによるものである。　　　　　　　　　　　　　　　　〔H23-29〕

　ア　インターネットによる直接販売を強化するために、自社ホームページに加え、インターネット上のショッピングモールに出店する。
　イ　カロリー摂取に敏感な人が多くいると考えられる病院やホテルの売店で販売する。
　ウ　新製品の付加価値をアピールするために、地元の洋菓子店を新たな販路

として開拓する。

エ　販売量を拡大するために、全国チェーンの大手スーパーにプライベート・ブランドとして供給する。

解　答　エ

　ケース問題の場合には、正誤判断するためのポイントを読み取る必要がある。

　本ケースでは、
・通常のクッキーとは違う　⇒　接客による説明が必要
・製品は高付加価値　⇒　価格は高めに設定（これを維持する）
・今後の存続・成長の柱とする

　まとめると、誰もがターゲットになるわけではないが、このようなクッキーを望む消費者に絞って高価格で販売し、主力商品としていきたい。

ア：多少迷うかもしれないが、直販であるので価格などを自社でコントロールすることが可能なため、妥当な戦略である。
イ：妥当な内容である。
ウ：妥当な内容である。
エ：消費者に対して十分な商品説明がしにくい形であり、さらにプライベート・ブランドでは、販売価格は大手スーパーが決めることになるし（高価格を維持できない）、主力商品にしていくというビジョンにも貢献しにくい。

第8章

プロモーション戦略

Registered Management Consultant

第8章 プロモーション戦略

本章の体系図

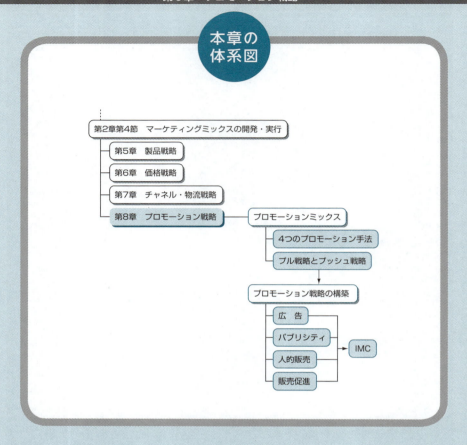

本章のポイント

◇ プロモーションミックスとは何か。
◇ プル戦略、プッシュ戦略とは何か。
◇ 広告の種類にはどのようなものがあるか。
◇ 広告効果にはどのようなものがあるか。
◇ AIDMAモデル、AISASモデルとは何か。
◇ マスコミ4媒体のメリット、デメリットは何か。
◇ パブリシティとは何か。
◇ パブリシティのメリット、デメリットは何か。
◇ 人的販売とはどのような活動であるか。
◇ 消費者向け販売促進策にはどのようなものがあるか。
◇ リベートとはどのようなものか。
◇ IMCとは何か。

1 プロモーションミックス

　プロモーション戦略の展開は、消費者や中間業者（卸、小売）などに対するコミュニケーション活動であり、マーケティングコミュニケーションともいう。ここではプロモーション手法の組み合わせである、プロモーションミックスについて見ていく。

１ ４つのプロモーション手法

　プロモーションの手法は、広告、パブリシティ、人的販売、販売促進の４つに分類される。

[3-8-1] **プロモーションミックス**

> **設例**
>
> 　プロモーションミックスとは、広告、セールスプロモーション、パブリックリレーションズ、インベスターズリレーションズの４つの活動を、マーケティング目標に応じて適切に組み合わせることをいう。
> H27-33 エ（✕：広告、セールスプロモーション（販売促進）、パブリックリレーションズ（パブリシティ）、人的販売の４つである）

２ プル戦略とプッシュ戦略

　どの手法に重点を置くかにより、プル戦略とプッシュ戦略に分類される。

❶▶プル戦略

　プル戦略とは、広告、パブリシティに重点を置いてプロモーションミックスを選択し、消費者の需要を促す戦略である。

❷▶プッシュ戦略

　プッシュ戦略とは、人的販売、販売促進に重点を置いてプロモーションミックスを選択し、チャネルを通じて製品を売り込んでいく戦略である。

図表 [3-8-2] **プル戦略とプッシュ戦略**

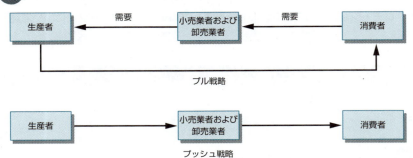

（『マーケティング原理　第9版』フィリップ・コトラー/ゲイリー・アームストロング　和田充夫監訳　ダイヤモンド社　p.633をもとに作成）

設例

　プッシュ政策は、生産財より消費財に適している。
H18-29　イ　（✕：生産財には人的販売（プッシュ政策）が、消費財には広告（プル政策）が基本的なプロモーション手法となる）

2 プロモーション戦略の構築

プロモーション戦略を適切に構築するためには、プロモーションミックスを構成する各手法の具体的な内容を知る必要がある。

1 広 告

❶▶広告とは

広告とは、メッセージの発信企業が、媒体を通して、製品や企業などについての情報を消費者に伝達する手法のことである。

また、これらは、消費者の購買意思決定に際して非常に重要な役割を果たすものであるため、消費者の心理についても十分な理解をもつことが必要になる。

❷▶広告の種類

① 製品ライフサイクル（PLC）別分類
❶ 情報提供型広告（開拓的広告）
主にPLCの導入期から成長期にかけて実施されるものであり、新製品そのものに対しての需要を喚起させるために行われる広告である。

❷ 説得型広告（競争的広告）
主にPLCの成長期から成熟期にかけて実施されるものであり、ある製品の特定ブランドごとにその品質、性能、価格などの優位性を訴えていく広告である。

❸ リマインダー型広告（維持的広告）　　　　　　　　　　　　　　H30 35
主にPLCの成熟期に実施されるものであり、特定ブランドの需要水準とブランド名の記憶を維持するために行われる広告である。

> **設 例**
>
> 成熟期の広告では、機能面での差別化よりもイメージ面での差別化が重要になることが多い。
> H24－31 イ　（〇）

② 広告媒体別分類
❶ マスコミ広告　　　　　　　　　　　　　　　　　　　　　　　R3 33
新聞、雑誌、テレビ、ラジオのマスコミュニケーション手段を用いた広告である。　R3 35

❷ SP広告

マスコミ広告以外の手段（屋外広告、交通広告など）を利用した広告である。
なお、SP広告とは、次のようなものである。

DM広告	ダイレクトメールによる広告
折込広告	新聞に折り込まれたチラシ広告
屋外広告	広告板、ネオンなど屋外広告
交通広告	電車の中吊りなどの交通手段内の広告
POP広告	店頭販促物による広告
電話帳広告	電話帳に掲載されている広告
展示・映像広告	展示会、博覧会、映画広告など

（（株）電通　http://www.dentsu.co.jp/をもとに作成）

3 その他の分類

R2 30
H29 34

❶ ティーザー広告

商品を隠したり一部を小出しにしたりするなどの方法で、消費者の好奇心をよび
起こし、関心や興味を惹きつける予告編のような広告である。

❷ アドバトリアル

編集記事の中に広告を折り込む雑誌の広告形態のことで、記事体広告ともよばれ
る。

❸ インフォマーシャル

通常の宣伝よりも長い時間で、情報番組の形式で提供する広告である。

設 例

　新聞・雑誌といった印刷媒体は、広告変更の柔軟性は高いが、メッセージの
寿命は短い。
H23－30（設問1）　ア　（✕：特に雑誌は広告変更がしにくい。またメッセ
ージ寿命は他の媒体に比べ長い）

●第8章　プロモーション戦略

❸ ▶広告媒体別の特徴

広告媒体別の特徴は、図表3-8-3のとおりである。

図表 [3-8-3] 主要な媒体タイプのプロフィール

媒体	長所	制約
新聞	・タイムリーな内容 ・地域市場を十分にカバー ・受容が広い ・高い信頼性	・短命 ・再生の質が貧弱
テレビ	・マス・マーケットを十分にカバー ・映像と音と動作との一体化により五感に訴える	・製作コストが極めて高い ・他の広告との混雑度が高い ・露出が極めて短命
ダイレクト・メール	・対象の選択が可能 ・内容の柔軟性が高い	・「くずかご行き」のイメージ
ラジオ	・局地的な需要が多い ・地理的及び人口動態的に選択が可能 ・低コスト	・聴覚のみへの訴求 ・露出が極めて短命 ・「ながら媒体（他のことをしながら聴く）」のため注目度が低い
雑誌	・地理的及び人口動態的に選択が可能 ・高品質な再生が可能 ・長寿命	・企画から掲載までの期間が長い ・高コスト
屋外広告	・再接触頻度が高い ・低コスト	・対象の選択がほとんど不可能
インターネット	・対象の選択が可能 ・低コスト ・双方向性	・比較的インパクトが弱い

（『マーケティング原理 第9版』フィリップ・コトラー/ゲイリー・アームストロング 和田充夫監訳 ダイヤモンド社 p.655をもとに作成）

※ インターネット広告については、第9章「関係性マーケティングとデジタルマーケティング」で取り上げる。

R2 30 ❹▶**広告効果**‥‥‥‥‥‥‥‥‥‥‥‥‥‥‥‥‥‥‥‥‥‥‥‥‥‥‥‥‥‥‥

1 広告効果の段階

広告の効果を測定する段階には、**接触効果**、**心理効果**、**売上効果**の３段階がある。

❶ **接触効果**

接触効果とは、広告の実施により、消費者がその広告へどのくらい接触したか（どの程度の消費者が視聴したのか）を測定することにより確認できる。

そのための指標としては次のようなものがある。

● **視聴率**

テレビ所有世帯のうち番組が放送されている時間に、特定の放送局にチャンネルを合わせている世帯や個人の割合のことであり、世帯視聴率と個人視聴率がある。

R3 33 ● **リーチ（広告の到達率）**

一定期間に広告を１回以上見た人の見込視聴者数に対する割合であり、製品（および広告）の導入期において特に重視される指標である。

● **GRP（累積到達率）**

一定期間に広告を見た人の延べ総数の見込視聴者数に対する割合。

● **フリクエンシー（接触頻度）**

一定期間に広告を見た平均回数であり、製品の特徴や競合製品との違いなどが複雑であるなど、消費者を説得するのに時間をかける必要性が高い状況において特に重視される指標である。GRPをリーチで除して求める。

参考

接触効果の例：テレビ広告のデータ

広告回数：１週間に２本	視聴者数：１回目70人
視聴可能人数：1,000人	2回目50人

視聴率　　１回目：70／1,000＝0.07……7％
　　　　　　２回目：50／1,000＝0.05……5％

GRP　　　（70＋50）／1,000＝0.12……12
　　　　　　平均視聴率×週当たり広告回数＝6％×2＝12

リーチ　　1,000人のうち、１回でも見たことのある人……100人と仮定
　　　　　　リーチ＝100／1,000＝0.1……10％

フリクエンシー
　　　　　　GRP／リーチ＝12／10＝1.2回

---

❷ **心理効果**

心理効果は、消費者が広告を視聴したことにより、製品のブランドの認知度や製品

の品質・性能などの理解度がどの程度向上したかを測定することにより確認できる。

心理効果を測定する尺度としては、**ブランド知名度**（前述；第5章第3節）と**ブランド再生**などがある。

● **ブランド再生**

製品カテゴリーの提示のみで特定ブランドが想起されること。たとえば「朝食のシリアル食品」といえば「K社」といったようなことである。

❸ 売上効果

売上効果は、広告の実施によって当該製品の売上高がどの程度増加したかを測定することで確認する。

この効果は、前述（第3章第1節「マーケティングリサーチ」）の実験法などによって測定可能であるが、消費者が製品の購買を意図しても、小売店の店頭に製品が陳列されていなければ、その効果を正確に測定できないことに注意する。

🔼 コミュニケーション活動に対する消費者の反応モデル

企業からのあらゆるコミュニケーション活動による刺激とその反応について、消費者の心理的な過程を段階的にとらえるものとして、いくつかのモデル化がなされている。

❶ AIDAモデル

セールスマンによる短期間の対人的なコミュニケーション活動（人的販売）に対しては、消費者は「Attention：注目」→「Interest：興味」→「Desire：欲求」→「Action：行為」という心理的プロセスをたどる。

❷ AIDMAモデル

広告などによるコミュニケーション活動に対しては、広告に接触してから購買に至るまでに時間的な間隔があるため、AIDAモデルの途中段階にMemory（記憶）というステップが追加された、「Attention：注目」→「Interest：興味」→「Desire：欲求」→「Memory：記憶」→「Action：行為」という心理的プロセスをたどる。

❸ AISASモデル

消費者のインターネットによる情報探索や情報共有を考慮したモデルとして、株式会社電通が提唱しているものであり、「Attention：注目」→「Interest：興味」→「Search：探索」→「Action：行為」→「Share：共有」という心理的プロセスをたどる。

R3 35
H30 35

2 パブリシティ

❶▶パブリシティとは・・

パブリシティとは、企業がマス媒体（新聞社、出版社、放送局など）に対して、新製品情報などニュース素材を提供する活動をいう。

また、ニュース素材の種類には、新製品情報、財務情報、人事情報などがあり、企業はこれらの情報を**ニュースレター**などの発行を通じて提供する。

❷▶パブリシティの特徴・・・

① 広告のような多くのコストを要しない。
② 報道機関の主体的な視点で取り上げられるため、信頼性の高いものになる。
③ ニュースとして報道されるかどうかは、報道機関の判断であり、企業サイドのコントロールが困難である。また、継続的に採用される保証はない。

❸▶PR活動（Public Relations：パブリックリレーションズ）・・・・・・・・・・・

PRとは、プロモーションの構成要素のひとつで、企業がかかわるさまざまな集団（パブリック）との間に良好な関係を形成し、維持していくことである。パブリックとしては、消費者、従業員、取引先、株主、金融機関、オピニオンリーダー、政府、マスコミ、地域住民などがある。パブリシティが、マス媒体に取り上げられることによる直接的な広告効果を見込むものであるのに対し、PRは、多様なパブリックとの関係構築に焦点をあてているものである。

H30 35

3 人的販売

人的販売とは、販売員などが主に店頭において顧客に対して１対１でメッセージを口頭で伝える活動である。この際の対応により、購買へつながるかはもちろん、商品や店舗に対するイメージが形成される。また、人的販売は、相対的には消費者１人あたりの情報伝達コストが高いが、高額商品の販売などにおいては重要なプロモーション手段となるため、販売員個人への信頼（人格信頼）や企業信頼を醸成することがとくに重要になる。

人的販売のメリット・デメリット

メリット
● 顧客の個別ニーズに合わせた対応が可能である。
● 口頭のプレゼンテーションにより、複雑な情報も伝達することができる。

デメリット
● 情報の伝達可能な顧客数が限られている。
● 活動の質が販売員の能力や人間性に依存する。

4 販売促進

❶▶販売促進の意義

販売促進とは、消費者の購買意欲や販売店の販売意欲を喚起する活動の総称である。

❷▶消費者向けの販売促進

1 POP広告
小売店舗の店頭に展示・陳列する販促用広告物であり、スタンド、ポスター、陳列台など多くの種類が存在する。なお、**POP**とは「**Point of Purchase**」（購買時点広告）のことである。店頭における非計画購買を促進するとともに、販売効率を向上させることができる。

2 発表会・展示会
メーカーが独自に行う新製品発表会や、業界企業が一堂に会して行う各種展示会などがこれにあたり、製品紹介と受注活動が同時に行われる。

3 サンプル
新製品のトライアル需要を促すために、製品見本を無料で提供するものである。

4 プレミアム
製品・サービスの購入意欲を喚起したり、認知度を高めたりする販促手段として用いられる景品類をいう。直接的な物品供与のほかに、クーポン、スタンプ、カード利用点数、現金などの提供、旅行やスポーツ観戦などへの招待なども含まれる。

5 ノベルティ
宣伝のために会社名、商品名、ブランド名などを入れて配る粗品のことである。

6 実　演
販売する製品をその場で実際に使用し、その性能や特徴などのメリットを消費者に理解してもらうものである。

7 ポイントカード
消費者の購入金額に応じてポイントを加算し、ポイントに応じて割引を実施したり、金券などをその消費者に提供したりするものである。

8 会員カード
顧客の組織化を図るためのものであり、会員になれば、非会員よりも有利な価格で製品の購入が可能となるなどの便宜が図られるものである。また、入手した顧客属性（氏名、年齢、職業など）を顧客データベースに登録して購買履歴を捕捉すれば、蓄積した顧客情報（誰が、いつ、何を、どれだけ購入したのかなど）を分析して品揃えや販売促進活動に活かすことができる。

> **設 例** ✎
>
> 　顧客が頻繁に購入しない商品にポイント制度を適用すると、頻繁に購入する商品に比べて、その効果が大きく現れる。
> H20−31　ア　（**✕**：ポイントが貯まりにくいため、効果は小さい）

❸▶リベート

　メーカーが流通業者に対して行うものであり、取引の際に価格の割引を行うのではなく、いったんは正規の価格で取引がなされ、一定期間経過後に現物もしくは現金の形で、売り手から買い手に対して提供されるというものである。流通業者との長期的な協力関係を維持するために用いられる。

`H29 34`

⑤ IMC（統合型マーケティングコミュニケーション）

　IMC（Integrated Marketing Communications：統合型マーケティングコミュニケーション）とは、自社とその製品に関するメッセージに明快さ、**一貫性**（店舗の内外装、広告、HPなど）をもたせるために、マスコミ広告、セールスプロモーション、ダイレクトマーケティング、PRなどを戦略的に統合するという概念である。つまり、自社あるいは自社製品がどのようなものであるかが消費者に明確に伝わるようなコミュニケーション活動（**双方向性**）を展開し、**長期的な関係**を構築するものである。そのためには消費者側が企業のコミュニケーション活動をどのように受け止めているのかをふまえるという、コンシューマーインサイトが重要である。なお、**コンシューマーインサイト**とは、さまざまな消費者の情報を活用し、消費者の複雑な心理的側面（動機づけ、態度など）や行動的側面を理解することを指す。

> **設 例** ✎
>
> 　広告、販促、広報のいずれもが、企業の発信するコミュニケーション活動であり、これらは企業理念、企業戦略、事業戦略、ブランド戦略の中で一貫性をもち、いわば「ひとつの統一されたメッセージ」で結びつけられることが欠かせない。
> H21−27　エ　（**O**）

●第8章　プロモーション戦略

2 プロモーション戦略の構築

設 例

次の文章を読んで、下記の設問に答えよ。

電通『2009年　日本の広告費』によれば、日本の2009年の総広告費は2年連続で減少し、5兆9,222億円となった。特に①マスコミ4媒体の広告費は5年連続の減少を記録した。こうした状況のなか、企業のマーケティングにおける②コミュニケーション戦略の新たな考え方が登場してきている。

〔H23－30（設問1）〕

（設問1）
文中の下線部①に関する記述として、最も不適切なものはどれか。

ア　新聞・雑誌といった印刷媒体は、広告変更の柔軟性は高いが、メッセージの寿命は短い。
イ　ターゲットを絞り込んで説得的なメッセージを発信するためには、テレビよりもラジオや雑誌の方が適している。
ウ　テレビ広告のコストは、そのリーチを勘案すれば必ずしも高いとはいえない。
エ　テレビ広告の場合、番組CMよりもスポットCMの方がタイミングやエリアについて柔軟な出稿が可能である。
オ　ラジオはほぼ音声による訴求しかできないが、テレビよりもザッピングが少ない。

解 答　ア

ア：雑誌は広告変更の柔軟性が低いが、メッセージの寿命は長い。
イ：ラジオや雑誌はターゲットを絞り込みやすい。
ウ：リーチに対して「とにかく沢山の人に見てもらう」というイメージをもっていれば判断できる。
エ：仮にスポットCMの意味がわからなくても、番組CMは特定の番組に付随するCMだというイメージをもてば、"おそらく正しい内容だろう"というふうには読み取れる。
オ：ザッピングはチャンネルの切り替えのことであり、テレビよりもラジオのほうが少ない。

第9章

関係性マーケティングと
デジタルマーケティング

Registered Management Consultant

第9章 関係性マーケティングとデジタルマーケティング

本章の体系図

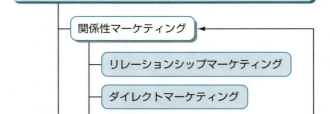

❗ 本章のポイント

◇ リレーションシップマーケティングとは何か。
◇ なぜリレーションシップマーケティングが重視されるようになったのか。
◇ ダイレクトマーケティングとは何か。
◇ CRMとは何か。
◇ ワントゥワンマーケティングとは何か。
◇ CGMとは何か。
◇ オムニチャネルとは何か。
◇ トリプル・メディアとは何か。

1 関係性マーケティング

1990年代以降、従来型のマネジリアルマーケティング（4Pマーケティング）の限界が指摘され、インタラクション（双方向相互作用）による社会との関係を重視する関係性マーケティングへのパラダイムシフトが起こっている。これには、市場の成熟化、消費者ニーズの多様化、流通における大規模小売業者の台頭、社会的コミュニケーションの必要性増大といったことが背景としてある。もっとも、顧客との関係を重視するという考え方は従来から存在していた。しかしながら、近年の情報通信技術の飛躍的な発展により、さまざまなマーケティング手法がより効率的・効果的に関係性マーケティングとのかかわりで取り組まれている。ここでは、代表的な関係性マーケティングの手法をいくつか取り上げることにする。

1 リレーションシップマーケティング（関係性マーケティング）

❶▶ リレーションシップマーケティング

リレーションシップマーケティングとは、企業と外部集団（顧客、取引先、投資家、社会など）との関係性に注目するマーケティング概念である。双方の信頼を基礎とするインタラクション（相互作用）が関係性構築の鍵となる。継続的な交換関係の維持という観点から、短期的な取引を超えて、長期的な相互利益と成長を目指すところに特徴がある。

❷▶ リレーションシップマーケティングが重視される背景

リレーションシップマーケティングが重視されるようになってきた背景として以下の点をあげることができる。

① **80対20の法則**（20％の顧客で80％の売上高を構成することが多い）に対する有効性の認識が高まり、20％を占める既存優良顧客の維持が重要な課題となっている。

② 製品ライフサイクルが短縮化し、顧客を自社製品にとどめるための方策が必要になってきている。

③ 製品の高度化に伴う、メンテナンスやアフターサービスの重要度が増し、顧客との継続的な関係を無視することができなくなってきている。

④ サービスマーケティングの拡大とともに、顧客とのリレーションシップがその成否に大きな影響を与えている。

2 ダイレクトマーケティング

ダイレクトマーケティングとは、本来、メーカーが流通業者を経由せずに直接消費者にコミュニケーションを行い、販売を実施していく手法である。従来のメーカーによる直接販売や訪問販売などのほかに、今日では通信販売やインターネットマーケティング、テレマーケティング、テレビショッピングなどの無店舗販売までも指すことが多い。近年の情報通信技術の発達により、ひとりひとりを対象にマーケティング活動を行うことが容易になり、売り手と買い手の双方向マーケティングシステムとして、従来以上に広範囲に取り組まれている。

3 CRM

CRM（Customer Relationship Management）とは、個々の顧客のロイヤルティを長期的に高め、利益の改善を図るために、顧客の過去の行動を分析したうえで、ロイヤルティ向上に有効な施策を計画し実行するマーケティング活動（手法）のことであり、関係性マーケティングの枠組みのなかでは、顧客関係の構築にフォーカスしたものである。なお、顧客との長期的な関係構築の手段としては、大きく層別対応と個別対応がある。

❶▶層別対応

層別対応とは、顧客をA、B、Cといった具合にランク分けし、ランクごとに対応を変えていくというものであり、RFM分析やFSPなどがある。

H30 36 ■ **RFM分析**

RFM分析は、顧客を「R：Recency（最終購買日）」「F：Frequency（購買頻度）」「M：Monetary（購買金額）」という3つの観点でそれぞれポイントを付け、その合計点により、顧客をランク付けして管理していく手法である。RFM分析の結果、ポイントが高い層には差別的に手厚いサービスを提供する。

■ **FSP（Frequent Shoppers Program）**

FSPとは、高頻度で自店に来店する優良顧客に注目し、その階層に応じてプロモーションを展開するというものである。なお、FSP実施時に顧客をいくつかの層に分類し、その後、優良顧客層に属する顧客に対して個別対応（ワントゥワンマーケティング）を行うということはある。

❷▶個別対応（ワントゥワンマーケティング）

個別対応とは、顧客ごとに対応を変えていくものであり、この考え方に基づくマーケティング活動がワントゥワンマーケティングである。これはリレーションシップマーケティングの概念に立脚した考え方ということができる。このマーケティン

グは、顧客との対話により把握した個々の顧客の属性、ニーズや嗜好、購買履歴などに合わせてマーケティングを展開することである。顧客にとっては、製品やサービス内容、提供情報などが、あたかも1対1の関係のなかで成り立っているように感じられる。顧客を個としてとらえることから、集合体としてとらえるマスマーケティングやセグメントマーケティングと対比される。ワントゥワンマーケティングでは、既存顧客の維持と**顧客シェア**の拡大（あるいは**顧客生涯価値**の最大化）を、情報技術を駆使した**マスカスタマイゼーション**と顧客との**長期的な学習関係**によって実現することが強調される。

■1 顧客生涯価値（LTV：Customer Lifetime Value） `R3 38` `R元 26`

顧客生涯価値（LTV：Customer Lifetime Value）とは、顧客が新規に購買してから、顧客ライフサイクルあるいは一定年数を通じて、その企業にもたらす総利益を、現時点における正味現在価値で表した金銭的指標である。

■2 顧客シェア `R3 38` `H30 36`

顧客シェアとは、1人の顧客が特定の製品分野に対して生涯を通じて支出する総金額のうち、自社に支払った金額が占める比率である。顧客と企業との関係の深さを測る指標となる。顧客シェアを上げるための取り組みとしては、アップセルやクロスセルがある。

■3 アップセル `H30 36`

アップセルとは、ある商品を購入した顧客に、同種のさらに高額の商品を推奨して販売する行為である。

■4 クロスセル `H30 36`

クロスセルとは、ある商品を購入した客に、その商品に関連した別種の商品を推奨して販売する行為である。

■5 マスカスタマイゼーション `H30 13`

マスカスタマイゼーションとは、大量生産とカスタム化を合成したものである。部品のモジュール化によって大量生産による低コスト化と豊富な製品バリエーションを実現することで、本来高コストである個々の顧客ニーズへの対応を可能とする。

[3-9-1] **マスマーケティングとワントゥワンマーケティングの違い**

マスマーケティング	ワントゥワンマーケティング
平均的な顧客	個々の顧客
匿名としての顧客	顧客のプロフィール
標準化された製品	個別のオファー
大量生産	特別生産
大量流通	個別配布
マス広告	個別のメッセージ
マスプロモーション	個々のインセンティブ
一方通行のメッセージ	双方向のメッセージ
規模の経済	範囲の経済
市場シェア	顧客シェア
すべての顧客が対象	利益をもたらす顧客が対象
顧客の誘引	顧客の維持

設例

　関係性が構築され、それがさらに維持、強化されることで、特定顧客における同一製品カテゴリーの購買全体に対して自社製品が占める割合、つまり市場シェアの拡大が見込める。
H30-36（設問2）　ア　（✗：市場シェアではなく顧客シェアである）

2 デジタルマーケティング

昨今の情報技術の飛躍的な発展と普及は、関係性マーケティングの実践をより効果的・効率的にしている。また、消費者同士の横のつながりを生み出すことにも寄与し、マーケティングは企業と消費者という縦の関係だけで論じるものではなくなっている。ここでは、デジタルマーケティングに関するトピックを取り上げておく。

1 デジタルマーケティングの用語

ここでは、デジタルマーケティングに関連する用語について確認しておく。

❶ ▶ ブラウジング

ブラウジングとは、インターネットに接続して情報を探し出すことである。

❷ ▶ CGM

CGMとは、Webサイトにおいてユーザーが投稿したコンテンツによって形成されるメディアのことであり、「消費者生成メディア」とよばれる。具体的には、ブログサービス、SNS、口コミサイト、動画共有サービスなどが該当する。Webサイトを訪問したユーザーが自発的に情報発信するような環境を構築する必要があり、Webサイトの構築やガイドラインなどの環境整備を行うためのコストや時間といった負担は生じることになる。

❸ ▶ ショールーミング

ショールーミングとは、消費者が実店舗では商品の価格や機能などを確認するだけで購入せず、ネット通販などのオンラインショッピングで、価格を比較したうえでより安い品を購入するという購買行動である。

❹ ▶ ウェブルーミング

ウェブルーミングとは、ネット通販などのオンラインショップで商品の価格や機能などを確認し、品定めを行ったうえで、実店舗で購入するという購買行動である。

❺ ▶ オムニチャネル

オムニチャネルとは、実店舗やEC（電子商取引）サイト、スマートフォン向けアプリ、ソーシャルメディアといった、昨今存在しているさまざまな顧客との接点を統合し、時間や空間の制約なく、質の高い顧客体験を提供することを目指すというコンセプトである。オンラインとオフラインのさまざまなチャネルが協調するよ

うにすることで、機会損失を抑制することができる。オムニチャネル化を推進することにより、ショールーミングやウェブルーミングが一層行われやすくなる。

> **設 例**
>
> 　消費者生成型の映像コンテンツを広告コミュニケーションに活用すれば、一般的に、金銭的・時間的負担はかからない。
> H29－34（設問2）　ア　（✕：各種管理コストは生じる）

2 トリプル・メディア

　トリプル・メディアとは、米国のIT情報サイトのCNETで「Multimedia2.0」という論文が紹介されてから広まった考え方である。従来のマスメディアをペイド・メディアの一要素として位置づけるとともに、デジタルメディアを含めたメディアを**ペイド・メディア**、**オウンド・メディア**、**アーンド・メディア**の3つに分類するものであり、それらを有機的に組み合わせて消費者とコミュニケーションを図っていくことが重要であるとする考え方である。

　また、類似する概念として、ある商品やサービスなどの情報を複数のメディアを通じて消費者に働きかけていくマーケティング手法の総称であり、コンセプトでもあるものを**クロスメディア**という。

`R3 33` `R3 35`
❶▶ペイド・メディア（Paid Media）‥‥‥‥‥‥‥‥‥‥‥‥‥‥‥‥‥‥‥

　買うメディア、つまり広告など外部に対価を支払って得るメディアのことであり、主にテレビ広告、新聞広告、ラジオ広告、雑誌広告に加え、ネット広告などが該当する。ネット広告には検索連動型広告（リスティング広告）やバナー広告などがある。

1 検索キーワード連動型広告（リスティング広告）

　検索キーワード連動型広告（リスティング広告）とは、広告主があらかじめ指定したキーワードが検索サイトで検索されたときに、その検索した結果のページ上に広告バナーを表示するものである。課金方式は**クリック保証型**（ユーザがクリックした回数に応じて課金する方法）であることが多い。

2 バナー広告

　バナー広告とは、サイトに広告の画像であるバナーを貼り、広告主のサイトにリンクさせる（閲覧者がそのバナーをクリックすると広告主のサイトが表示される）ものである。バナー広告はアクセス数の多い**ポータルサイト**（インターネットを利用する際の入り口となるページ）などのページに掲載することが効果的である。こ

●第9章　関係性マーケティングとデジタルマーケティング

れらのページに出稿する際の課金方式は、クリック保証型に加え、**インプレッショ
ン保証型**（表示回数に対して課金する方法）、**成果保証型**（広告主のWebサイトで
実際に成約に至った件数に対して課金する方法）などがある。

なおバナー広告は、たとえクリックされなかったとしても、閲覧者の目に触れる
ことによって、知名度向上に一定の効果を及ぼすことになる。

❸ アフィリエイト広告（プログラム）

アフィリエイト広告とは、ウェブサイトの運営やメールマガジンの発行を行う企
業や個人（アフィリエイト）が、自らのサイトやメール上に広告主のバナー広告な
どを掲載し、そのサイトへの訪問者を広告主のサイトに誘導するものである。これ
によって広告主の商品購入などにつながった場合、広告主からバナー広告を掲載し
た企業や個人に対して料金が支払われる。課金方式は成果保証型である。

❷▶オウンド・メディア（Owned Media）·· R元 30

所有するメディア、つまり自社メディアのことであり、主に自社店舗、従業員、
メールマガジン、コーポレートサイト（企業ホームページ）などが該当する。

❶ コーポレートサイト（企業ホームページ）

コーポレートサイト（企業ホームページ）とは、会社概要、プレスリリース、商
品情報といった総合的な情報を掲載しているものであり、ECサイトとしての機能
を備えているものもある。企業としては、サイトを見てもらう必要があるため、
SEO対策（サーチエンジンの検索結果で上位表示されるようにする対策）などを
実施することが重要になる。

> **設 例**
>
> 　検索サイトで検索されたときに、検索結果の上位に表示されるよう自社のウ
> ェブページの内容を調整することをアフィリエイト・プログラムという。
> H23-30（設問2）　ウ　（✖：アフィリエイト・プログラムではなく、SEO
> 対策である）

❷ ECサイト（ネットショップ）　H30 29

ECサイトとは、商品やサービスをインターネット上で提供するサイトのことで
あり、直営店型（自社でサイトの構築、運営、販売を実施する）やショッピングモ
ール型（バーチャルモール）がある。ショッピングモール型のECサイトとは、多
くのショップが参加する形式のサイト（仮想商店街）である。

❸▶アーンド・メディア（Earned Media）······································

（信頼や評判を）得るメディアのことであり、消費者やユーザーが情報の起点となっているメディアである。主にSNS、ブログ、掲示板などが該当する。

※　なお、メディアとして活用する具体的な媒体が、トリプル・メディアのうちのどこに分類されるかは１対１の関係ではなく、そのメディアがどのような目的で使われているかによって異なる。たとえば「新聞」という媒体は、企業が対価を支払って広告を掲載すればペイド・メディアになるが、新聞記事に企業の活動が掲載されればアーンド・メディアということになる。

> **設 例** ✏
>
> 消費者同士がオンライン上で交換したクチコミ情報が蓄積される場所は、蓄積される情報や場の運営に関して消費者が主導権を持っているという意味で「オウンドメディア」と呼ばれる。
> R元－30（設問２）　ウ　（✖：オウンドメディアでなく、アーンドメディアである）

> **設 例** ✏
>
> 次の文章を読んで、下記の設問に答えよ。
>
> 2000年代に入ったころから、インターネットにおいて、ブログをはじめとする　A　が消費者の間で爆発的に普及した。　A　は消費者間での情報のやり取りを促進し、CtoCコミュニケーションを強力なクチコミの場へと成長させた。その後、2000年代後半になると、SNSや動画共有サービスなど、新たなツールが目覚ましく発達し、　A　はソーシャル・メディアと呼ばれることが多くなった。
> 　現在では、ソーシャル・メディアは「信頼や評判を稼ぐメディア」（Earned Media）の主要な一部として、広告やスポンサーシップのような　B　、自社サイトや販売員のような　C　と並ぶ、重要なマーケティング・コミュニケーション・ツールと考えられるようになっている。　　　〔H24－33（設問１）〕
>
> （設問１）
> 　文中の空欄A～Cにあてはまる語句の組み合わせとして最も適切なものはどれか。
>
> 　ア　A：CGM　　B：Owned Media　　C：Paid Media

332　●第９章　関係性マーケティングとデジタルマーケティング

2　デジタルマーケティング

イ　A：CGM　　　B：Paid Media　　　C：Owned Media
ウ　A：CRM　　　B：Owned Media　　C：Paid Media
エ　A：CRM　　　B：Paid Media　　　C：Owned Media

解　答　**イ**

A：ブログなどの消費者自身が形成するメディアをCGMという。
B：トリプル・メディアのうちのひとつのペイド・メディアが該当する。
C：トリプル・メディアのうちのひとつのオウンド・メディアが該当する。

出題領域表

第1編 経営戦略

		H29	H30
第1章	企業活動		
	経営戦略の全体概要	突発的な不測の事態への対応12	
第2章	事業戦略の概要		
	ポーターの競争戦略論	競争戦略と持続的な競争優位7 規模の経済8	業界の構造分析5
	競争地位別戦略		
	速度の経済性・先発優位性と後発優位性		
第3章	企業戦略の概要		
	ドメイン	ドメイン1	
	リソースベースドビュー	VRIOフレームワーク3	情報的経営資源2 模倣困難性（VRIO分析）3
	製品＝市場マトリックス		
	多角化戦略		多角化1
	PPM	PPM2	
	外部組織との連携	M＆Aと戦略的提携4 MBO6	企業の事業再編と買収の戦略4 垂直統合度を高める理由6 オープンイノベーションや企業間システム20
第4章	研究開発	プロジェクトの進捗管理10	
	イノベーション	イノベーションのタイプと知識の関係11	イノベーションと変革8 イノベーションの進化に見られる特徴9 東南アジアの新興国に進出する場合の課題13 オープンイノベーションや企業間システム20
	製品アーキテクチャ	イノベーションのタイプと知識の関係11	
	デファクトスタンダードと知的財産戦略		
	ベンチャー企業のマネジメント	中小企業への資金提供9	デビルリバー・デスバレー・ダーウィンの海12
第5章	企業の社会的責任（CSR）		
	コーポレートガバナンス		
その他		多国籍企業の戦略13	完成品メーカーと部品メーカーの取引関係7 製品開発期間短縮の手法10 スリー・サークル・モデル11

※表中の項目名とともに付されている白抜き数字は、本試験における問題番号となります。

R元	R2	R3
既存業者間の敵対関係6 経験効果や規模の経済7	交渉力3 企業の競争優位4	５フォースモデル6 競争戦略7
ドメイン1		
コアコンピタンス4	VRIOフレームワーク1 組織が有する特性によって生じる弊害10	コアコンピタンス4
	企業の競争優位4 多角化とM＆A5	多角化1
PPM2		PPM2
戦略的提携5	多角化とM＆A5 完成品メーカーの垂直統合度を高くする要因6	M＆A3
	イノベーションを推進するための取り組み8	
製品アーキテクチャ11		
デジタル化された情報材8	デファクト・スタンダードやネットワーク外部性13	特許戦略11 情報材12
社内ベンチャー10	ベンチャー企業が成功するためのモデル9	
		CSR13 SDGs28
リーン・スタートアップ12	商品開発7 スリー・サークル・モデル11 国際的に展開する企業の経営スタイル12	年平均成長率5 エフェクチュエーション8 スリー・サークル・モデル9

第2編 組織論

		H29	H30
第1章	組織の概念と均衡条件		
	組織構造の設計原理	組織構造のデザイン14	
	分業システムとしての組織		
	組織構造の形態	カンパニー制と持株会社5	
	組織のライフサイクル		組織のライフサイクル21
	外部環境と組織		
第2章	モチベーション理論	モチベーション理論16	内発的動機づけ15
	組織の中の集団		チーム14
	リーダーシップ論	組織文化とリーダーシップ19	パス・ゴール理論16 パワーの源泉17
	組織文化と戦略的な組織変革	組織文化とリーダーシップ19 SECIモデル20 組織アイデンティティ21 計画的変革モデル22	組織学習18
第3章	人的資源管理の全体像		
	雇用管理		
	人事評価（人事考課）		
	報酬制度		
	能力開発		
	労働関連法規	労働契約24 解雇25 賃金26 労働時間27	労働契約24 割増賃金25 就業規則26 懲戒27
その他		活動プロセスを制御するコントロール・システムのデザイン15 組織コミットメント17 キャリア18 質的基幹化23	エージェンシー問題19 キャリア・アンカー22 ストレス管理23

※表中の項目名とともに付されている白抜き数字は、本試験における問題番号となります。

R元	R2	R3
	バーナードが示した組織の要素14	伝達の特徴としての権威14
部分的無知3	企業における意思決定2	
	組織の発展段階モデル17	経営戦略に関連する組織の運営・設置15
	イノベーションを推進するための取り組み8	
ステイクホルダーとの協調戦略19	完成品メーカーの垂直統合度を高くする要因6 企業が利用する生産技術15 組織内部の管理システム16	
目標設定理論16	期待理論19 職務特性モデル20	
コンフリクト15	組織が有する特性によって生じる弊害10 組織メンバーの帰属集団に対する一体化とリーダーシップ18	集団思考18 コンフリクト19
リーダーシップ論17	組織メンバーの帰属集団に対する一体化とリーダーシップ18	リーダーシップ理論16
組織学習14 組織変革20	組織が有する特性によって生じる弊害10 経験学習モデル21	SECIモデル10 組織変革の8段階モデル23
職能資格制度21	コンピテンシー22	
	評価バイアス23	
年次有給休暇22 医師による面接指導23 労働者の妊娠、出産、育児休業24 労働保険および社会保険の保険料の納付25	時間外労働の上限24 フレックスタイム制25 雇用管理上の措置等26 外国人雇用及び外国人技能実習制度27	労働基準法の定め24 変形労働時間制などに関わる労使協定の届出25 賃金26 解雇27
情報処理における不確実性と多義性13 ビッグファイブ18		組織コミットメント17 パワーの源泉20 同型化21 両利き組織22

第3編　マーケティング

		H29	H30
第1章	マーケティングのコンセプト		マーケティング概念 33
	マーケティングの定義		
第2章	マーケティングマネジメントプロセス		
	マーケティング環境の分析と目標設定	製品開発と環境分析 31	
	ターゲットマーケティング	ターゲットマーケティング 30	
	マーケティングミックスの開発・実行		
第3章	マーケティングリサーチ		マーケティング計画 30
第4章	消費者購買行動	フリーライディングと小売業の行動 29 消費者の購買意思決定 33 消費者の反応とコミュニケーション 34 他者や他者集団からの消費行動への影響 35	ブランドカテゴライゼーション 38
	組織購買行動		
第5章	製品の概要	製品やサービス 36	
	製品ライフサイクル		
	ブランド		顧客リレーションシップマネジメントとロイヤルティ 36 ブランドマネジメント 37
	パッケージング		
	新製品開発のプロセス	製品開発と環境分析 31	製品開発 31
	サービスマーケティング		
第6章	価格の設定	価格 28	価格に対する消費者の反応 34

※表中の項目名とともに付されている白抜き数字は、本試験における問題番号となります。

R元	R2	R3
	マーケティング・コンセプトおよび顧客志向[28] ソサイエタル・マーケティング[35]	
市場細分化[27]	標的市場（ターゲットセグメント）の設定と価格政策[29]	
新製品開発とデータの収集・分析[32]	マーケティング・リサーチと製品ミックス[32]	マーケティングリサーチ[37]
関与[34]	消費者と社会的アイデンティティ[33]	クチコミ[34] 広告と広告の消費者の心理や行動に及ぼす影響[35]
BtoBマーケティング[29]		
	マーケティング・リサーチと製品ミックス[32]	
製品ライフサイクルごとのマーケティング[28]		
	ブランド[34]	顧客リレーションシップと顧客ロイヤルティ[38]
	パッケージ・デザイン[36]	
新製品開発とデータの収集・分析[32]		共創[30]
サービスマーケティング[33]	顧客満足とサービス・ドミナント・ロジック[37]	
キャズムの理論[9] 交差弾力性と価格戦略[31]	標的市場（ターゲットセグメント）の設定と価格政策[29]	サブスクリプション・サービスとダイナミック・プライシング[32]

		H29	H30
第7章	チャネルの設計		マーケティング・チャネル28 流通チャネルの潮流29 チェーンストア・オペレーションと顧客満足の向上策32
	物流戦略		
第8章	プロモーションミックス		プロモーションミックス35
	プロモーション戦略の構築	消費者の反応とコミュニケーション34	プロモーションミックス35
第9章	関係性マーケティング		顧客リレーションシップマネジメントとロイヤルティ36
	デジタルマーケティング		
その他		マーケティングにおける競争の次元32	

※表中の項目名とともに付されている白抜き数字は、本試験における問題番号となります。

R元	R2	R3
	広告30	広告と広告の消費者の心理や行動に及ぼす影響35
顧客との関係構築26	顧客満足とサービス・ドミナント・ロジック37	顧客リレーションシップと顧客ロイヤルティ38
デジタルマーケティングとクチコミ30	デジタル・マーケティング31	流通政策31 インターネット広告33
		消費者の知覚に対応したマーケティング29 製品やサービスの４つの価値36

参考文献一覧

「新訂競争の戦略」 M.E.ポーター　土岐坤/中辻萬治/服部照夫訳　ダイヤモンド社

「経営学大辞典」 神戸大学院経営学研究室編　中央経済社

「マーケティング・ベーシックス」 (社)日本マーケティング協会編　同文舘出版

「マーケティング戦略と診断」 井上崇通　同友館

「ONE to ONE マーケティング」 ドン・ペパーズ/マーサ・ロジャーズ　ダイヤモンド社

「経営管理要論」 徳重宏一郎　同友館

「入門経営戦略」 亀川雅人/松村洋平　新世社

「よくわかるM&A」 監査法人トーマツ トータルサービス部　日本実業出版社

「労働法がわかる事典」 平田薫　日本実業出版社

「新版マーケティング原理」 フィリップ・コトラー/ゲイリー・アームストロング　和田充夫/青井倫一訳　ダイヤモンド社

「例解マーケティングの管理と診断」 徳永豊/森博隆/井上崇通編著　同友館

「コトラーのマーケティング入門」 フィリップ・コトラー/ゲイリー・アームストロング　恩蔵直人監修/月谷真紀訳　トッパン

「マーケティング総論」 柏木重秋　同文舘出版

「競争優位の戦略」 M.E.ポーター　ダイヤモンド社

「MBAマーケティング」 数江良一監修　グロービス・マネジメント・インスティテュート　ダイヤモンド社

「経営管理」 塩次喜代明/高橋伸夫/小林敏男　有斐閣

「イノベーションマネジメント入門」 一橋大学イノベーション研究センター編　日本経済新聞社

「マーケティング戦略〔第4版〕」 和田充夫/恩蔵直人/三浦俊彦　有斐閣

「マーケティング原理 第9版」 フィリップ・コトラー/ゲイリー・アームストロング　和田充夫監訳　ダイヤモンド社

「経営戦略」 大滝精一/金井一賴/山田英夫/岩田智　有斐閣

「経営戦略 新版」 大滝精一/金井一賴/山田英夫/岩田智　有斐閣

「国際化時代の地域経済学 改訂版」 岡田知弘/川瀬光義/鈴木誠/富樫幸一　有斐閣

「現代経営・入門」 高橋宏幸/丹沢安治/坂野友昭　有斐閣

「ビジネス・アーキテクチャ」 藤本隆宏/武石彰/青島矢一編　有斐閣

「組織論」 桑田耕太郎/田尾雅夫　有斐閣

「超企業・組織論」 高橋伸夫編　有斐閣

「事業システム戦略」 加護野忠男/井上達彦　有斐閣

「現代経営キーワード」 山倉健嗣/岸田民樹/田中政光　有斐閣

「新しい人事労務管理」 佐藤博樹/藤村博之/八代充史　有斐閣

「国際化時代の地域経済学 改訂版」 岡田知弘/川瀬光義/鈴木誠/富樫幸一　有斐閣

「現代経営・入門」 高橋宏幸/丹沢安治/坂野友昭　有斐閣

「日本の産業クラスター戦略」 石倉洋子/藤田昌久/前田昇/金井一賴/山崎朗　有斐閣

「現代広告論」 岸志津江/田中洋/嶋村和恵　有斐閣

「ベンチャー企業 第3版」 松田修一　日本経済新聞社

「経営管理」 野中郁次郎　日本経済新聞社

「経営組織」金井壽宏　日本経済新聞社

「組織デザイン」沼上幹　日本経済新聞社

「マーケティング」恩藏直人　日本経済新聞社

「インターネット・マーケティング入門」木村達也　日本経済新聞社

「マーケティング用語辞典」和田充夫/日本マーケティング協会編　日本経済新聞社

「広告用語辞典　第4版」日経広告研究所編　日本経済新聞社

「ダイレクトマーケティングの実際　新版」ルディー和子　日本経済新聞社

「標準MOTガイド」三菱総合研究所編　日経BP社

「新広告論」亀井昭宏/疋田聰編著　日経広告研究所

「競争戦略論Ⅱ」M.E.ポーター　竹内弘高訳　ダイヤモンド社

「オープン・アーキテクチャ戦略」国領二郎　ダイヤモンド社

「新版MBAマネジメント・ブック」グロービス・マネジメント・インスティチュート編
著　ダイヤモンド社

「マーケティング辞典　改訂版」宮澤永光/亀井昭宏監修　同文舘出版

「マーケティング・ベーシックス　第2版」（社）日本マーケティング協会編　同文舘出版

「経営組織」大月博司/高橋正泰　学文社

「新経営戦略論」寺本義也/岩崎尚人編　学文社

「デファクト・スタンダードの競争戦略」山田英夫　白桃書房

「現代マーケティング論」武井寿/岡本慶一編著　実教出版

「人事・労務用語辞典」花見忠/日本労働研究機構編　日本経済新聞社

「国際経営論への招待」吉原英樹編　有斐閣

「ゼミナール　経営学入門　第3版」伊丹敬之/加護野忠男　日本経済新聞社

「技術経営入門　改訂版」藤末健三　日経BP社

「新版MBAマネジメント・ブック」グロービス・マネジメント・インスティチュート編
ダイヤモンド社

「経営組織論」十川廣國編著　中央経済社

「組織の経営学」リチャード L.ダフト　高木晴夫訳　ダイヤモンド社

「競争戦略論」青島矢一/加藤俊彦　東洋経済新報社

「日本企業の競争原理」浅羽茂　東洋経済新報社

「LECTURE労務管理」岩出博　泉文堂

「消費者・コミュニケーション戦略」田中洋/清水聰編　有斐閣アルマ
（株）電通　http://www.dentsu.co.jp/
（社）日本フランチャイズチェーン協会　http://jfa.jfa-fc.or.jp/
（社）日本ボランタリー・チェーン協会　http://www.vca.or.jp/

「組織行動のマネジメント」スティーブン・P・ロビンス　高木晴夫訳　ダイヤモンド社

「現代ミクロ組織論」二村敏子編　有斐閣ブックス

「組織の心理学〔新版〕」田尾雅夫編　有斐閣ブックス

「経営戦略入門」網倉久永／新宅純二郎著　日本経済新聞出版社

「価格・プロモーション戦略」上田隆穂・守口剛編　有斐閣アルマ

「流通・営業戦略」小林哲・南知恵子編　有斐閣アルマ

「競争優位のブランド戦略」恩藏直人　日本経済新聞社

「**コトラーのマーケティング3.0**」フィリップ・コトラー　ヘルワマン・カルタジャヤ
　イワン・セティアワン　恩藏直人監訳　藤井清美訳　朝日新聞出版
「**コトラーのマーケティング4.0**」フィリップ・コトラー　ヘルワマン・カルタジャヤ
　イワン・セティアワン　恩藏直人監訳　藤井清美訳　朝日新聞出版
「**経営戦略全史**」三谷宏治　ディスカヴァー・トゥエンティワン
「**最新マーケティングの教科書2017**」日経BP社
「**キャズム**」ジェフリー・ムーア　川又政治訳　翔泳社

索引

【数字】

1次データ ································· 245
1年単位の変形労働時間制 ············· 192
1カ月単位の変形労働時間制 ·········· 193
1週間単位の非定型的変形労働時間制
································· 192
2次データ ································· 245
3つの基本戦略 ···························· 26
36協定 ···································· 195
4つのブランド戦略 ····················· 274
4P ······································· 241
5フォース分析（5フォースモデル）
······························· 20,21
60歳定年制 ······························ 174
80対20の法則 ···························· 325

【A】

AIDAモデル ····························· 317
AIDMAモデル ··························· 317
AISASモデル ···························· 317
AMA ····································· 223

【B】

BCP（Business Continuity Plan：
　事業継続計画）····················· 14

【C】

CGM ······································ 329
CI ·· 9
CRM ······································ 326
CSR ······································ 89
CSV（Creating Shared Value）······ 91

【E】

EBO（Employee Buy Out）··········· 63
ECサイト ································· 331

【F】

FSP ······································· 326

【G】

GRP（累積到達率）···················· 316

【I】

IMC ······································ 320
ISO26000 ································· 90

【L】

LBO ······································· 63

【M】

M&A ······································ 60
MBI ······································· 63
MBO ································· 63,179
MDGs ····································· 91

【O】

OEM ······································ 81
Off-JT ···································· 186
OJT ······································ 185

【P】

PDCAサイクル ··························· 12
PDSサイクル ···························· 12
PEST分析 ································ 230
PM理論 ··································· 149
POP広告 ································· 319
PPM ································ 7,50,54
PR ·· 318

【R】

RFM分析 ································· 326

【S】

SBU ······································ 54
SDGs ····································· 91
SEO対策 ································· 331
SNS ······································ 332
S－O－Rモデル ························· 251
SP広告 ··································· 314
SWOT分析 ························· 11,230

【T】

TLO ······································ 65
TOB ······································ 63

345

【V】

VRIO分析 ················· 7,43

【あ】

アージリスの未成熟＝成熟理論
················· 131,134
アーリー・アダプター ················· 289
アーリー・マジョリティー ················· 289
アーンド・メディア ················· 332
アイデンティティ ················· 41
曖昧さのもとでの学習 ················· 158
アウトソーシング ················· 64
アサエルの購買行動類型 ················· 256
アップセル ················· 327
アドバトリアル ················· 314
アフィリエイト広告 ················· 331
アルダファーのERG理論 ········· 131,133
安全衛生管理等 ················· 205
安全管理者 ················· 206
安全の欲求 ················· 132
アンゾフ ················· 5,6
暗黙知 ················· 161

【い】

医師による面接指導 ················· 207
維持的広告 ················· 313
移籍（転籍）出向 ················· 172
一律管理職定年制 ················· 175
一般職コース ················· 174
移動障壁 ················· 25
イノベーション ················· 72
イノベーター ················· 289
インクリメンタルイノベーション
（持続的イノベーション） ················· 72
インターナルマーケティング ········· 281
インターネット調査 ················· 246
インターンシップ制度 ················· 171
インタラクティブマーケティング ·· 282
インテグラル型アーキテクチャ ·· 77
インフォーマル組織 ················· 141
インフォマーシャル ················· 314

【う】

ウェブルーミング ················· 329

ウッドワード ················· 124
売上効果 ················· 317

【え】

エーベル ················· 41,238
営業譲渡（事業譲渡） ················· 62
衛生管理者 ················· 206
衛生要因 ················· 135
エクスターナルマーケティング ······ 282
エスノグラフィーによる調査 ········· 247
エブリデーローープライス（EDLP）政策
················· 294
延期 ················· 305
エンパワーメント ················· 119

【お】

オープンアーキテクチャ戦略 ········· 77
オープン・イノベーション ········· 75
オープンシステム ················· 3
黄犬契約 ················· 204
応用研究 ················· 71
オウンド・メディア ················· 331
オハイオ研究 ················· 148
オピニオンリーダー ················· 289
オムニチャネル ················· 329

【か】

会員カード ················· 319
解雇 ················· 199
解雇制限 ················· 199
解雇の予告 ················· 200
解雇予告手当 ················· 200
階層分業 ················· 106
開拓的広告 ················· 313
外的参照価格 ················· 294
開発研究（開発） ················· 71
外発的動機づけ要因 ················· 139
外部環境分析 ················· 11,230
外部探索 ················· 252
開放的チャネル政策 ················· 299
買回品 ················· 265
価格カルテル ················· 294
価格の品質バロメーター機能 ········· 290
価格バンドリング ················· 293

革新者のジレンマ
　（イノベーションジレンマ）‥‥‥ 74
革新的変革過程 ‥‥‥‥‥‥‥‥ 156
拡大的問題解決 ‥‥‥‥‥‥‥‥ 255
価値システム ‥‥‥‥‥‥‥‥‥ 29
価値連鎖 ‥‥‥‥‥‥‥‥‥‥‥ 28
活動の構造化 ‥‥‥‥‥‥‥‥‥ 103
合併 ‥‥‥‥‥‥‥‥‥‥‥‥‥ 61
過程理論 ‥‥‥‥‥‥‥‥‥‥‥ 137
加点主義人事考課 ‥‥‥‥‥‥‥ 177
金のなる木 ‥‥‥‥‥‥‥‥ 55,57
株式交換 ‥‥‥‥‥‥‥‥‥‥‥ 62
株式買収 ‥‥‥‥‥‥‥‥‥‥‥ 62
カリスマ的リーダーシップ論 ‥‥ 153
関係特殊的投資 ‥‥‥‥‥‥‥‥ 123
観察法 ‥‥‥‥‥‥‥‥‥‥‥‥ 247
慣習価格 ‥‥‥‥‥‥‥‥‥‥‥ 292
感受性訓練 ‥‥‥‥‥‥‥‥‥‥ 134
間接差別 ‥‥‥‥‥‥‥‥‥‥‥ 215
カンパニー制 ‥‥‥‥‥‥‥‥‥ 113
願望集団 ‥‥‥‥‥‥‥‥‥‥‥ 253
関与 ‥‥‥‥‥‥‥‥‥‥‥‥‥ 252
管理型VMS ‥‥‥‥‥‥‥‥‥‥ 304
管理監督者 ‥‥‥‥‥‥‥‥‥‥ 199
管理者行動 ‥‥‥‥‥‥‥‥‥‥ 107
管理職コース ‥‥‥‥‥‥‥‥‥ 173
管理的意思決定 ‥‥‥‥‥‥‥‥ 105
官僚主義的文化（ハイアラーキー文化）
　‥‥‥‥‥‥‥‥‥‥‥‥‥‥ 156
官僚制組織 ‥‥‥‥‥‥‥‥‥‥ 118
官僚制の逆機能 ‥‥‥‥‥‥‥‥ 118
関連多角化 ‥‥‥‥‥‥‥‥‥‥ 47

【き】

機会主義的な行動 ‥‥‥‥‥‥‥ 123
機械的システム ‥‥‥‥‥‥‥‥ 124
企画業務型裁量労働制 ‥‥‥‥‥ 197
企業型VMS ‥‥‥‥‥‥‥‥‥‥ 302
企業戦略（成長戦略）‥‥‥‥ 10,39
企業ドメイン ‥‥‥‥‥‥‥‥‥ 41
企業の社会的責任（CSR）‥‥‥‥ 89
企業別労働組合 ‥‥‥‥‥‥‥‥ 167
技術革新の非連続性 ‥‥‥‥‥‥ 73
技術進歩のS字カーブ ‥‥‥‥‥ 73

基礎研究 ‥‥‥‥‥‥‥‥‥‥‥ 71
期待 ‥‥‥‥‥‥‥‥‥‥‥‥‥ 137
期待理論 ‥‥‥‥‥‥‥‥‥‥‥ 137
機能戦略 ‥‥‥‥‥‥‥‥‥‥‥ 10
機能（職能）分業 ‥‥‥‥‥‥‥ 106
機能（職能）別組織 ‥‥‥‥‥‥ 110
規模の経済性 ‥‥‥‥‥‥‥‥‥ 23
基本給 ‥‥‥‥‥‥‥‥‥‥‥‥ 182
キャズム ‥‥‥‥‥‥‥‥‥‥‥ 290
キャッシュフロー ‥‥‥‥‥‥‥ 53
キャプティブ価格 ‥‥‥‥‥‥‥ 293
キャラクター ‥‥‥‥‥‥‥‥‥ 272
キャリア開発制度（CDP）‥‥‥ 173
キャリアパス ‥‥‥‥‥‥‥‥‥ 176
休憩 ‥‥‥‥‥‥‥‥‥‥‥‥‥ 194
休憩時間 ‥‥‥‥‥‥‥‥‥‥‥ 194
休日 ‥‥‥‥‥‥‥‥‥‥‥‥‥ 194
休日労働 ‥‥‥‥‥‥‥‥‥‥‥ 194
吸収合併 ‥‥‥‥‥‥‥‥‥‥‥ 61
求職者給付 ‥‥‥‥‥‥‥‥‥‥ 210
教育訓練給付 ‥‥‥‥‥‥‥‥‥ 210
強化説 ‥‥‥‥‥‥‥‥‥‥‥‥ 137
行政ADR ‥‥‥‥‥‥‥‥‥‥‥ 216
強制勢力 ‥‥‥‥‥‥‥‥‥‥‥ 145
業績評価 ‥‥‥‥‥‥‥‥‥‥‥ 176
競争志向的価格設定法 ‥‥‥‥‥ 291
競争地位別戦略 ‥‥‥‥‥‥‥‥ 31
競争的広告 ‥‥‥‥‥‥‥‥‥‥ 313
共通目的 ‥‥‥‥‥‥‥‥‥‥‥ 99
業務災害 ‥‥‥‥‥‥‥‥‥‥‥ 208
業務的意思決定 ‥‥‥‥‥‥‥‥ 105
極大化基準 ‥‥‥‥‥‥‥‥‥‥ 102
拒否集団 ‥‥‥‥‥‥‥‥‥‥‥ 253
均衡 ‥‥‥‥‥‥‥‥‥‥‥‥‥ 100
勤務延長制度 ‥‥‥‥‥‥‥‥‥ 175
勤務地転換 ‥‥‥‥‥‥‥‥‥‥ 172

【く】

口コミ ‥‥‥‥‥‥‥‥‥‥‥‥ 253
クラウンジュエル ‥‥‥‥‥‥‥ 64
クリティカルマス ‥‥‥‥‥‥‥ 82
グループインタビュー ‥‥‥‥‥ 246
グループシフト ‥‥‥‥‥‥‥‥ 142
グループシンク ‥‥‥‥‥‥‥‥ 142

グループダイナミクス ……… 142
クローズドシステム ……… 3
クロスセル ……… 327
クロスメディア ……… 330
クロスライセンス ……… 81
訓練された無能 ……… 118

【け】

経営計画 ……… 13
経営行動基準 ……… 9
経営資源 ……… 12
経営者行動 ……… 107
経営人モデル ……… 102
経営戦略 ……… 5
経営ビジョン ……… 9
経営理念 ……… 9
計画におけるグレシャムの法則 …… 105
経験価値マーケティング ……… 280
経験材 ……… 266
経済人モデル ……… 102
形式知 ……… 161
継続雇用 ……… 175
ケイパビリティ ……… 7,20,43
契約型VMS ……… 302
経路依存性 ……… 42
結託 ……… 123
欠乏動機 ……… 133
権限 ……… 103
権限委譲の原則 ……… 105
権限責任一致の原則 ……… 103
健康診断 ……… 206
健康保険法 ……… 210
検索キーワード連動型広告 ……… 330
限定的問題解決 ……… 255
権力欲求 ……… 136

【こ】

ゴーイングコンサーン ……… 3
ゴーエラー ……… 278
コーズリレーテッド・マーケティング
……… 221
コーポレートガバナンス ……… 92
コーポレートサイト ……… 331
ゴールデンパラシュート ……… 64

コアコンピタンス ……… 43
降格 ……… 172
考課者訓練 ……… 178
貢献 ……… 100
貢献意欲 ……… 100
広告 ……… 313
高次学習 ……… 157
公式化 ……… 103
交渉 ……… 122
降職 ……… 172
厚生年金保険法 ……… 211
行動変数基準 ……… 235
行動類型論 ……… 147
高度プロフェッショナル制度 ……… 199
高年齢者等雇用安定法 ……… 174,214
購買後の行動 ……… 258
後発優位性 ……… 34
公平説 ……… 137
合弁（ジョイントベンチャー）……… 62
後方統合 ……… 59
顧客価値の頭打ち ……… 79
顧客シェア ……… 327
顧客生涯価値 ……… 327
個人人格 ……… 100
個人的教育訓練 ……… 185
コスト志向的価格設定法 ……… 290
コストプラス法 ……… 290
コストリーダーシップ戦略 ……… 27
コ・ブランディング ……… 270
個別ブランド ……… 271
個別面接 ……… 246
コミュニケーション ……… 100
コモディティ化 ……… 79
雇用調整 ……… 175
雇用安定事業 ……… 210
雇用継続給付 ……… 210
雇用保険二事業 ……… 210
雇用保険法 ……… 209
コングロマリット ……… 62
コンタクトパーソナル ……… 282
コンティンジェンシープラン ……… 14
コンティンジェンシー理論 ……… 150
コンピテンシーモデル ……… 170
コンフリクト ……… 143

【さ】

サービスマーケティング ·············· 279
サイコグラフィック基準（心理的基準）
·· 235
再雇用制度 ································· 175
在籍出向 ····································· 172
採用活動 ····································· 171
採用・配置システム ··············· 166
作業行動 ····································· 107
査定昇給 ····································· 181
サプライチェーンマネジメント ······ 305
差別価格法 ································· 291
差別化戦略 ·································· 27
差別型 ··· 237
産学連携 ····································· 65
産業医 ··· 206
産業クラスター ·························· 66
産業財 ··· 264
三種の神器 ································· 167
産前産後休業期間 ·················· 200
参入障壁 ····································· 23
サンプル ····································· 319

【し】

ジオグラフィック基準（地理的基準）
·· 234
時間外労働 ···················· 194,202
事業場外労働のみなし労働時間制 ·· 196
事業戦略（競争戦略） ············· 10
事業ドメイン ······························ 41
事業部制組織 ···························· 111
刺激－反応モデル（S-Rモデル） ······ 251
資源依存モデル ························ 121
時効 ·· 203
自己啓発 ····································· 186
自己実現の欲求 ························ 133
自己申告制度 ···························· 178
資質特性論 ································· 147
市場細分化（マーケットセグメンテー
ション） ··································· 234
市場浸透戦略 ···························· 46
市場専門型 ································· 238
市場ポジショニング ················· 239
システム統合技術 ···················· 79

視聴率 ··· 316
実演 ·· 319
実験（計画）法 ························· 248
失業等給付 ································· 210
実勢価格設定法 ························ 291
質問法 ··· 246
自動昇給 ····································· 181
シナジー ·· 48
死の谷（デスバレー） ············· 83
指名委員会等設置会社 ··········· 93
社会責任投資 ···························· 90
社会的勢力 ································· 145
社内公募制度 ················ 173,178
社内ベンチャー ························ 85
収穫逓増 ····································· 23
習慣型 ··· 257
従業員持株制度 ························ 184
就業規則 ····································· 190
集権管理型 ································· 110
就職促進給付 ···························· 210
終身雇用制 ································· 167
集団浅慮（グループシンク） ·········· 142
集団的教育訓練 ························ 185
集団の凝集性 ···························· 142
集中型 ··· 238
集中戦略 ····································· 27
周辺的ルート ······························ 251
出向 ·· 175
需要志向的価格設定法 ··········· 291
需要の価格弾力性 ··········· 260,287
準拠集団 ····································· 253
準拠勢力 ····································· 146
純粋持株会社 ···························· 114
シュンペーター ·························· 72
情意評価 ····································· 176
昇格 ·· 172
昇進 ·· 172
冗長性 ··· 161
焦土作戦 ····································· 64
消費財 ··· 264
消費者行動分析モデル ··········· 251
情報処理型 ································· 257
情報処理モデル ························ 251
情報の非対称性 ························ 123

349

賞与 …………………………………… 183
初期高価格政策 ……………………… 288
初期低価格政策 ……………………… 288
職業安定法 …………………………… 213
職種転換 ……………………………… 172
職種別採用 …………………………… 171
職能給 …………………………… 169,182
職能資格制度 ………………………… 167
職務（仕事）主義的人事制度 ……… 167
職務拡大（ジョブエンラージメント）
　　……………………………………… 134
職務充実（ジョブエンリッチメント）
　　……………………………………… 136
職務等級制度 ………………………… 167
職務特性モデル ……………………… 139
所属集団 ……………………………… 253
所属と愛の欲求 ……………………… 132
諸手当 ………………………………… 181
ショールーミング …………………… 329
ジョブ・ローテーション制度 ……… 173
所有と経営の分離 …………………… 94
シングルループ学習 ………………… 157
ジングル ……………………………… 272
新市場開拓戦略 ……………………… 46
人事考課 ……………………………… 176
人事制度 ……………………………… 166
新製品開発戦略 ……………………… 46
新設合併 ……………………………… 61
人的資源管理 …………………… 166,168
人的販売 ……………………………… 318
新ブランド …………………………… 274
深夜労働 ……………………………… 202
信用財（信頼財） …………………… 266
心理効果 ……………………………… 316
心理的価格政策 ……………………… 292
親和欲求 ……………………………… 137

【す】

スイートマネー ……………………… 84
垂直的異動 …………………………… 172
垂直的統合 …………………………… 59
垂直的マーケティングシステム
　　（VMS）…………………………… 301
水平的異動 …………………………… 172

水平的統合 …………………………… 59
スタッフ ……………………………… 109
ストーカー …………………………… 124
ストックオプション制度 …………… 184
スラック資源 ………………………… 125
スローガン …………………………… 272

【せ】

斉一性への圧力 ……………………… 154
成果主義 ……………………………… 169
政治 …………………………………… 146
精緻化見込みモデル ………………… 251
正当勢力 ……………………………… 146
制度的リーダーシップ ………… 146,162
製品＝市場マトリックス
　　（アンゾフの成長ベクトル）……… 46
製品アーキテクチャ ………………… 76
製品アイテム ………………………… 267
製品専門型 …………………………… 238
製品ライフサイクル ………… 50,268
製品ライン …………………………… 267
生理的欲求 …………………………… 132
責任 …………………………………… 103
接触効果 ……………………………… 316
絶対的必要記載事項 ………………… 190
絶対評価 ……………………………… 177
セルズニック ………………………… 146
潜在的ロイヤルティ ………………… 273
全市場浸透型 ………………………… 238
漸次的進化過程 ……………………… 156
全数調査 ……………………………… 245
専属的（排他的）チャネル政策 …… 300
選択定年制度 ………………………… 175
選択的専門型 ………………………… 238
選択的チャネル政策 ………………… 299
専任職コース ………………………… 174
先発優位性 …………………………… 33
前方統合 ……………………………… 59
専門化の原則 ………………………… 103
専門業務型裁量労働制 ……………… 196
専門職コース ………………………… 173
専門勢力 ……………………………… 146
専門品 ………………………………… 265
戦略グループ ………………………… 25

戦略的意思決定 ……………………… 105
戦略的組織変革 …………………… 159
戦略的提携（アライアンス） ………… 62

【そ】

総括安全衛生管理者 ……………… 206
早期退職優遇制度 ………………… 175
総合職コース ……………………… 174
相対的必要記載事項 ……………… 190
相対評価 …………………………… 177
相補効果 ……………………………… 48
ソーシャルマーケティング ………… 221
速度の経済性 ………………………… 33
ソサイエタルマーケティング ……… 221
組織 …………………………………… 98
組織開発 …………………………… 154
組織学習 …………………………… 156
組織学習サイクル ………………… 158
組織構造 ……………………………… 99
組織構造のコンティンジェンシー理論
………………………………………… 124
組織人格 …………………………… 100
組織スラック ………………………… 47
組織の均衡条件 …………………… 101
組織のライフサイクルモデル ……… 116
組織文化 …………………………… 154
尊重の欲求 ………………………… 132

【た】

ダーウィンの海 ……………………… 84
ターゲット・コスティング ………… 290
ターゲットマーケティング ………… 234
退職管理 …………………………… 174
退職金 ……………………………… 183
タイムベース競争 …………………… 33
ダイヤモンドモデル ………………… 66
ダイレクトマーケティング ………… 326
多角化戦略 ……………………… 46,47
タスクフォース …………………… 126
達成欲求 …………………………… 136
ダブルチョップ …………………… 270
ダブルブランド …………………… 270
ダブルループ学習 ………………… 157
多面評価 …………………………… 178

単一セグメント集中型 …………… 238
団結権 ……………………………… 204
男女雇用機会均等法 ……………… 215
団体交渉権 ………………………… 204
団体行動権 ………………………… 204
短期計画 …………………………… 13
探索財 ……………………………… 266

【ち】

チーム ……………………………… 144
知覚価値法 ………………………… 291
知覚品質 …………………………… 273
知覚マップ ………………………… 239
チャネルの長さ …………………… 299
チャネルの幅 ……………………… 299
チャレンジャー …………………… 31
チャンドラー ……………………… 5,7
中心的ルート ……………………… 251
長期計画 …………………………… 13
賃金 ………………………………… 201
賃金支払の5原則 ………………… 201

【つ】

通勤災害 …………………………… 208

【て】

ティーザー広告 …………………… 314
定期昇給 …………………………… 181
定型的問題解決 …………………… 254
低次学習 …………………………… 157
ディスクロージャー ………………… 91
適応能力／起業家的文化
　（アドホクラシー文化） …………… 155
テクノロジーライフサイクル ……… 289
デジタルマーケティング …………… 329
デジュール標準 …………………… 81
テストマーケティング ……………… 278
デファクトスタンダード …………… 81
デプス・インタビュー ……………… 246
デモグラフィック基準
　（人口統計的基準） ……………… 235
デューデリジェンス（due diligence）
………………………………………… 60
伝統的マーケティングチャネル …… 300

351

電話法 ···································· 246

【と】

同一労働同一賃金 ···················· 216
投機 ···································· 305
動機づけ要因 ························ 135
統制範囲の原則
　（スパンオブコントロール）········ 104
トップマネジメント ·················· 105
ドメイン ································ 40
留置法 ································· 246
取引コストアプローチ ··············· 123
トリプルボトムライン ··············· 90
トリプル・メディア ·················· 330
ドロップエラー ······················ 277

【な】

内的参照価格 ························· 294
内発的動機づけ理論 ·················· 139
内部資源分析 ····················· 11,231
内部探索 ······························ 252
内部取引コスト ······················ 124
内部振替価格 ························· 111
内容理論 ······························ 132
仲間的文化（クラン文化）············ 156
ナショナルブランド ·················· 269
ナレッジマネジメント ··············· 161

【に】

二次健康診断等給付 ·················· 209
日常的反応行動 ······················ 254
ニッチャー ···························· 31
入札による価格設定 ·················· 291
認知的不協和 ························· 257

【ね】

ネットショップ ······················ 331
ネットワーク外部性 ·················· 82
年功給 ································· 182
年功序列制 ···························· 167
年次有給休暇 ························· 197
年俸制 ································· 182

【の】

能率 ···································· 101
能力開発システム ···················· 166
能力主義的人事制度 ·················· 167
能力評価 ······························ 176
ノベルティ ···························· 319

【は】

ハーズバーグの動機づけ＝衛生理論
　···························· 131,135
バーチャルモール ···················· 331
バーナード ·························· 6,145
バーンズ ······························ 124
配置・異動管理 ······················ 172
配置転換 ······························ 172
ハイ・ロープライシング ············· 293
バウンダリー・スパンニング ········· 75
端数価格 ······························ 292
パス・ゴール理論（ハウスの目標
　－経路理論）······················ 151
パッケージング ······················ 276
発展的問題解決 ······················ 255
バナー広告 ···························· 330
花形 ································ 54,56
パブリシティ ························· 318
バラエティ・シーキング型 ··········· 257
バランスシート経営 ·················· 113
バリューチェーン ·············· 7,20,28
ハロー効果 ···························· 178
力（パワー）····················· 145,146
範囲の経済性 ························· 48
販売促進 ······························ 319

【ひ】

非営利組織のマーケティング ········· 221
ビジネスエンジェル ·················· 84
非定型的意思決定 ···················· 105
評価システム ························· 166
標準化 ································· 103
標本調査（サンプル調査）············ 245

【ふ】

ファミリーブランド ·················· 270
フィードラー ························· 150

フィランソロピー活動 ························· 90
フィリップ・コトラー ····· 219,229,237
フォーマル組織 ····························· 141
フォロワー ······································ 31
不可逆的 ······································· 133
不協和解消型 ································ 257
複数業務要因災害 ························ 208
複数事業労働者 ···························· 208
複線型人事制度 ···························· 173
福利厚生 ······································· 184
プッシュ戦略 ································· 312
物流 ··· 305
不当労働行為 ································ 204
プライスライニング ······················ 292
プライベートブランド ···················· 269
ブラウジング ································· 329
フランチャイズチェーン ················· 302
ブランド ······································· 269
ブランド・カテゴライゼーション ·· 255
ブランド・プラス・グレード ·········· 271
ブランドエクイティ ························ 272
ブランド拡張 ································· 274
ブランド再生 ································· 317
ブランド知名度 ···························· 272
ブランドネーム ···························· 272
ブランドの採用戦略 ······················ 269
ブランド要素（ブランドエレメント）
 ·· 272
ブランド連想 ································· 273
ブランドロイヤルティ ···················· 272
フリクエンシー（接触頻度）·········· 316
ブルーオーシャン ·························· 240
ブルーム ······································· 138
プル戦略 ······································· 311
プレステージ性 ···························· 292
フレックスタイム制 ······················ 192
ブレーンストーミング ···················· 185
プレミアム ···································· 319
ブログ ·· 332
プロジェクトチーム ······················ 119
プロセスイノベーション ················· 72
プロセス型（学習型）アプローチ ····· 14
プロダクトアウト ·························· 221
プロダクトイノベーション ·············· 72

プロダクトミックス ························ 267
プロフィットセンター ···················· 111
プロモーションミックス ················· 311
分割ファミリーブランド ················· 271
分権管理型 ···································· 111

【へ】

平均賃金 ······································· 203
ペイド・メディア ·························· 330
ベースアップ ································· 181
変革型リーダーシップ論 ················· 153
変形休日制 ···································· 194
変形労働時間制 ···························· 192
ベンチマーキング ·························· 120
ベンチャー企業 ······························ 83
ベンチャーキャピタル ····················· 84

【ほ】

ホーソン研究 ································· 142
ホーソン効果 ································· 142
ポーター ······································ 7,20
ポータルサイト ···························· 330
ポートフォリオ ······························ 41
ポートフォリオ効果 ························· 47
ポイズンピル ··································· 64
ポイントカード ···························· 319
包括的問題解決 ···························· 255
傍観者的学習 ································· 158
報酬システム ································· 166
報酬勢力 ······································· 145
包摂 ··· 123
法定労働時間 ································ 191
ポジショニングアプローチ ·············· 20
ポジショニングマップ ···················· 239
ポジティブアクション ···················· 214
母集団 ·· 245
ボランタリーチェーン ···················· 303
ホワイトナイト ······························ 64

【ま】

マークアップ法 ···························· 290
マーケットイン ···························· 221
マーケティング1.0 ························ 219
マーケティング2.0 ························ 219

マーケティング3.0 ······························· 220
マーケティング4.0 ······························· 220
マーケティングコンセプト ················· 219
マーケティング・マネジメント ········ 224
マーケティングマネジメントプロセス
··· 229
マーケティングミックス ····················· 241
マーケティングリサーチ ····················· 245
埋没コスト ··· 159
マグレガーのX理論・Y理論
·· 131,134
マクレランドの三欲求理論 ················· 136
負け犬 ··· 54,56
マスカスタマイゼーション ················· 327
マスコミ広告 ··· 313
マスマーケティング ··················· 234,328
マズローの欲求段階説 ··········· 131,132
マトリックス組織 ··································· 114
マネジメント ··· 147
マネジメントサイクル ··························· 12
マネジリアルグリッド ························· 149
魔の川（デビルリバー） ······················ 83
マルチブランド ······································· 274
満足化基準 ··· 102

【み】

ミシガン研究 ··· 148
見せかけのロイヤルティ ····················· 273
ミッション重視文化（マーケット文化）
··· 156
ミドルマネジメント ····························· 107
みなし労働時間制 ··································· 196

【む】

無関連多角化 ··· 47
無作為抽出法
（ランダムサンプリング） ············· 246
無差別型 ··· 238

【め】

迷信的学習 ··· 158
名声価格（威光価格） ························· 292
命令統一性の原則 ································· 104
メセナ活動 ··· 90

面接制度 ··· 179
面接法 ··· 246

【も】

目標管理制度（MBO） ············· 135,179
目標設定理論 ··· 138
目標の置換 ··· 118
モジュール化 ··· 76
持株会社 ··· 114
モチベーション・リサーチ ················· 248
モチベーション理論 ····························· 131
モデル賃金 ··· 181
最寄品 ··· 265
問題児 ··· 55,56

【や】

役職定年制 ··· 175
役職別定年制 ··· 175
役割制約的学習 ······································· 158
雇止め ··· 189

【ゆ】

有意抽出法（有意サンプリング） ····· 245
誘因 ··· 100
有機的システム ······································· 124
有期労働契約 ··· 189
有効性 ··· 101
郵送法 ··· 246
有能性のわな ··· 159
ユニバーサルデザイン ························· 278

【よ】

要員計画 ··· 171

【ら】

ライン ··· 109
ライン拡張 ··· 274
ラガード ··· 289
ラディカルイノベーション
（破壊的イノベーション） ··············· 72

【り】

リーダー ··· 31
リーダーシップ ······································· 147

リーダーシップのコンティンジェンシ
　ー理論 ……………………………… 150
リーチ（広告の到達率） ……………… 316
リードユーザー ……………………………… 67
リエゾン担当者 ……………………………… 126
リエンジニアリング ……………………… 120
リスキーシフト ……………………………… 142
リスティング広告 ………………………… 330
リストラクチャリング ……………………… 49
リソースベースドビュー …………… 7,42
リッカート …………………………………… 141
リッチな情報 ………………………………… 160
リテールサポート ………………………… 304
リバース・イノベーション …………… 75
リバース・エンジニアリング ………… 75
リベート ……………………………………… 320
リレーションシップマーケティング
　（関係性マーケティング） …………… 325

【る】
ルーティン …………………………………… 158

【れ】
例外の原則 …………………………………… 105
レイト・マジョリティー ……………… 289
レッドオーシャン ………………………… 240
レビン ………………………………………… 147
連結ピン・モデル ………………………… 141

【ろ】
ローシュ ……………………………………… 125
ローラー ……………………………………… 138
ローリングプラン ……………………………… 13
ローレンス …………………………………… 125
労使委員会 …………………………………… 197
労使協定 ………………………………… 195,205
労働安全衛生法 …………………………… 205
労働委員会 …………………………………… 204
労働基準法 …………………………………… 187
労働協約 ………………………………… 188,205
労働組合 ……………………………………… 204
労働組合法 …………………………………… 204
労働契約 ……………………………………… 188
労働三権 ……………………………………… 204

労働時間 ……………………………………… 191
労働者災害補償保険法 ………………… 208
労働者派遣法 ……………………………… 211
労働条件 ……………………………………… 187
ロゴ …………………………………………… 272
ロスリーダー政策（おとり価格政策）
　…………………………………………… 293
ロワーマネジメント ……………………… 107

【わ】
割増賃金 ……………………………………… 202
割増賃金率 …………………………………… 202
ワントゥワンマーケティング ……… 326

中小企業診断士　2022年度版
最速合格のためのスピードテキスト　1　企業経営理論

（2003年度版 2002年10月1日 初版　第1刷発行）

2021年9月28日　初　版　第1刷発行

編 著 者	Ｔ Ａ Ｃ 株 式 会 社	
	（中小企業診断士講座）	
発 行 者	多　田　敏　男	
発 行 所	ＴＡＣ株式会社　出版事業部	
	（ＴＡＣ出版）	

〒101-8383
東京都千代田区神田三崎町3-2-18
電 話 03（5276）9492（営業）
FAX 03（5276）9674
https://shuppan.tac-school.co.jp

組　　版	株式会社　グ ラ フ ト	
印　　刷	株式会社　ワコープラネット	
製　　本	株式会社　常 川 製 本	

© TAC 2021　　Printed in Japan

ISBN 978-4-8132-9727-7
N.D.C. 335

> 本書は，「著作権法」によって，著作権等の権利が保護されている著作物です。本書の全部または一部につき，無断で転載，複写されると，著作権等の権利侵害となります。上記のような使い方をされる場合，および本書を使用して講義・セミナー等を実施する場合には，小社宛許諾を求めてください。

> 乱丁・落丁による交換，および正誤のお問合せ対応は，該当書籍の改訂版刊行月末日までといたします。なお，交換につきましては，書籍の在庫状況等により，お受けできない場合もございます。
> また，各種本試験の実施の延期，中止を理由とした本書の返品はお受けいたしません。返金もいたしかねますので，あらかじめご了承くださいますようお願い申し上げます。

中小企業診断士への関心が高まった方へおすすめの

2022合格目標　1次「財務・会計」先どり学習講義

1次試験の「財務・会計」、2次試験の「事例Ⅳ」ともに、数値計算をする問題が出題されます。当講義は、頻出領域に絞って解説しながらインプットし、問題を解きながらアウトプットする学習をしていきます。
「財務・会計」が得意になると、2次試験「事例Ⅳ」の学習でも大きなアドバンテージを得られますので、ぜひ早期に対策を行い、「財務・会計」を得意科目にしてください！

カリキュラム

第1回	□ 会計種類 □ B/S（貸借対照表）、P/L（損益計算書）の概要とつながり □ B/S、P/Lの一般的な項目 □ 簿記（仕訳）の基礎、仕訳の練習、減価償却 □ B/S、P/L作成練習 □ キャッシュフロー計算書
第2回	□ 経営分析（総合収益性、収益性、効率性、安全性）
第3回	□ CVP分析（損益分岐点、損益分岐点比率、安全余裕率、利益計画、利益差異、感度分析）
第4回	□ 投資の経済性計算（正味現在価値法、内部収益率法、収益性指数法、単純回収期間法）

学習メディア
●ビデオブース講座　●Web通信講座

教材
オリジナルテキスト1冊

講義時間
140分/回

フォロー制度
質問メール：3回まで（受講生専用サイトにて受付）

受講料

コース	学習メディア	通常受講料
1次「財務・会計」先どり学習講義	ビデオブース講座	¥15,000
	Web通信講座	

※左記は入会金不要
※受講料は教材費・消費税10%が含まれます。

中小企業診断士試験の受講を検討中でもっといろいろなことをお知り

これから始める相談ダイヤル
ライセンスアドバイザーまで
お気軽にご相談ください。

通話無料 **0120-443-411**　受付時間　月〜金／9:30〜19:00　土・日・祝／9:30〜18:00
受付時間は変更させていただく場合がございます。

講座案内　　　　　　　　　　　　　　　　資格の学校 TAC

2022合格目標　1次パック生　[直前編]

全7科目のアウトプットを中心に直前期の総仕上げをしたい方におすすめです。TACオリジナル問題の答練・公開模試を受験することで、得点力が向上します。

カリキュラム　全21回+1次公開模試

2022年5月～7月	
1次完成答練 [14回]	本試験の予想問題に取り組み、これまでの学習の成果を確認します。 ここで間違えてしまった問題は、確実にマスターすることが重要です。
1次公開模試 [2日間]	本試験と同様の形式で実施する模擬試験です。 自分の実力を正確に測ることができます。これまでの学習の成果を発揮してください。
1次最終講義 [各科目1回/全7回]	1次試験対策の最後の総まとめ講義です。 法改正などのトピックも交えた最新情報をお伝えします。

学習メディア

●教室講座　●ビデオブース講座　●Web通信講座　●DVD通信講座

フォロー制度

質問メール:10回まで（受講生専用サイトにて受付）

受講料

コース	学習メディア	開講月	通常受講料	
1次パック生（直前編）	教室講座	2022年5月	¥88,000	2022年 3月1日(火)より お申込みいただけます。
	ビデオブース講座			
	Web通信講座	2022年4月	¥98,000	
	DVD通信講座			

※0から始まる会員番号をお持ちでない方は、受講料のほかに別途入会金¥10,000（消費税込）が必要です。
※受講料は教材費・消費税10%が含まれています。

こなりたい方は、下記のサービス（無料）をお気軽にご利用ください！

これから始める相談メール

メール相談は24時間受付中！

TAC 資格例　検索

中小企業診断士講座のご案内

講座説明会&個別相談コーナー
現役の中小企業診断士が"熱く"語る！

予約不要！ 参加無料！

試験制度や学習方法、資格の魅力等について、現役の中小企業診断士が語ります。予約不要、参加無料です。直接会場にお越しください。
ガイダンス終了後には、学習を始めるにあたっての疑問や不安を、講師や合格者等に質問できる「個別相談コーナー」も開催します。

>>ガイダンス日程は、TACホームページにてご確認ください。

 [TAC 診断士 ガイダンス] 検索

無料体験入学制度
TACの講義を体感！

体験無料！

TACではお申込み前に講義を無料で体験受講していただけます。
講義の雰囲気や講師・教材をじっくり体験してからお申込みください！

教室で体験

各コースの第1回目の講義の開始前に各校舎の受付窓口にてお手続きください。予約不要です。

ビデオブースで体験

TACのビデオブースで第1回目の講義を受講できます。ご都合の良い日時をご予約ください。TAC各校のお電話にてご予約を承ります。

インターネットで体験

TACホームページ内の「TAC動画チャンネル」より体験講義のご視聴が可能です。

 [TAC 診断士 動画チャンネル] 検索

当ページでご紹介しているサービスは、全て無料です。ぜひご活用ください!

資格の学校 TAC

各種セミナー・体験講義を見たい!
TAC動画チャンネル　視聴無料!

資格の概要や試験制度・TACのカリキュラムをご説明する「講座説明会」、実務の世界や戦略的な学習方法、試験直前対策などをお話する「セミナー」等、多様なジャンルの動画を無料でご覧いただけます!

▶▶▶ | TAC 診断士 動画チャンネル | 検索

読者にオススメの動画!

ガイダンス

中小企業診断士の魅力とその将来性や、効率的・効果的な学習方法等を紹介します。ご自身の学習計画の参考として、ぜひご覧ください!

主なテーマ例
- ▶ 中小企業診断士の魅力
- ▶ 試験制度
- ▶ 初学者向けコースガイダンス
- ▶ 無料体験講義(Web視聴)

各種セミナー

各種情報や教室で開催したセミナーを無料配信しています。中小企業診断士受験生に役立つ情報が盛りだくさんです!

主なテーマ例
- ▶ 1次直前対策セミナー
- ▶ 1次試験分析会
- ▶ 2次直前対策セミナー
- ▶ 2次試験分析会
- ▶ 2次口述試験対策セミナー
- ▶ キャリアアップ&起業・創業・独立開業セミナー　等

TAC 中小企業診断士講座 開講コースのご案内

1次上級単科生（応用＋直前編）
学習したい科目のみのお申込ができる、学習経験者向けカリキュラム

- ☐ 必ず押さえておきたい論点や合否の分かれ目となる論点をピックアップ！
- ☐ 実際に問題を解きながら、解法テクニックを身につける！
- ☐ 習得した解法テクニックを実践する答案練習！

カリキュラム　※講義の回数は科目により異なります。

1次応用編　2021年10月～2022年4月

1次上級講義
[財務5回／経済5回／中小3回／その他科目各4回]
講義140分／回
過去の試験傾向を分析し、頻出論点や重要論点を取り上げ、実際に問題を解きながら知識の再確認をするとともに、解法テクニックも身につけていきます。
[使用教材]
1次上級テキスト（上・下巻）
➡INPUT⬅

1次上級答練
[各科目1回]
答練60分＋解説80分
1次上級講義で学んだ知識を確認・整理し、習得した解法テクニックを実践する答案練習です。※Webで受講（DVD通信講座はDVD送付）
[使用教材]
1次上級答練
⬅OUTPUT➡

1次養成答練 [各科目1回] ※講義回数には含まず。
基礎知識の確認を図るための1次試験対策の答案練習です。
配布のみ・解説講義なし・採点あり
⬅OUTPUT➡

1次直前編　2022年5月～

1次完成答練
[各科目2回]
答練60分＋解説80分／回
重要論点を網羅した、TAC厳選の本試験予想問題による答案練習です。
[使用教材]
1次完成答練
⬅OUTPUT➡

1次最終講義
[各科目1回]
講義140分／回
1次対策の最後の総まとめです。法改正などのトピックを交えた最新情報をお伝えします。
[使用教材]
1次最終講義レジュメ
➡INPUT⬅

1次試験【2022年8月（推定）】

さらに！「1次基本単科生」の教材付き！(配付のみ・解説講義なし)
◇基本テキスト　◇講義サポートレジュメ　◇1次養成答練　◇トレーニング　◇1次過去問題集

学習メディア

🏫 教室講座

📺 ビデオブース講座

💻 Web通信講座

💿 DVD通信講座

開講予定月
- ◎企業経営理論／11月
- ◎財務・会計／11月
- ◎運営管理／11月
- ◎経営学・経済政策／11月
- ◎経営情報システム／11月
- ◎経営法務／11月
- ◎中小企業経営・政策／12月

1科目から申込できます！　※詳細はホームページまたはパンフレットをご覧ください。

資格の学校 **TAC**

本試験を体感できる！実力がわかる！
2022(令和3)年合格目標　公開模試

受験者数の多さが信頼の証。全国最大級の公開模試！

中小企業診断士試験、特に2次試験においては、自分の実力が全体の中で相対的にどの位置にあるのかを把握することが非常に大切です。独学や規模の小さい受験指導校では把握することが非常に困難ですが、TACは違います。規模が大きいTACだからこそ得られる成績結果は極めて信頼性が高く、自分の実力を相対的に把握することができます。

1次公開模試
2021年度受験者数
2,653名

2次公開模試
2020年度受験者数
1,986名

TACだから得られるスケールメリット！
規模が大きいから正確な順位を把握し効率的な学習ができる！

TACの成績は全国19の直営校舎にて講座を展開し、多くの方々に選ばれていますので、受験生全体の成績に近似しており、**本試験に近い成績・順位を把握**することができます。
さらに、**他のライバルたちに差をつけられている、自分にとって本当に克服しなければいけない苦手分野を自覚することができ**、より効率的かつ効果的な学習計画を立てられます。

規模の小さい受験指導校で得られる成績・順位よりも…

この母集団で今の成績なら大丈夫！

規模の大きい**TAC**なら、本試験に近い成績が分かる！

実施予定

1次公開模試：2022年7/2(土)・3(日)実施予定
2次公開模試：2022年9/4(日)実施予定

詳しくは公開模試パンフレットまたはTACホームページをご覧ください。

1次公開模試：2022年2月下旬完成予定　2次公開模試：2022年6月上旬完成予定

https://www.tac-school.co.jp/ 　TAC　診断士　[検索]

2022年度 中小企業診断士試験 （第1次試験・第2次試験）

TAC出版では、中小企業診断士試験（第1次試験・第2次試験）にスピード合格を目指される方のために、科目別、用途別の書籍を刊行しております。資格の学校TAC中小企業診断士講座とTAC出版が強力なタッグを組んで完成させた、自信作です。ぜひご活用いただき、スピード合格を目指してください。

※刊行内容・刊行月・装丁等は変更になる場合がございます。

基礎知識を固める

▶ みんなが欲しかった!シリーズ

みんなが欲しかった！ 中小企業診断士 合格へのはじめの一歩 好評発売中
A5判
- フルカラーでよくわかる、「本気でやさしい入門書」！試験の概要、学習プランなどのオリエンテーションと、科目別の主要論点の入門講義を収載。

みんなが欲しかった！ 中小企業診断士の教科書
上：企業経営理論、財務・会計、運営管理
下：経済学・経済政策、経営情報システム、経営法務、中小企業経営・政策
A5判　10～11月刊行　全2巻
- フルカラーでおもいっきりわかりやすいテキスト
- 科目別の分冊で持ち運びラクラク
- 赤シートつき

みんなが欲しかった！ 中小企業診断士の問題集
上：企業経営理論、財務・会計、運営管理
下：経済学・経済政策、経営情報システム、経営法務、中小企業経営・政策
A5判　10～11月刊行　全2巻
- 診断士の教科書に完全準拠
- 各科目とも論点別に約50問収載
- 科目別の分冊で持ち運びラクラク

▶ 最速合格シリーズ

科目別 全7巻
① 企業経営理論
② 財務・会計
③ 運営管理
④ 経済学・経済政策
⑤ 経営情報システム
⑥ 経営法務
⑦ 中小企業経営・中小企業政策

最速合格のための スピードテキスト
A5判　9月～12月刊行
- 試験に合格するために必要な知識のみを集約。初めて学習する方はもちろん、学習経験者も安心して使える基本書です。

科目別 全7巻
① 企業経営理論
② 財務・会計
③ 運営管理
④ 経済学・経済政策
⑤ 経営情報システム
⑥ 経営法務
⑦ 中小企業経営・中小企業政策

最速合格のための スピード問題集
A5判　9月～12月刊行
- 『スピードテキスト』に準拠したトレーニング用問題集。テキストと反復学習していただくことで学習効果を飛躍的に向上させることができます。

1次試験への総仕上げ

最速合格のための 第1次試験過去問題集
A5判　12月刊行
- 過去問は本試験攻略の上で、絶対に欠かせないトレーニングツールです。また、出題論点や出題パターンを知ることで、効率的な学習が可能となります。5年分の本試験問題を科目別にまとめた本書は、丁寧な解説つきで、理解もぐんぐん進みます。

科目別 全7巻
① 企業経営理論　③ 運営管理　⑤ 経営情報システム　⑦ 中小企業経営・中小企業政策
② 財務・会計　④ 経済学・経済政策　⑥ 経営法務

受験対策書籍のご案内　TAC出版

要点整理と弱点補強

最速合格のための
要点整理ポケットブック
B6変形判　1月刊行

- 第1次試験の日程と同じ科目構成の「要点まとめテキスト」です。コンパクトサイズで、いつでもどこでも手軽に確認できます。買ったその日から本試験当日の会場まで、フル活用してください!

集中特訓 財務・会計 計算問題集 第8版
B5判　9月刊行

- 財務・会計を苦手とする受験生の「計算力」を飛躍的に向上することを目的として、第1次試験の基礎的なレベルから、第2次試験の応用レベルまでを広くカバーした良問を厳選して収載しました。集中特訓で苦手科目脱却を図りましょう。

2次試験への総仕上げ

最速合格のための
**第2次試験
過去問題集**
B5判　2月刊行

- 過去5年分の本試験問題を収載し、問題文の読み取り方から解答作成まで丁寧に解説しています。抜き取り式の解答用紙付きです。最高の良問である過去問題に取り組んで、合格をたぐりよせましょう。

**集中特訓 診断士
第2次試験 第2版**
B5判

- 本試験と同様の4つの事例を4回分、計16問の問題を収載。実際に問題を解き、必要な確認・修正を行い、次の問題に取り組むことを繰り返すことで、2次試験への対応力を高めることができます。

好評発売中

TACの書籍は
こちらの方法で
ご購入いただけます

1 全国の書店・大学生協　**2** TAC各校 書籍コーナー　**3** インターネット

CYBER BOOK STORE　TAC出版書籍販売サイト
アドレス　https://bookstore.tac-school.co.jp/

・2021年8月現在　・価格等詳細は、決定しだい上記のサイバーブックストアに掲載されますのでご参照ください

書籍の正誤についてのお問合わせ

万一誤りと疑われる箇所がございましたら、以下の方法にてご確認いただきますよう、お願いいたします。

なお、正誤のお問合わせ以外の書籍内容に関する解説・受験指導等は、**一切行っておりません。**
そのようなお問合わせにつきましては、お答えいたしかねますので、あらかじめご了承ください。

1 正誤表の確認方法

TAC出版書籍販売サイト「Cyber Book Store」の
トップページ内「正誤表」コーナーにて、正誤表をご確認ください。

CYBER TAC出版書籍販売サイト
BOOK STORE

URL：https://bookstore.tac-school.co.jp/

2 正誤のお問合わせ方法

正誤表がない場合、あるいは該当箇所が掲載されていない場合は、書名、発行年月日、お客様のお名前、ご連絡先を明記の上、下記の方法でお問合わせください。
なお、回答までに1週間前後を要する場合もございます。あらかじめご了承ください。

文書にて問合わせる
●郵送先 〒101-8383 東京都千代田区神田三崎町3-2-18 TAC株式会社 出版事業部 正誤問合わせ係

FAXにて問合わせる
●FAX番号 **03-5276-9674**

e-mailにて問合わせる
●お問合わせ先アドレス **syuppan-h@tac-school.co.jp**

※お電話でのお問合わせは、お受けできません。また、土日祝日はお問合わせ対応をおこなっておりません。
※正誤のお問合わせ対応は、該当書籍の改訂版刊行月末日までといたします。

乱丁・落丁による交換は、該当書籍の改訂版刊行月末日までといたします。なお、書籍の在庫状況等により、お受けできない場合もございます。
また、各種本試験の実施の延期、中止を理由とした本書の返品はお受けいたしません。返金もいたしかねますので、あらかじめご了承くださいますようお願い申し上げます。

TACにおける個人情報の取り扱いについて
■お預かりした個人情報は、TAC(株)で管理させていただき、お問い合わせへの対応、当社の記録保管および当社商品・サービスの向上にのみ利用いたします。お客様の同意なしに業務委託先以外の第三者に開示、提供することはございません(法令等により開示を求められた場合を除く)。その他、個人情報保護管理者、お預かりした個人情報の開示等及びTAC(株)への個人情報の提供の任意性については、当社ホームページ(https://www.tac-school.co.jp)をご覧いただくか、個人情報に関するお問い合わせ窓口(E-mail:privacy@tac-school.co.jp)までお問合せください。

(2020年10月現在)